Andrea und Peter Schinck

Tauchen

Andrea und Peter Schinck

Tauchen

Grundlagen
Praxis
Wissens-Check

blv

Anatomie   33

Die Ausrüstung   45

Mögliche Gefahren 75

Die Praxis 117

Stillstand ist Rückschritt 163

Vorwort

Bei der Entstehung dieses Buches waren uns drei Ziele besonders wichtig:
Erstens soll das Buch dem Tauchanfänger unabhängig vom Tauchsportverband, bei dem er seinen Kurs macht, als Lehrbuch dienen.
Zweitens soll es gleichzeitig dem bereits zertifizierten Taucher als Nachschlagewerk behilflich sein.
Drittens wollen wir aus unserer jahrzehntelangen Tauchpraxis sowohl dem Anfänger als auch dem erfahrenen Taucher Tipps geben.

Tauchen kann man nicht allein lernen. Es bedarf in jedem Fall der tatkräftigen Unterstützung durch professionelle Tauchlehrer, um anfängliche Schwierigkeiten in der Praxis zu überwinden und Fehler von Beginn an auszumerzen. Tauchlehrer wirken unterstützend in diesem Prozess und überprüfen anhand von Wiederholungsfragen am Ende jedes Ausbildungsthemas den aktuellen Wissensstand. Ist etwas nicht leicht verständlich, wird es in einer anderen Form, meistens unterstützt durch Multimedia wie Video, Fotos etc. so erklärt, dass es verstanden wird. Das Gesamtwissen wird am Ende des Tauchkurses durch einen schriftlichen Abschlusstest nochmals überprüft, der üblicherweise ca. 50 Fragen umfasst.

Der Tauchkurs dient also dazu, dem Interessierten Einstiegswissen zu vermitteln, das es ihm ermöglicht, die Unterwasserwelt im Rahmen der im Tauchkurs erlernten Fähigkeiten zu genießen.
Aber Vorsicht, kein Taucher ist am Ende des Anfängertauchkurses wirklich in der Lage selbstständig zu tauchen. Die ersten 30 Tauchgänge sollten deshalb immer in Begleitung eines professionellen Tauchbegleiters gemacht werden, der auf Fehler aufmerksam macht und Tipps geben kann, wie man den eigenen Tauchstil und Luftverbrauch kontrollieren und verbessern kann.
Das erlangte Brevet ist eine Bescheinigung über den derzeitigen Wissens- und Ausbildungsstand, die Erfahrung jedoch spiegelt sich im Logbuch anhand der aufgezeichneten Tauchgänge wider.
So kann unter Umständen ein Taucher mit 200 Tauchgängen verteilt auf 20 Jahre wesentlich mehr Probleme unter Wasser haben als ein Taucher, der nach seinem Grundkurs innerhalb kurzer Zeit 30 Tauchgänge absolviert hat.

Dieses Buch soll dem Tauchanfänger helfen, die für ihn wichtigen Dinge zu verstehen; der erfahrene Taucher kann hier Wissen auffrischen und in der Praxis anwenden. Jedes Kapitel schließt deshalb sowohl mit Fragen auf Anfängerniveau als auch auf dem Niveau von erfahrenen Tauchern ab. Diese Fragen sind im gleichen Stil (Multiple Choice) und Schwierigkeitsgrad wie die Abschlussprüfung gehalten.

Fast alle Taucher, die wir in unserer jahrzehntelangen Praxis kennen gelernt haben, teilen unsere persönliche Meinung, dass das Tauchen die schönste und aufregendste Art der Naturbeobachtung ist. Jedem Taucher sollte es am Herzen liegen die Unterwasserwelt, ob Süß- oder Salzwasser, zu schützen und für die nachfolgenden Generationen zu erhalten.
Im Reich der Fische ist kein Platz für Egoisten oder Unterwasser-Rambos. Es ist ein Ort für Individualisten und Genießer, die sich ganz bewusst so verhalten, wie man es von Gästen bei sich zu Hause erwarten würde.

Wir wünschen allen viel Spaß bei der Lektüre des Buches, beim Erlernen dieser schönen Sportart und viele erlebnisreiche Tauchgänge.

Faszination Tauchen

Tauchen wird oft als letztes großes Abenteuer in einer von Technik regierten Welt gesehen, in der die unberührte Natur leider immer weniger wird. Mehr als 70 Prozent der Erdoberfläche sind von Wasser bedeckt und das Meer hat von jeher eine große Anziehungskraft auf die Menschen ausgeübt. Tauchen ist weit mehr als einfach nur unter die Wasseroberfläche abzutauchen. Durch das Tauchen erschließt sich uns eine faszinierende Welt, in der wir uns schwerelos bewegen und atemberaubenden Lebensformen begegnen können.

Tauchen ermöglicht uns den Eintritt in diese sonst für uns verschlossene Welt. Es wird von den meisten Tauchern weniger als Sportart betrachtet, sondern als besondere Art der Naturbeobachtung. Beim Tauchen steht nicht, wie bei anderen Sportarten Leistung oder Konditionstraining im Vordergrund, sondern es zählt das Erlebnis, der Einblick in eine faszinierende Welt, in der wir uns dank der speziellen Ausbildung und Ausrüstung für kurze Zeit als Gast bewegen dürfen.

Tauchen fördert bei vielen Menschen das Umweltbewusstsein. Man fühlt sich eins mit der Natur und möchte die einzigartige Unterwasserwelt auch für nachfolgende Generationen erhalten. Wer begreift, wie wichtig Wasser für alle Lebewesen ist, geht sparsamer mit diesem wertvollen Rohstoff um und achtet mehr darauf, die Gewässer nicht unachtsam zu verunreinigen.

Wer so wunderschöne Tiere wie Delphine und Wale in der Freiheit gesehen hat, der wird sich auch eher dafür engagieren, dass sie nicht mehr gejagt werden dürfen. Das Gleiche gilt für Meeresschildkröten, Haie und andere Meeresbewohner.

Das Schweben unter Wasser, bei dem wir uns dreidimensional in jede erdenkliche Richtung bewegen können, berauscht uns mit dem Gefühl der Schwerelosigkeit und erfüllt auch in gewissem Sinn den alten Menschheitstraum vom Fliegen. Für viele Menschen ist das schon Faszination genug, einfach nur dahinzuschweben, selbst ohne etwas Interessantes zu sehen, fühlt man sich doch nach dem Tauchgang entspannt und erholt. Spätestens bei der ersten Begegnung mit den Bewohnern der für uns so fremden Unterwasserwelt setzt sich oft der so genannte »Tauchvirus« im Denken des Tauchanfängers fest.

Anders als beim Schnorcheltauchen fühlt man sich beim Sporttauchen mehr in die Unterwasserwelt integriert. Sie können sich länger in der Tiefe aufhalten und die Lebewesen in aller Ruhe beobachten, ohne gleich wieder an die Oberfläche zu müssen, um Luft zu holen.

Die Welt der Tiere

Der erste Hecht, Aal oder Karpfen beim Tauchen im Süßwasser, das erste Schweben über Wiesen von Tausendblatt im heimischen Baggersee, der erste Oktopus oder die erste Muräne im Mittelmeer, die ersten Korallen eines tropischen Meeres oder gar ein Hai, kein Taucher wird je seine ersten Unterwasser-Begegnungen vergessen.

Kaum ein Taucher bekommt je genug vom Tauchen, denn es gibt immer wieder neue Reviere und neue Lebewesen zu entdecken. Ist am Anfang häufig nur die Begeisterung über jeden Großfisch wie Hai, Napoleon und Rochen da, so entwickelt sich bei vielen Tauchern mit langjähriger Erfahrung das Auge für die kleinen, feinen Lebewesen, die man eben nicht auf Anhieb sieht.

Im Süßwasser sind das die Flusskrebse und Teichmuscheln, im tropischen Meer sind es die kleinen bunten Nacktschnecken, die Tarnkünstler wie Schaukel-, Kröten- oder Geisterpfeifenfische, die viele Taucher in Verzückung versetzen.

Unter Wasser gibt es überall mehr zu sehen, als man auf den ersten Blick glauben möchte und das macht eben süchtig nach noch mehr.

So wie es Berge, Wüsten, Dschungel und viele andere Landschaften auf der Erde gibt, können wir Unterwasser auch die unterschiedlichsten Landschaften erkunden. Klare Bergseen, reiche Korallenriffe, Kelpwälder und beeindruckende Steilwände, Höhlen oder Wracks, das sind nur einige Naturschönheiten, die ein Taucher entdecken kann.

Ein Tauchgang in einem tropischen Gewässer ist am ehesten mit einem Spaziergang in einem tropischen Regenwald zu vergleichen. Dort ist die Artenvielfalt auch immens groß und man kann sein Leben lang immer etwas Neues entdecken, wenn man nur den Blick dafür hat. Das Auge für die Details kommt meist erst mit zunehmender Taucherfahrung. Da kann es schon passieren, dass man 100-mal am gleichen Platz taucht und doch immer wieder etwas Neues entdeckt.

Gemeinsame Erlebnisse

Tauchen ist auch ein Partnersport, der verbindet, ob als Mitglied eines örtlichen Tauchclubs oder am Urlaubsort. Eine große Anzahl von Tauchsportvereinen und Tauchclubs steht den Interessierten zur Verfügung. Die Kameradschaft der Taucher ist weit über die Sportart hinaus bekannt. Und was gibt es schöneres, als nach einem Tag voller toller Erlebnisse beim Tauchen, diese Eindrücke mit Gleichgesinnten zu teilen.

Taucher sind meist Menschen, die gerne reisen, denn viele interessante Tauchgebiete kann man nur entdecken, wenn man sich in ferne Länder begibt. Da kann es vorkommen, dass Sie manche Taucher immer wieder in einem anderen Tauchgebiet treffen. So entwickeln sich Freundschaften, die viele Jahre halten.

Oft werden gemeinsame Urlaube mit Gleichgesinnten geplant und der Freundes- und Bekanntenkreis wird über die Jahre immer größer.

Da mittlerweile auch schon Kinder ab einem bestimmten Alter tauchen dürfen, hat sich das Tauchen in den letzten Jahren immer mehr zur Familiensportart entwickelt.

Gerade Kinder und Jugendliche, die noch richtige Begeisterung zeigen können, entdecken sehr schnell ein reges Interesse an der Unterwasserwelt. Es ist auch für die Zukunft der Weltmeere ausgesprochen wichtig, dass sich die nachfolgende Generation verstärkt für den Schutz und die Bewahrung allen Lebens einsetzt.

Einem Manta *(Manta birostris)* **beim Tauchen zu begegnen, gehört zweifellos zu den Höhepunkten eines jeden Tauchgangs.**

Ein begehrtes, jedoch schwer zu entdecken-
des Fotomotiv im Riff ist der Schaukelfisch
(Taenianotus triacanthus).

Die Qual der Wahl – internationale Tauchausbildung

Herzlichen Glückwunsch zu der Entscheidung, eine faszinierende neue Welt kennen lernen zu wollen. Nachfolgend ein paar Tipps, was alles vor Beginn des Tauchkurses beachtet werden sollte.

Vergewissern Sie sich auf jeden Fall, dass die Tauchschule Ihnen nach bestandener Ausbildung ein **international gültiges Brevet** (Tauchzertifikat) ausstellt.

Für einen Tauchbeginner ist das Angebot manchmal sehr verwirrend, da es viele verschiedene Tauchsportverbände und -organisationen gibt und jeder Taucher natürlich eine möglichst gute Ausbildung haben möchte.

Doch **Achtung:** Eine Gesetzeslücke ermöglicht es im Prinzip jedem einen eigenen Tauchsportverband zu gründen und sich selbst dabei alle erdenklichen Titel zu verleihen.

Neue Tauchsportverbände schießen überall aus dem Boden. Selbst die Bezeichnung »Tauchlehrer« ist kein geschützter Begriff.

Es ist also ein wenig Vorsicht angesagt, Sie sollten genau überprüfen, wem Sie Ihr Leben und Geld anvertrauen möchten.

Meist handelt es sich bei den neu gegründeten Tauchsportverbänden um Tauchlehrer, die eine Ausbildung bei einer renommierten international anerkannten Tauchsportorganisation absolviert haben, sich aber nur von der Masse abheben möchten. Es sind allerdings auch einige sehr kuriose Neugründungen dabei!

Bei einem in Ägypten gegründeten Verband sollen die Tauchschüler zum Beispiel eine spirituelle Verbindung zu den Meereslebewesen aufbauen und mit ihnen kommunizieren.

Die Ausbildung und die verwendeten Schulungsmaterialien bestehen bei genauerem Hinsehen meist aus exakten Kopien der bestehenden Lehrbücher. Oft ist gerade einmal das Verbandslogo ausgetauscht worden.

Wie sich der Kunde schützen kann

Stellen Sie so viele Fragen wie möglich: Wie viele Tauchlehrer und Tauchschulen in Deutschland und weltweit diesem Verband angeschlossen sind, seit wann er existiert, ob die Ausbildung von den großen Verbänden als Äquivalent zur Weiterbildung akzeptiert wird (siehe Äquivalenzlisten der CMAS, PADI). Wichtig ist natürlich auch, dass man sich bei der Tauchschule und dem Tauchlehrer gut aufgehoben und betreut fühlt. Ein Anfänger sollte keine Hemmungen haben, in der Tauchschule nach einem anderen Lehrer zu fragen, wenn er sich bei seinem Ausbilder nicht wohl fühlt. Wer einen guten Draht zu seinem Lehrer hat, ist bei den Übungen viel entspannter, sie fallen dann meist leichter und machen mehr Spaß. Oft lohnt es sich auch, die Preise bei verschiedenen Tauch-

Als Schnorchler kann man mit viel Glück, die oft an der Wasseroberfläche entlang ziehenden Walhaie *(Rhincodon typus)* **begleiten.**

bildungsstufe auf Wunsch auch bei einer anderen Tauchsportorganisation absolviert werden.

Das heißt, wenn jemand an einem Urlaubsort beschließt an einem weiterführenden Kurs teilzunehmen, kann er meist problemlos die Organisation wechseln. Es gibt so genannte Äquivalenzlisten, mit denen die Tauchlehrer überprüfen können, mit welcher Ausbildungsstufe das jeweilige Brevet gleichzusetzen ist.

Die Tauchausbildung selbst ist folgendermaßen unterteilt: in die Flachwasserausbildung, die im Schwimmbad oder im flachen Bereich eines Sees oder Meeres stattfinden kann, den Theorieteil und das Freiwassertraining, das im See oder Meer abgehalten wird.

Die Flachwasserausbildung beinhaltet, je nach Tauchsportverband, ca. vier Lektionen. Der Theorieteil umfasst ca. fünf Lektionen und das Training im Freiwasser wird in ca. fünf Lektionen ausgeführt. Der Abschluss der Übungen und Ausbildungsstufen sowie die Tauchgänge werden vom Tauchlehrer in das Taucherlogbuch und spezielle Formulare eingetragen und bestätigt. So kann die Ausbildung je nach Tauchsportorganisation in mehreren Schritten absolviert werden.

Man kann zum Beispiel auch, wenn man möchte, nur einen Teil der Ausbildung in Deutschland machen und den anderen Teil im Ausland an einem Urlaubsziel. In den Wintermonaten ist es sehr verbreitet, die theoretische Prüfung und die Schwimmbadausbildung in Deutschland zu absolvieren, die Freiwassertauchgänge aber in einem tropischen Gewässer durchzuführen.

Der erfolgreiche Abschluss des Kurses wird dem Tauchsportverband gemeldet und der Taucher wird dort registriert. Danach erhält er sein begehrtes Brevet, ein Plastikkärtchen, auf dem die Ausbildungsstufe vermerkt ist, und sein Taucherlogbuch. Das Buch ist der Nachweis für die Taucherfahrung, in das alle weiteren Tauchgänge eingetragen werden sollen. Ein brevetierter Taucher kann, je nach Tauchgebiet, mit einem erfah-

schulen einzuholen. Wichtig ist aber genau abzuklären, welche Leistungen in dem angebotenen Kurs inbegriffen sind. Sonst kann ein vermeintlich günstiger Kurs im Endeffekt viel teurer werden, wenn zum Beispiel Bücher, Leihmaterial oder Brevetierungsgebühren als Zusatzkosten dazu kommen.

Unter www.cmas.de können alle der **CMAS Germany** angehörigen Tauchsportverbände eingesehen werden. Links führen zu den jeweiligen Internetseiten der einzelnen Verbände: dem Dachverband der CMAS in Deutschland, Verband deutscher Sporttaucher (VDST) sowie dem Verband internationaler Tauchschulen (VIT), Barrakuda, Verband Europäischer Tauchlehrer (VETL), FST, FIT, UDI, IDA, IGMC, ITD, ProTec.

Weitere international anerkannte Tauchsportorganisationen sind die weltgrößte Tauchsportorganisation **PADI** (Professional Association of Diving Instructors, www.padi.com) mit einem Marktanteil von ca. 70 Prozent allein in Deutschland, die auch in den entlegensten Winkeln der Welt mit Tauchschulen und Tauchlehrern vertreten ist, **NAUI** (National Association of Underwater Instructors www.naui.ch) und **SSI** (Scuba Schools International www.ssi.com).

Nach dem Bestehen der ersten international anerkannten Ausbildungsstufe, dem CMAS*, PADI Open Water Diver, NAUI Scuba Diver, SSI Open Water Diver etc, kann mittlerweile die nächste Aus-

renen Tauchpartner selbstständig tauchen oder in Begleitung eines Tauchlehrers bzw. -guides.

Vor Beginn der Ausbildung fragt jede seriöse Tauchschule nach einem tauchsportärztlichen Attest, das die Gesundheit des Tauchers für das Gerätetauchen ohne Einschränkungen bestätigt. Formulare hierfür sind bei den meisten Tauchschulen erhältlich. Die amerikanischen Tauchsportverbände darunter auch PADI (Professional Association of Diving Instructors) haben eigene Formulare, die sie den Tauchern bei Kursbeginn zur Vorlage beim Arzt aushändigen.

Tauchen ist zwar kein Leistungssport, aber eine gewisse Fitness ist notwendig, um sich selbst und die Geräte, die man beim Tauchen mit sich führt, unter und über Wasser bewegen zu können.

Es gibt verschiedene Erkrankungen, mit denen man nicht tauchen darf und gerade deshalb ist die tauchsportärztliche Untersuchung vor Beginn des Kurses sehr wichtig. Ein Gefälligkeitsattest bei bestehenden Kontraindikationen gefährdet nicht nur den Taucher, sondern auch seinen Tauchpartner.

Um den gesundheitlichen Anforderungen gerecht zu werden, sollte man sich von einem Taucherarzt untersuchen lassen. Die Tauchmedizin ist ein spezielles Gebiet und erfordert eine besondere Fortbildung.

Die Anforderungen für eine Tauchtauglichkeitsuntersuchung, eine Liste von Taucherärzten und ein Formular für die Tauchtauglichkeitsbestätigung können auf der Website der Gesellschaft für Überdruckmedizin (GtÜm) unter www.gtuem.org eingesehen und heruntergeladen werden.

Grundsätzlich sollte der angehende Taucher in der Lage sein, eine längere Strecke an der Wasseroberfläche zu schwimmen, wobei es nicht um die Geschwindigkeit, sondern um das Wohlfühlen im Wasser geht.

Von Vorteil ist es natürlich auch, wenn man vor Beginn des Tauchkurses schon Schnorchelerfahrung gesammelt hat. Je vertrauter man mit dem Medium ist, desto sicherer wird man sich auch unter Wasser fühlen und desto leichter fallen einem die Übungen.

Wer sich nicht sicher ist, ob er einen Tauchkurs besuchen möchte, kann auch an einem so genannten Schnuppertauchgang teilnehmen, den viele Tauchschulen anbieten. Bei diesem Schnuppertauchgang werden in einer Lektion nur die absolut nötigen Theoriekenntnisse vermittelt. In der darauf folgenden Wasserlektion, die im flachen Wasser stattfinden sollte, führen Sie einige Grundübungen durch. Dabei stellen Sie sehr schnell fest, ob Sie sich mit dem Kopf unter Wasser wohl fühlen oder nicht.

Ein gesunder Respekt vor dem Wasser ist normal und sogar wichtig, aber es sollte keine panische Angst die Gedanken beherrschen. Menschen, die zu Platzangst neigen oder sich im Wasser unwohl fühlen, sind meist nicht zum Tauchen geeignet.

Wer erst mal ein brevetierter Taucher ist, hat auch die Möglichkeit sich auf besondere Tauchbedingungen zu spezialisieren. So gibt es eine Unmenge an Zusatzausbildungen wie Strömungs-, Wrack-, Höhlen- oder Trockentauchen, für die eine weitere Spezialausbildung nötig ist.

Besonders beliebt bei erfahrenen Tauchern ist auch die Unterwasserfotografie oder das Videofilmen. Man kann dadurch besondere Erlebnisse auf Film oder Video festhalten und die Fotos oder Filme auch anderen, nicht tauchenden Menschen zeigen, um die Begeisterung und das Verständnis für die Unterwasserwelt zu wecken.

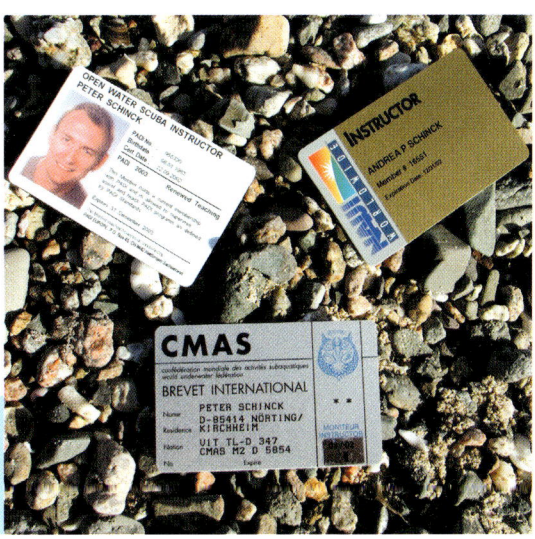

Voraussetzung für die Buchung von Tauchgängen ist auf allen seriösen Tauchbasen die Vorlage eines international gültigen Brevets.

Physik für Taucher

Der menschliche Körper ist angepasst an die physikalischen Gesetzmäßigkeiten der Umgebung, in denen er sich normalerweise befindet. Bewusst werden uns diese erst, wenn wir die gewohnte Umgebung verlassen und uns an Orte begeben, an denen veränderte physikalische Gesetzmäßigleiten herrschen. Mit diesen Gesetzen müssen wir uns vertraut machen. Das Wissen über die Veränderungen und ihre Wirkung auf den menschlichen Körper ist wichtig, um in dieser fremden Welt zu überleben.

Druck

Jeder Körper, der auf einer Fläche aufliegt, übt durch sein Gewicht Druck auf diese Fläche aus. Die physikalische Formel für die Berechnung des Drucks lautet:

> **Druck = Kraft (des Gewichtes) geteilt durch die Fläche (auf der dieses Gewicht aufliegt).**
>
> $$p = \frac{F}{A}$$

Die Maßeinheit für diesen Druck in der Tauchpraxis heißt bar.
Da auch Luft ein Gewicht hat (1 Liter Luft wiegt bei 0 Grad Celsius 1,29 Gramm), drückt die etwa 10 Kilometer dicke Lufthülle der Erde, auch Atmosphäre genannt, mit einem Druck von 1,29 Kilogramm pro Quadratzentimeter auf die Erdoberfläche. Der Luftdruck beträgt also eine Atmosphäre = 1 bar.
Dieser atmosphärische Druck nimmt mit zunehmender Höhe ab, zum Beispiel beim Bergsteigen oder beim Fliegen, und mit zunehmender Tiefe zu, beim Tauchen.

Da Wasser ein wesentlich höheres Gewicht als Luft besitzt, übt eine Wassersäule von 10 Meter pro Quadratzentimeter den gleichen Druck aus wie eine Luftsäule von 10 Kilometer pro Quadratzentimeter. Der Druck nimmt unter Wasser pro 10 Meter um ein bar zu.
Bei genauen Berechnungen wird bei dem spezifisch leichteren Süßwasser eine Druckzunahme von 0,98 bar je 10 Meter, im Salzwasser 1 bar je 10 Meter angenommen.
Zur Berechnung des für den Taucher entscheidenden Umgebungsdrucks oder absoluten Drucks werden einfach der Wasser- und der Luftdruck addiert.
10 Meter Wassertiefe wäre somit 1 bar Wasserdruck + 1 bar Luftdruck = 2 bar Umgebungsdruck, in 20 Meter Tiefe entsprechend 3 bar, in 35 Meter 4,5 bar usw.
Der größte Druckunterschied beim Tauchen herrscht also von 0 bis 10 Meter Wassertiefe, denn hier verdoppelt sich der Druck von einem auf zwei bar. Deshalb treten in diesem Bereich meistens die größten Probleme beim Druckausgleich auf.

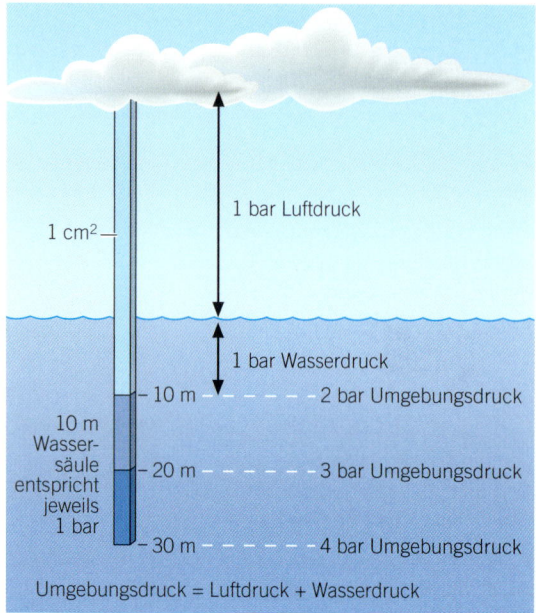

1 cm²

1 bar Luftdruck

1 bar Wasserdruck

10 m
Wasser-
säule
entspricht
jeweils
1 bar

– 10 m – – – – – 2 bar Umgebungsdruck

– 20 m – – – – – 3 bar Umgebungsdruck

– 30 m – – – – – 4 bar Umgebungsdruck

Umgebungsdruck = Luftdruck + Wasserdruck

Die Eigenschaften der Luft

Die Luft in der wir leben, ist ein geruch- und geschmackloses Gasgemisch, bestehend aus den Gasen Sauerstoff, Stickstoff und einem geringen Prozentsatz von Edelgasen. Luft ist wie alle Gase gestaltlos, hat kein bestimmtes Volumen, füllt jeden angebotenen Raum aus und lässt sich fast beliebig komprimieren.

Der für unser Überleben wichtige Sauerstoff (O_2), hat in diesem Gasgemisch einen Anteil von ca. 21 Prozent. Ein Teil davon wird bei der Atmung im Körper chemisch an den Farbstoff der roten Blutkörperchen gebunden (siehe Seite 34).

Stickstoff (N_2) ist zu ca. 78 Prozent in der Atemluft enthalten und dient als Füllgas (Inertgas). Er geht unter normalen atmosphärischen Bedingungen keine Verbindung zum menschlichen Körper ein.

Durch den ständigen Aufenthalt in diesem Luftgemisch ist unser Körper bereits mit dem gleichen Anteil von Stickstoff gesättigt wie die Umgebungsluft, bis zu 2 Liter N_2 befinden sich in gelöster Form in unserem Körper.

1 Prozent Restgase wie Kohlendioxyd und Edelgase sind ebenfalls in unserer Atemluft enthalten,

wobei das Kohlendioxyd den Atemreiz im Körper steuert und die Edelgase unter normalen Umständen keinen Einfluss haben. Sie gewinnen jedoch wegen der teilweise geringen narkotischen Wirkung beim technischen Tauchen und in der Berufstaucherei immer höhere Bedeutung.

Gase und Wärme

Das Gesetz von Gay-Lussac

Für jedes Gas gilt bei konstantem Volumen der Gasmenge, dass der Druck des Gases in direkter Beziehung zur absoluten Temperatur steht. Dies bedeutet für eine abgeschlossene Gasmenge, dass sich bei steigender Temperatur die Gasmoleküle schneller bewegen und an die Wand des Behälters stoßen.

Je schneller diese Moleküle an die Wand stoßen, umso größer ist der Druck in diesem Behälter. Bei einer Abkühlung des Gases verhält es sich genau umgekehrt, je niedriger die Temperatur ist, umso langsamer bewegen sich die Moleküle.

Der absolute Nullpunkt (wo jede Moleküchlbewegung zum Stillstand kommt) liegt bei minus 273 Grad Celsius = 0 Grad Kelvin.

Für die Berechnung des Enddrucks gilt:

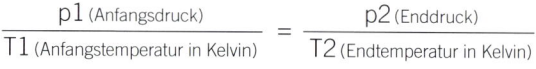

$$\frac{p1 \text{ (Anfangsdruck)}}{T1 \text{ (Anfangstemperatur in Kelvin)}} = \frac{p2 \text{ (Enddruck)}}{T2 \text{ (Endtemperatur in Kelvin)}}$$

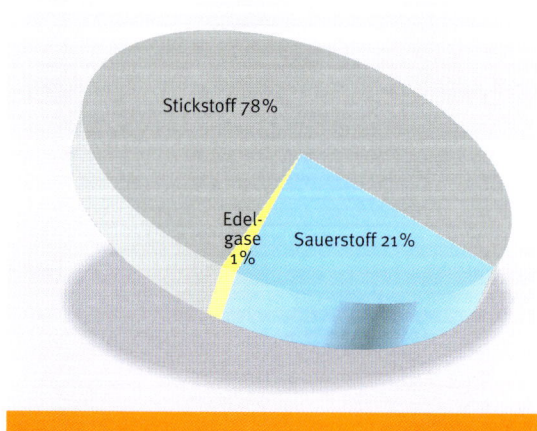

Stickstoff 78%

Edel-
gase
1%

Sauerstoff 21%

Zusammensetzung der Atemluft

Druckzunahme durch Erwärmung des Tauchgerätes

Beispiel: Ein Taucher möchte wissen, wie sich der Druck seines in der Sonne auf 40 Grad Celsius erwärmten Tauchgerätes (das Finimeter zeigt 220 bar Druck) beim Tauchen in 20 Grad warmem Wasser verändert.
Dazu muss zuerst die Anfangs- und Endtemperatur des Tauchgerätes auf Grad Kelvin umgerechnet werden. Dies geschieht durch einfaches Addieren des Wertes 273 zur Temperatur in Grad Celsius.

Anfangsdruck 40° Celsius + 273 = 313° Kelvin
Enddruck 20° Celsius + 273 = 293° Kelvin

Mit einer einfachen Dreisatzrechnung wird der Flaschendruck des von 40 Grad Celsius auf 20 Grad Celsius abgekühlten Tauchgerätes ermittelt.

$$\frac{220 \text{ bar} \times 293 \text{ °Kelvin}}{313 \text{ °Kelvin}} = 205 \text{ bar}$$

Der Druckmesser zeigt nach dem Eintauchen in das 20 Grad warme Wasser noch 205 bar an.

Gase unter Druck

Das Gesetz von Dalton

Es besagt, dass sich der Gesamtdruck eines Gasgemisches aus der Summe der Teildrücke seiner Gase berechnet.
Der Teil- oder Partialdruck eines Gases lässt sich errechnen, indem man den prozentualen Anteil des Gases mit dem Umgebungsdruck, in dem sich diese Gasmischung befindet, multipliziert.
Das Gesetz von Dalton wird beim Tauchen mit Luft, Nitrox und anderen Mischgasen benötigt, um die maximale Einsatztiefe, den Partialdruck und die möglichen Auswirkungen auf den menschlichen Körper sowie die Berechnung des optimierten Sauerstoffgehaltes (best mix) berechnen zu können.
Bei einem Luftdruck auf Meereshöhe von 1 bar entspricht der Volumenanteil von 21 Prozent Sauerstoff somit einem Partialdruck von 0,21 bar

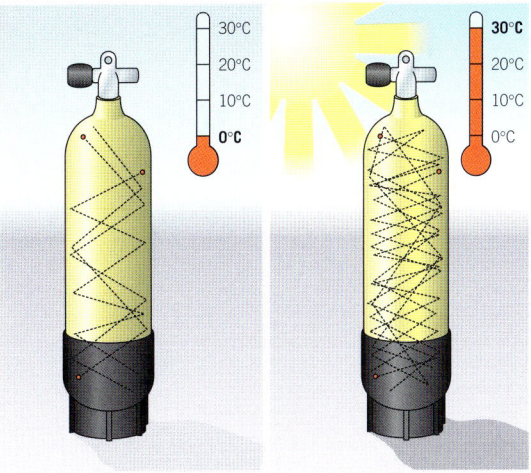

Bei Temperaturanstieg bewegen sich die Moleküle schneller, dadurch steigt der Druck im Tauchgerät.

in diesem Gasgemisch. Der Anteil von 78 Prozent Stickstoff entspricht einem Partialdruck von 0,78 bar und der verschwindend geringe Anteil von 1 Prozent Restgasen einem Partialdruck von 0,01 bar.
Die Summe von 0,21 bar + 0,78 bar + 0,01 bar ergibt wieder den auf der Erdoberfläche in Meereshöhe herrschenden Gesamtdruck von 1 bar.

P_{Ges}	=	$pO_2 + pN_2 + p_{Rest}$
P_{Ges}	=	**Gesamtdruck**
PO_2	=	**Partialdruck von Sauerstoff**
PN_2	=	**Partialdruck von Stickstoff**
P_{Rest}	=	**Partialdruck der Restgase**

Verschiedene Gase können, abhängig von ihrem Teildruck, narkotisierend oder sogar giftig auf den

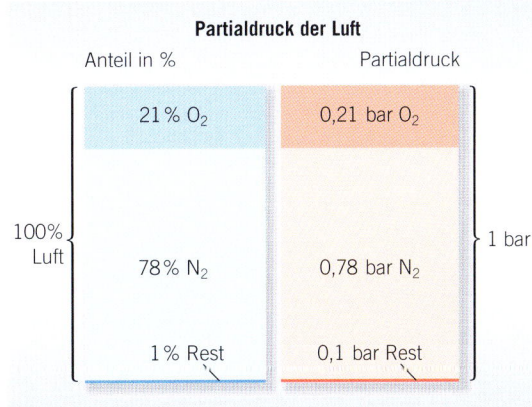

Partialdruck der Luft

menschlichen Körper wirken. Zu diesen Gasen gehören Kohlenmonoxyd, Kohlendioxyd, Stickstoff und sogar der für uns lebensnotwendige Sauerstoff. Selbst geringste Verunreinigungen der Atemluft stellen eine erhebliche Gefahr für den Taucher dar.

Kohlenmonoxyd (CO) entsteht bei der Verbrennung von Kohlenstoff mit wenig Sauerstoff. Es ist in hoher Konzentration in Abgasen enthalten. Wird Kohlenmonoxyd in gerade noch akzeptabler Konzentration in das Tauchgerät gefüllt, so überschreitet der für die Oberfläche zulässige Wert durch das Ansteigen des Partialdrucks mit zunehmender Tiefe. Der Taucher kann eine Kohlenmonoxydvergiftung erleiden.

Kohlenmonoxyd bindet sich 300-mal schneller und besser an die roten Blutkörperchen als Sauerstoff und blockiert diese dann für den Sauerstofftransport.

Kohlendioxyd (CO_2) wird durch stille Verbrennung im menschlichen Körper und auch beim Verbrennen fossiler Rohstoffe wie Holz oder Öl freigesetzt. Bei erhöhtem Kohlendioxyd-Spiegel im Blut wird beim Menschen der Atemreiz ausgelöst. Die höchste für den menschlichen Körper tolerierbare Grenze liegt bei einer Konzentration von maximal 3 Prozent. Höhere Konzentrationen führen zu »Lufthunger« und hektischem, flachem Atmen.

Sauerstoff (O_2) ist in der Umgebungsluft in einer Konzentration von 21 Prozent und einem Partialdruck von 0,21 bar auf Meereshöhe vorhanden. In etwa 5000 Meter Höhe erreichen wir die kritische Untergrenze des für den Menschen notwendigen Sauerstoffpartialdruckes von ca. 0,12 bar. Bei einer längeren, über viele Stunden andauernden Atmung mit reinem Sauerstoff kann es schon bei einem geringfügig erhöhten Sauerstoffpartialdruck von ca. 0,6 bar zu Lungenschädigungen kommen.

Die für den Menschen kritische Obergrenze des Sauerstoffpartialdruckes liegt bei 1,6 bar (siehe Seite 87). Dies entspricht beim Tauchen mit normaler Atemluft einer Wassertiefe, die weit jenseits des Sporttauchens liegt, nämlich von etwa 66 Meter.

Wird jedoch der Sauerstoffanteil wie beim Tauchen mit Nitrox, einer Mischung aus Sauerstoff und Stickstoff, erhöht, so kann der für den Menschen maximale Partialdruck bei einer Mischung von 40 Prozent Sauerstoff und 60 Prozent Stickstoff schon bei ca. 4 bar (= 30 Meter Tiefe) erreicht werden.

0,40 bar pO_2 x 4 bar = 1,6 bar pO_2

Bei der Berechnung von Nitroxtauchgängen sollte aus Sicherheitsgründen der Partialdruck von 1,4 bar Partialdruck Sauerstoff nicht überschritten werden.

Wie bereits auf Seite 18 erwähnt, wird Stickstoff unter normalen atmosphärischen Bedingungen nicht vom Körper aufgenommen. Das ändert sich jedoch, wenn der menschliche Körper Druckunterschieden ausgesetzt wird, zum Beispiel beim Bergsteigen, Fliegen oder Tauchen.

In 5000 Meter Höhe beträgt der Partialdruck des Stickstoffes nur noch die Hälfte (0,39 bar), in 10 Meter Wassertiefe das Doppelte seines Partialdrucks (1,56 bar) auf Meereshöhe.

Dieser veränderte Partialdruck steht dem im Körpergewebe vorhandenen Stickstoffpartialdruck gegenüber. Aufgrund der nachfolgend behandelten physikalischen Gesetzmäßigkeit von Henry kommt es zur Stickstoffaufnahme oder -abgabe im Körpergewebe.

Das Gesetz von Henry

Es beschreibt die physikalische Gesetzmäßigkeit, dass sich bei konstanter Temperatur, die in einer Flüssigkeit gelöste Gasmenge proportional zum Partialdruck des Gases verhält. Bei Erhöhung des Drucks in einer Gasmenge, die sich in direktem Kontakt mit einer Flüssigkeit befindet, werden Gasmoleküle in der Flüssigkeit gelöst, bis ein Aus-

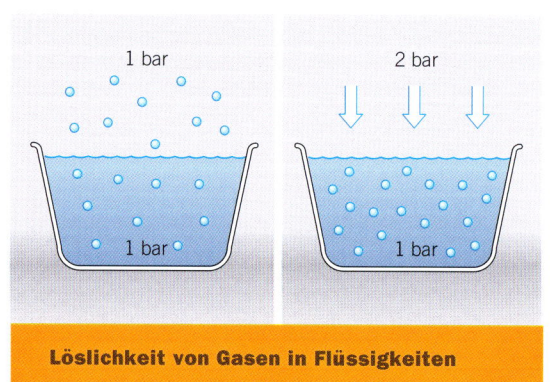

Löslichkeit von Gasen in Flüssigkeiten

gleich erreicht ist. Dieser Vorgang wird als **Sättigung** bezeichnet. Verringert man den Druck über der Flüssigkeit wieder, so treten Gasmoleküle aus der Flüssigkeit aus, es entsteht eine **Entsättigung**. Beim Tauchen gelangt Stickstoff auf physikalischem Weg vom Ort des höheren Partialdrucks (eingeatmete Luft beim Tauchen) zum Ort des niedrigeren Partialdrucks (Körpergewebe) oder umgekehrt. Je höher der Druckunterschied zwischen Umgebungsdruck und Körpergewebe ist umso schneller findet auch die Sättigung bzw. Entsättigung statt.

Das Gesetz von Boyle-Mariotte

Ein Gas oder Gasgemisch unter Druck unterliegt der von Boyle-Mariotte entdeckten Gesetzmäßigkeit: Der Druck steht bei konstanter Temperatur im direkten Verhältnis zum Volumen einer abgeschlossenen Gasmenge.
Die exakte Formel lautet:
Druck (p) mal Volumen (V) = konstant.
Dies bedeutet, dass sich das Volumen im gleichen Verhältnis verkleinert, wenn der Druck steigt. Es vergrößert sich, wenn der Druck fällt.
Um zu berechnen, inwieweit sich das Volumen einer ursprünglich vorhandenen abgeschlossenen Gasmenge mit zunehmendem Druck verändert, benötigen wir folgende Formel:
Anfangsdruck (p1) multipliziert mit dem Anfangsvolumen (V1) = Enddruck (p2) multipliziert mit dem Endvolumen (V2).

p1 × V1= p2 × V2

Beispiel: Ein Schnorcheltaucher hat an der Wasseroberfläche (Anfangsdruck 1 bar) ein Lungenvolumen (Anfangsvolumen) von 6 Liter und taucht auf eine Tiefe von 20 Meter (3 bar).
Anfangsdruck 1 bar × Anfangsvolumen 6 Liter = Enddruck (3 bar auf 20 Meter) multipliziert mit dem gesuchten Endvolumen (1 bar × 6 Liter = 3 bar × ? Liter).
Das gesuchte Endvolumen beträgt somit 2 Liter, das heißt, in 20 Meter Tiefe beträgt das Lungen-

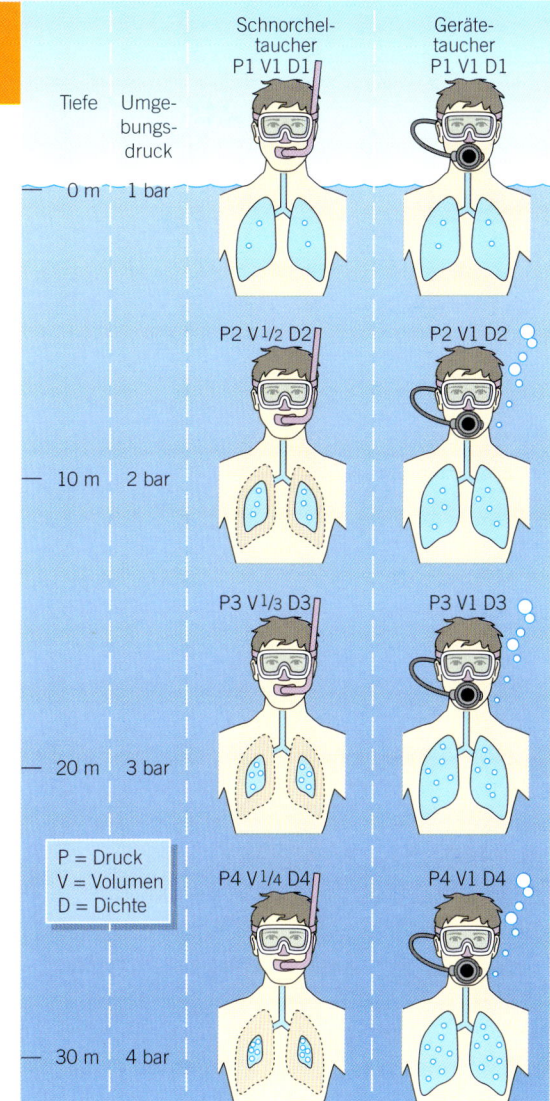

Tiefe / Umgebungsdruck

Schnorcheltaucher P1 V1 D1	Gerätetaucher P1 V1 D1
0 m — 1 bar	
P2 V$\frac{1}{2}$ D2	P2 V1 D2
10 m — 2 bar	
P3 V$\frac{1}{3}$ D3	P3 V1 D3
20 m — 3 bar	
P4 V$\frac{1}{4}$ D4	P4 V1 D4
30 m — 4 bar	

P = Druck
V = Volumen
D = Dichte

volumen des Schnorcheltauchers nur noch 2 Liter. Die Luftmolekühle werden enger zusammengepresst, die Luft wird daher dichter. Nach Rückkehr an die Wasseroberfläche hat die Lunge des Schnorcheltauchers wieder das ursprüngliche Volumen von 6 Liter.
Da wir beim Gerätetauchen jedoch immer Luft atmen, die genau unserem Umgebungsdruck entspricht, bleibt das Volumen unserer Lunge immer gleich.
Mit zunehmender Tiefe muss durch die zunehmende Komprimierung immer mehr Luft nachgefüllt werden, um das Volumen gleich groß zu halten. Die Luftmenge und die Dichte der Luft in der Lunge steigen also mit zunehmender Tiefe.

Würde also ein Gerätetaucher mit einem Lungenvolumen von 6 Liter aus 20 Meter Tiefe (3 bar) ohne auszuatmen aufsteigen, hätte diese Lunge theoretisch an der Wasseroberfläche (1 bar) eine Größe von 18 Litern (3 bar × 6 Liter = 1 bar × 18 Liter).

Da der Ausdehnung der Lunge Grenzen gesetzt sind, würde diese im Beispiel genannte Lunge lange vor dem Erreichen der Wasseroberfläche einreißen.

Auswirkungen auf den Luftverbrauch

Da wir beim Gerätetauchen immer Luft atmen, die unserem Umgebungsdruck entspricht, bleibt das Volumen unserer Lunge immer gleich groß. Wenn 6 Liter notwendig sind, um mit einem einzigen Atemzug an der Wasseroberfläche (1 bar) die Lunge zu füllen, so sind dies bei doppeltem Druck in 10 Meter Wassertiefe (2 bar) schon (auf den Oberflächendruck umgerechnet) 12 Liter, in 40 Meter gar 30 Liter Luft.

Je tiefer wir tauchen, umso schneller verbrauchen wir also unseren Luftvorrat. Hinzu kommen noch die Faktoren Anstrengung, Angst, Stress und Kälte, die den Luftverbrauch bis auf das 10fache oder mehr ansteigen lassen können.

Bei schwerer körperlicher Anstrengung oder Stress kann der Luftverbrauch in 40 Meter um mehr als das 30fache des Luftverbrauchs im Ruhezustand an der Wasseroberfläche betragen. Nun könnten wir versuchen nur halb so tief einzuatmen, der

Sauerstoffgehalt in der Tiefe wäre auch bei halb gefüllter Lunge hoch genug, um uns ausreichend zu versorgen. Die Natur lässt sich jedoch in diesem Fall nicht austricksen. Dehnungsrezeptoren im Lungengewebe signalisieren den »Füllzustand« der Lunge. Kommt kein Signal für eine ausreichende Füllung, wird vom Gehirn sofort der Reiz zum tiefen Einatmen ausgelöst.

Eine gute Planung des Tauchgangs, das Mitführen eines ausreichenden Luftvorrates und dessen regelmäßige Kontrolle sind deshalb unbedingt erforderlich.

Direkte Auswirkungen auf den Taucher

Da alle luftgefüllten Hohlräume den physikalischen Gesetzmäßigkeiten von Boyle-Mariotte unterliegen, sind die beim Taucher vorhandenen luftgefüllten Körperhöhlen von Druckänderungen betroffen, sowohl der mit Luft gefüllte Maskeninnenraum als auch der beim Trockentaucher mit Luft gefüllte Tauchanzug.

Bei der sehr langsamen Anpassung an Veränderungen des Umgebungsdruckes, also Druckänderungen wie zum Beispiel beim Bergwandern, schenken wir unseren luftgefüllten Körperhöhlen keinerlei Aufmerksamkeit. Bei schnellen Druckänderungen, die zum Beispiel beim Fliegen und Tauchen auftreten, werden wir uns ihrer, bei nicht ausgeführtem Druckausgleich, oft schmerzlich bewusst.

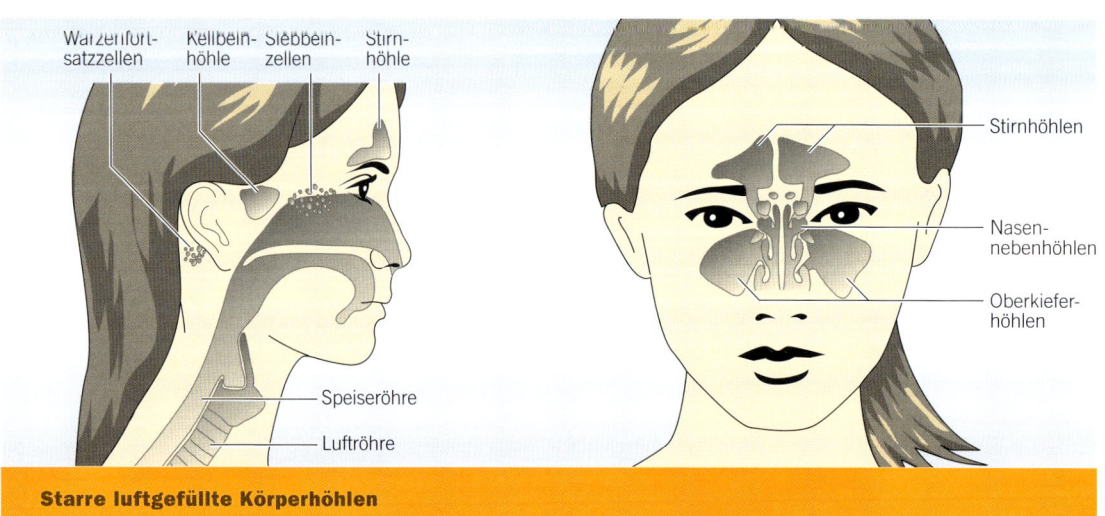

Warzenfort-satzzellen | Keilbein-höhle | Siebbein-zellen | Stirn-höhle

Speiseröhre
Luftröhre

Stirnhöhlen
Nasennebenhöhlen
Oberkieferhöhlen

Starre luftgefüllte Körperhöhlen

Starre luftgefüllte Hohlräume

Die Stirn und Kieferhöhlen

Sie stehen mit dem Nasenrachenraum durch feine Kanäle in Verbindung und sind mit Schleimhäuten ausgekleidet. Beim Anschwellen dieser Schleimhäute, zum Beispiel bei Erkältungen, werden oft die Verbindungskanäle geschlossen. Wir sind »verstopft« und können daher keinen Druckausgleich mehr herstellen.

Das Ohr

Es besteht aus drei Bereichen, dem Außenohr, dem Mittelohr und dem Innenohr. Das Außenohr besteht aus unserer Ohrmuschel und dem Gehörgang, es endet am Trommelfell.
Dieses Trommelfell verschließt die Paukenhöhle (das Mittelohr) luftdicht nach außen und steht über die so genannte Eustachische Röhre (Ohrtube) mit dem Nasenrachenraum in Verbindung. Die Funktion des Trommelfelles ist nur gewährleistet, wenn auf beiden Seiten gleicher Druck besteht und es frei schwingen kann.
Es leitet als feine Membran Schwingungen an die Gehörknöchelchen (Hammer, Amboss und Steigbügel) weiter, die wiederum über das ovale Fenster mit der im härtesten Teil unseres Schädels sitzenden Gehörschnecke (einer mit Flüssigkeit gefüllten schneckenartigen Windung) und mit den Bogengängen des Gleichgewichtsorgans in direkter Verbindung stehen. Dort werden die eintreffenden Schwingungen über Nervenimpulse an das Gehirn weitergeleitet und verarbeitet. Ein plötzlicher Temperaturwechsel oder Druckunterschied im Mittelohr kann durch seine Einwirkung auf die Bogengänge zu Schwindel führen. Wenn die Bewegungen, die durch die Bogengänge wahrgenommen werden, nicht mit den visuellen Anhaltspunkten der Augen übereinstimmen, wird man seekrank.

Die Zähne

Was haben die Zähne mit den Problemen beim Tauchen zu tun? Nicht viel, solange sie keine schadhaften Füllungen oder Risse haben. Dort kann sich nämlich Luft einlagern und diese eingeschlossene Luft kann dann beim Ab- und Aufstieg

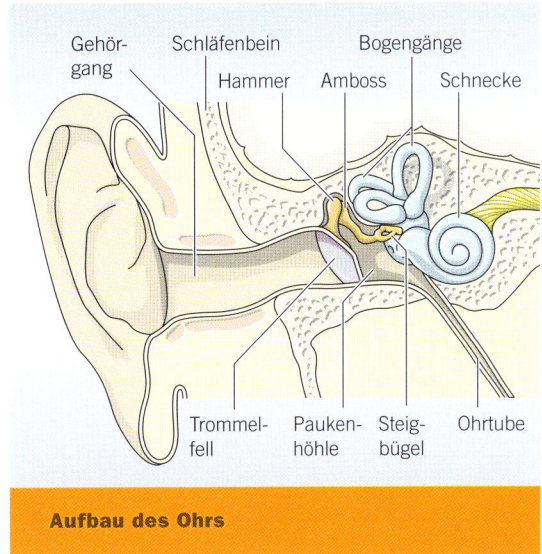

Aufbau des Ohrs

äußerst schmerzhaft auf die Zahnnerven drücken. Die Wurzeln von manchen Backenzähnen reichen bis in die Sinushöhlen, daher sollte einige Wochen nicht getaucht werden, nachdem ein Backenzahn gezogen wurde.
Ein unterbliebener Druckausgleich in den Nasennebenhöhlen kann jedoch auch auf die Zahnnerven des Oberkiefers drücken und Schmerzen hervorrufen, die oft fälschlich für Zahnschmerzen gehalten werden.

Der Maskeninnenraum

Im Innenraum der Tauchmaske entsteht beim Abtauchen ein relativer Unterdruck, der durch Ausatmen in die Maske über die eingeschlossene Nase, ausgeglichen werden kann. Schwimmbrillen, die keinen Nasenerker besitzen, sind deshalb für das Tauchen nicht geeignet. Bei unterlassenem Druckausgleich in der Maske kann es zu einer Schädigung der Augen kommen (siehe Seite 78).

Flexible luftgefüllte Hohlräume

Die Lunge

Die Lunge, bestehend aus zwei Lungenflügeln, ähnelt in Ihrem Aufbau einem Schwamm. Sie hat eine Maximal- und eine Minimalkapazität, denn auch bei völliger Ausatmung ist sie nicht vollkom-

Tipp

Jeder Taucher muss »seine« Methode für den Druckausgleich herausfinden. Am besten gelingt der Druckausgleich meist in Kombination der verschiedenen Methoden. So können Sie versuchen zu schlucken oder bei der Valsalva Methode gleichzeitig den Kopf in den Nacken legen und den Unterkiefer nach rechts und links bewegen. Durch Anheben und nach hinten führen der Zunge bei gleichzeitiger Kieferbewegung kann die Tubenmuskulatur willkürlich geöffnet werden. Dies erfordert jedoch Erfahrung und Training und ist nur bei Menschen mit gut belüfteten Ohrtuben möglich.

men leer. Die Lungenflügel sind in eine mit Flüssigkeit gefüllte Doppelmembran eingebettet, dem Lungenfell und dem Brustfell. Das Lungenfell überzieht die Haut der Lungenoberfläche und das Brustfell kleidet die Brustwand von innen aus. Zwischen den beiden besteht ein mit Flüssigkeit gefüllter Hohlraum, der Pleuraspalt, in dem Unterdruck herrscht.

Da der Atemregler immer genau den Druck liefert, der dem Umgebungsdruck entspricht, findet der Druckausgleich in der Lunge bei normaler Ein- und Ausatmung automatisch statt.

Beim Schnorcheln kann es zu einer Unterdruckschädigung der Lunge wie Platzen von Blutgefäßen und Austritt von Gewebsflüssigkeit kommen. Gefahr besteht bei Verwendung eines überlangen Schnorchels, bereits ab 70 Zentimeter Wassertiefe, und wenn beim Apnoetieftauchen die Lunge unter den Wert des Residualvolumens (siehe Seite 34) komprimiert wird.

Auch die Gase, die sich im Magen durch Schlucken von Luft oder bei der Verdauung auf natürlichem Wege bilden, unterliegen den auftretenden Druckveränderungen. Durch die Elastizität der Organe und die Möglichkeit auftretende Gasansammlungen auf natürlichem Wege abzubauen, ist eine Schädigung höchst unwahrscheinlich.

Tauchanzug

Bei einem schlecht sitzenden, zu engen Tauchanzug oder wenn nicht ausreichend Luft in den Trockentauchanzug gelassen wird, kann es zum Einschluss von Luftblasen kommen, die eine Unterdruckschädigung der Haut, eine Art »Knutschfleck«, verursachen.

Der Druckausgleich

Der Druckausgleich sollte so früh wie möglich und so oft wie nötig durchgeführt werden, da der zunehmende Umgebungsdruck sich auf die Verbindungskanäle auswirkt und diese verschließen kann. Der Druckausgleich darf keinesfalls mit Gewalt ausgeführt werden. Es dürfen keine abschwellenden Medikamente genommen werden, da ein Nachlassen der Wirkung des Medikamentes unter

Druckausgleich im Ohr
Oben: Nach erfolgreichem Druckausgleich oder vor dem Abtauchen herrscht der gleiche Druck auf beiden Seiten des Trommelfells.
Mitte: Mit zunehmender Tiefe steigt der Außendruck, das Trommelfell wölbt sich nach innen.
Unten: Durch Angleichung des Druckes im Mittelohr über die Ohrtube (Eustachische Röhre) wird der Druckausgleich hergestellt.

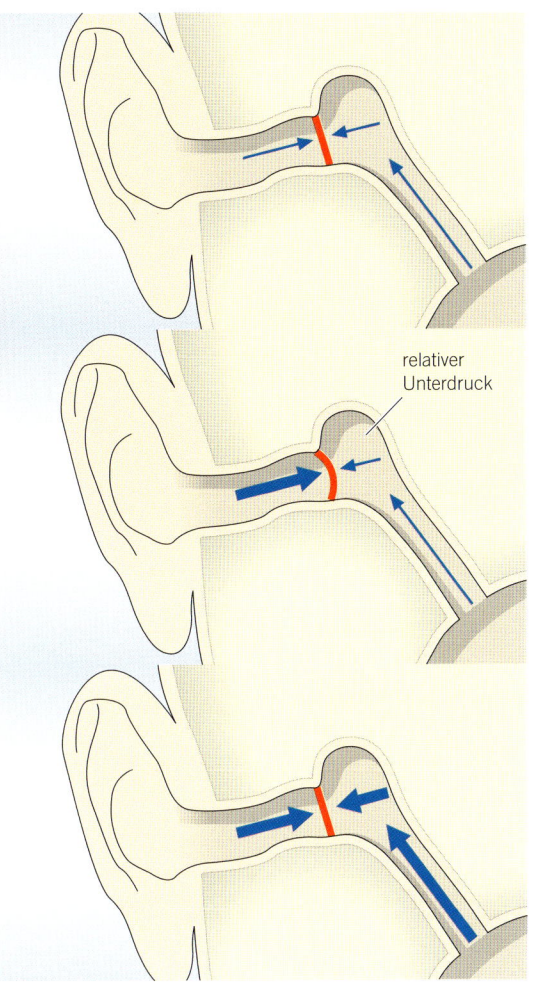

relativer Unterdruck

Druck zu einem vermehrten Anschwellen der Schleimhäute und als Folge davon zu einem Verschluss der Verbindungsgänge führen kann. Es könnte beim Auftauchen zu einer Umkehrblockierung kommen, das heißt, die Luft kann beim Auftauchen nicht mehr entweichen.

Druckausgleich im Ohr

Die Ohrtube ist im normalen Zustand geschlossen, da sonst ständig unsere eigenen Atem- oder Kaugeräusche, die von außen kommenden Schwingungen überlagern würden. Sie kann jedoch durch Kauen, Schlucken, Gähnen, Verschieben des Unterkiefers und der Zunge (oder Kombinationen davon) willkürlich geöffnet werden. Dies macht sich durch ein »knackendes« Geräusch im Ohr und durch das Nachlassen des Drucks bemerkbar. Eine weitere Möglichkeit ist die Valsalva-Methode, bei der der Taucher seine Nase mit Daumen und Zeigefinger verschlossen hält, und vorsichtig in die Nase ausatmet, um einen Druck im Nasen-Rachen-Raum aufzubauen, der die Ohrtuben öffnet. Übermäßiger Druck sollte auf jeden Fall vermieden werden, da es durch explosionsartiges Einschießen von Luft zu einer Schädigung des Mittel- und Innohres kommen kann.

Druckausgleich in den Kiefer- und Stirnhöhlen

Die Verbindungsgänge der Nasennebenhöhlen (Kieferhöhlen) und der Stirnhöhle zum Nasen-Rachen-Raum, der Siebbeinzellen und der Keilbeinhöhle sind bei nicht geschwollenen Schleimhäuten normalerweise immer offen. Der Druckausgleich erfolgt dann während des Tauchgangs automatisch mit jedem Atemzug.

Druckausgleich in der Tauchmaske und Lunge

Beim Abtauchen sollte regelmäßig Luft durch die Nase in die Maske gelassen werden, um auch hier den Druck regelmäßig auszugleichen.
Bei regelmäßiger Atmung findet der Druckausgleich in der Lunge automatisch statt. Da wir mit jedem Atemzug auf Umgebungsdruck reduzierte Luft atmen und die Lunge aus elastischem Gewebe besteht, passt sie sich automatisch den veränderten Druckverhältnissen an.

Die Eigenschaften von Wasser

Ohne Wasser (H_2O) wäre kein Leben auf der Erde möglich. Es besitzt kein festes Volumen, aber eine

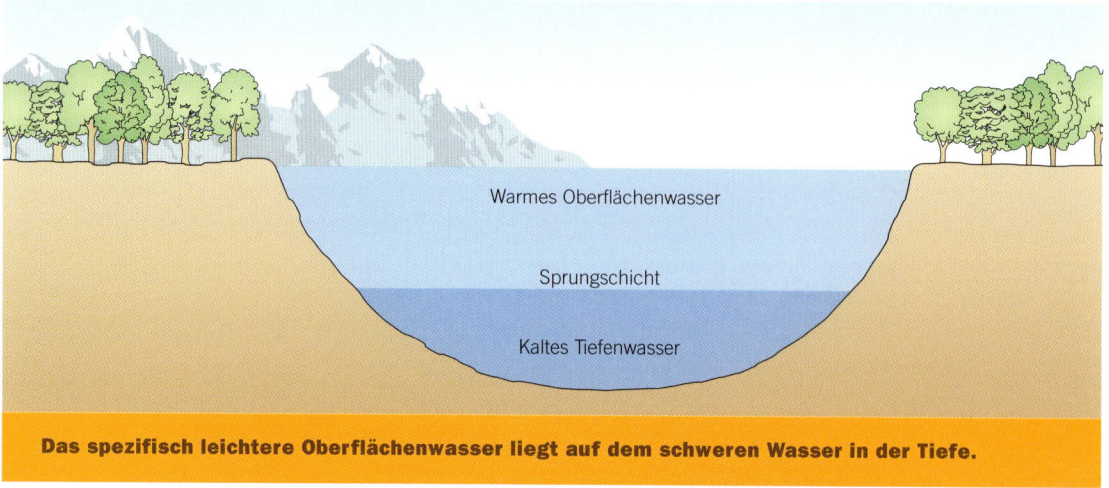

Warmes Oberflächenwasser

Sprungschicht

Kaltes Tiefenwasser

Das spezifisch leichtere Oberflächenwasser liegt auf dem schweren Wasser in der Tiefe.

bestimmte Form und es lässt sich nur unter sehr hohem Druck geringfügig komprimieren.

Der Mensch besteht zu etwa 60 Prozent aus Wasser und ungefähr 20 anderen Elementen, die ihrerseits Millionen von chemischen Verbindungen eingehen. Wir tragen sogar einen kleinen Teil »Meer« in uns. Das Blutplasma des Menschen ist in seinen Bestandteilen und in der Zusammensetzung von Kalzium, Magnesium und Natrium mit der des Meerwassers fast identisch.

Wasser ist schwerer und etwa 800-mal dichter als Luft, es hat einen wesentlich höheren Strömungswiderstand. Dies spüren wir bei Bewegungen im Wasser. Es ist anstrengender im Wasser zu gehen, als dieselbe Strecke an der Luft zurückzulegen.

Die Dichte

Während sich die Dichte in einer Luftsäule ändert, je höher man steigt, bleibt sie in einer Wassersäule immer gleich. Wasser erreicht seine größte Dichte bei 4 Grad Celsius. Gefriert es, so nimmt die Dichte ab, es wird etwa 10 Prozent leichter. Wird Wasser erwärmt, so wird es ebenfalls leichter und es steigt nach oben. Das 4 Grad Celsius kalte, dichte und schwere Wasser sinkt nach unten, wo es in großen tiefen Seen stehen bleibt.

Da Süßwasser häufig Schichten bildet, liegt warmes, leichteres Oberflächenwasser auf kaltem, dichterem Wasser. Die Grenze zwischen diesen beiden Wasserschichten ist die Sprungschicht. An der Schnittstelle tritt eine optische Unschärfe auf, die durch die veränderte Lichtbrechung der unterschiedlichen Dichte des Wassers entsteht. So kann

in einem See das Wasser an der Oberfläche angenehm warm sein, aber in der Tiefe sehr kalt. Salzwasser ist dichter als Süßwasser und somit auch etwas schwerer. Ein Liter Süßwasser wiegt etwa ein Kilogramm, ein Liter Salzwasser durch die höhere Dichte etwa 1,025 Kilogramm.

Wärmeleitfähigkeit

Bei einer Lufttemperatur von 25 Grad Celsius fühlen wir uns normalerweise recht wohl, bei der gleichen Wassertemperatur frieren wir jedoch schnell. Durch die dichtere Molekularstruktur von Wasser wird auch die Wärmeleitfähigkeit begünstigt, das Wasser leitet die Wärme etwa 25-mal schneller als Luft. Dies bedeutet, dass sich der Taucher etwa 25-mal so lange ungeschützt bei gleicher Temperatur an der Luft aufhalten kann, wie dies im Wasser ohne Kälteschutz möglich ist. Die Abkühlung im Wasser erfolgt durch Konvektion (= Warmeströmung) und Konduktion (dabei wird Wärme direkt an Stoffe übertragen, die miteinander in Verbindung stehen). Die Haut erwärmt das umliegende Wasser, dieses wird »leichter« und steigt nach oben, es strömt kaltes Wasser von unten nach.

Hören unter Wasser

Ebenfalls begünstigt durch die hohe Molekularstruktur wird die Schallübertragung. Sie ist etwa viermal so hoch wie an der Luft.

In der Luft wird die Richtung, aus der ein Geräusch kommt, durch eine Zeitmessung festgestellt. Das heißt, der Schall erreicht erst ein Ohr und dann das andere.

Die Farben werden mit zunehmender Tiefe absorbiert.

Unter Wasser funktioniert dies jedoch durch die viermal höhere Schallgeschwindigkeit nicht mehr. Der Taucher hört zwar eher ein sich näherndes Schiff, kann jedoch die Richtung, aus der das Geräusch kommt, nicht orten.

Sehen unter Wasser

Das menschliche Auge ist nicht für das Sehen unter Wasser geschaffen. Wenn man die Augen unter Wasser öffnet, wirkt alles verschwommen. Sie können zwar noch grobe Umrisse, aber keine Details erkennen.
Wir benötigen eine mit Luft gefüllte Tauchmaske, um unsere Umgebung unter Wasser scharf sehen zu können.
Durch den Brechungswinkel unter Wasser werden Lichtstrahlen am Glas der Tauchmaske mit der Brechungszahl 1,33 gebrochen. Daher sehen wir alle Gegenstände ein Viertel (25 Prozent) näher und ein Drittel (33 Prozent) größer. Das erklärt auch das viel gerühmte »Taucherlatein«, denn der 2 Meter große Barrakuda war also nur 140 Zentimeter groß, und auch nicht 3 Meter nah, sondern 4 Meter weit von uns entfernt.
Die Sichtweite in einem Gewässer ist sehr stark abhängig von der Menge des eindringenden Sonnenlichtes, der Beschaffenheit des Grundes (heller Boden reflektiert Licht) und der Menge der eventuell auftretenden Trüb- und Schwebestoffe. Die Sichtweite kann je nach Gewässer von 30 Zentimeter bis auf weit über 30 Meter variieren.
Farben werden mit zunehmender Tiefe vom Wasser absorbiert. Je mehr Trübstoffe im Wasser sind,

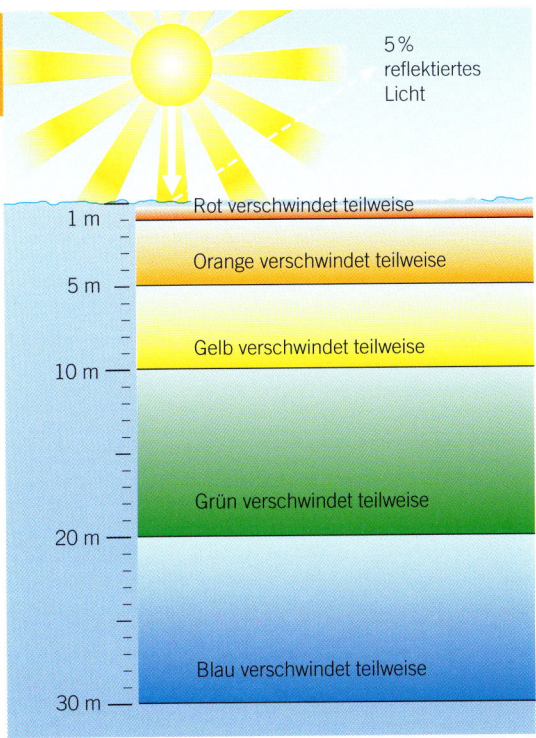

5 % reflektiertes Licht

1 m — Rot verschwindet teilweise

Orange verschwindet teilweise

5 m —

Gelb verschwindet teilweise

10 m —

Grün verschwindet teilweise

20 m —

Blau verschwindet teilweise

30 m —

desto eher geschieht das. Rot wird schon ab ca. 3 Meter absorbiert, Orange ab 6 Meter, Gelb ab 10 Meter. Blau kann bis in eine Tiefe von 30 Meter wahrgenommen werden. Ab 25 Meter erscheint die Unterwasserwelt eintönig blaugrau. Erst bei Verwendung künstlicher Lichtquellen wie Tauchlampen können Sie sich wieder an der vollen Farbenpracht erfreuen. Viele Korallenfische nützen die Absorption der Farben aus, indem sie sich in den Farben »kleiden«, die als erste verschwinden.
Dabei ist die Farbe Rot besonders beliebt, da sie in Tiefen von 10 Meter nur als unauffälliges Braun zu sehen ist und perfekt mit der Umgebung verschmilzt.

Brechung

Luft

Der Fisch scheint näher und größer

Tatsächliche Größe und Entfernung des Fisches

Sehen unter Wasser

Auftrieb und Abtrieb – das Gesetz des Archimedes

Wenn man Gegenstände aus verschiedenen Materialien ins Wasser legt, sinken einige davon, andere schwimmen an der Oberfläche und einige schweben. Eine Erklärung für dieses Phänomen gibt uns das Gesetz des Archimedes:

»Jeder Gegenstand, der in eine beliebige Flüssigkeit getaucht wird, verliert scheinbar so viel an Gewicht, wie die von ihm verdrängte Flüssigkeitsmenge wiegt.«

Ein Schiff wiegt zum Beispiel viele tausend Tonnen, verdrängt jedoch durch die Form der Schiffshülle so viel Wasser, dass die Gewichtskraft des verdrängten Wassers wesentlich höher ist als das eigene Gewicht, es schwimmt.

Das Gesetz des Archimedes erklärt, warum wir beim Tauchen einen Zustand der Schwerelosigkeit erreichen können. Es hilft uns zu berechnen, wie wir schwere Gegenstände mit Hebeballons bergen können und wie viel Blei wir im Süß- und im Salzwasser anlegen müssen.

Wenn ein Taucher, der eine Gewichtskraft von 750 N erreicht, ins Wasser geht, dort jedoch 800 N Gewichtskraft Wasser verdrängt, ist die Gewichtskraft des verdrängten Wassers größer als die eigene. Der Taucher ist positiv tariert und hat Auftrieb (siehe Abbildung rechts oben).

Ist die eigene Gewichtskraft durch Hinzufügen von Gewicht oder Entlüften des Tarierjackets genauso hoch wie die der verdrängten Flüssigkeitsmenge, befindet sich der Taucher im hydrostatischen Gleichgewicht, er ist neutral tariert und schwebt (siehe Abbildung rechts in der Mitte).

Durch Ablassen von Luft aus dem Tarierjacket, Komprimierung des Tauchanzugs beim Abstieg oder Hinzufügen von Gewicht steigt das Eigengewicht im Verhältnis zur verdrängten Flüssigkeitsmenge. Die eigene Gewichtskraft ist größer als die des verdrängten Wassers, der Taucher ist negativ tariert und sinkt ab (siehe Abbildung rechts unten).

Ein Taucher mit einer Gewichtskraft von 100 Kilogramm, der im Süßwasser mit leerem Tarierjacket neutral tariert ist, braucht im Salzwasser mit der gleichen Ausrüstung mehr Blei.

Rechenbeispiel 1 Süßwasser

Ein Anker mit einem Gewicht von 75 Kilogramm liegt in einer Tiefe von 20 Meter im Süßwasser. Das Volumen des Ankers verdrängt 35 Liter Wasser. Wie viel Liter Luft müssen in den Hebesack gefüllt werden, um diesen Anker heben zu können?

Schritt 1

Das Gewicht des vom Anker verdrängten Wassers (1 l Süßwasser = 1 kg) wird vom Gesamtgewicht

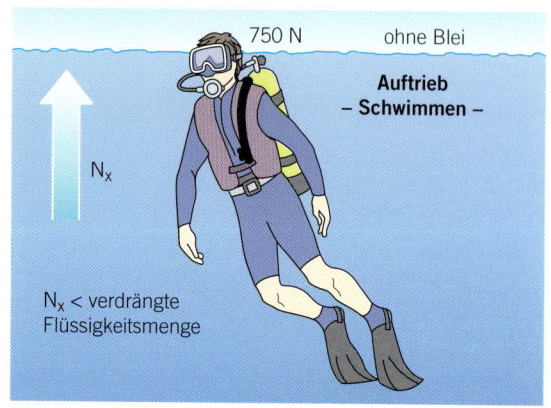

750 N   ohne Blei

Auftrieb – Schwimmen –

N_x

N_x < verdrängte Flüssigkeitsmenge

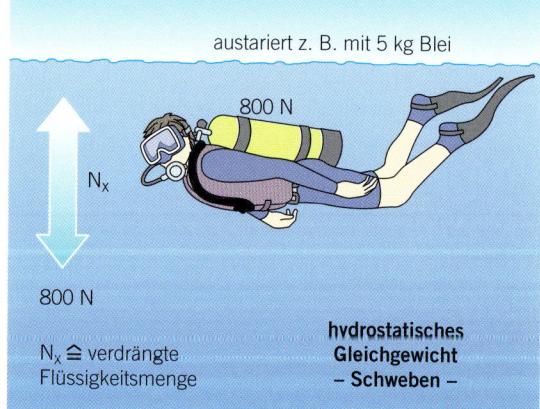

austariert z. B. mit 5 kg Blei

800 N

N_x

800 N

$N_x \cong$ verdrängte Flüssigkeitsmenge

hydrostatisches Gleichgewicht – Schweben –

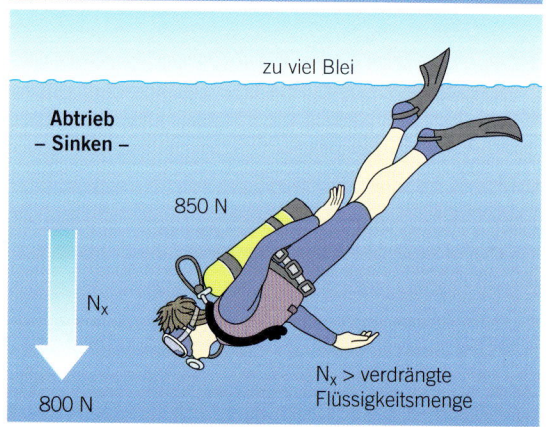

zu viel Blei

Abtrieb – Sinken –

850 N

N_x

800 N

N_x > verdrängte Flüssigkeitsmenge

abgezogen: 75 kg Gesamtgewicht – 35 kg Gewicht des verdrängten Wassers = 40 kg.
Das Volumen des Hebeballons muss mindestens 40 Liter betragen, um das Gewicht des Ankers »aufzuheben«.

Schritt 2
Errechnung der in 20 Meter benötigten Luftmenge, um ein Volumen von 40 Litern herzustellen.
Umgebungsdruck in 20 Meter Süßwasser = 3 bar
40 Liter × 3,00 bar = 120 bar/Liter Luft
Um ein Volumen von 40 Litern in 20 Meter zu erreichen, muss der Hebeballon mit 120 Litern Luft gefüllt werden.

Rechenbeispiel 2 Salzwasser
Ein Anker mit einem Gewicht von 75 Kilogramm verdrängt 35 Liter Salzwasser und liegt in 20 Meter Tiefe.
Achtung: Salzwasser ist spezifisch dichter, also schwerer als Süßwasser, 1 Liter wiegt ca. 1,03 Kilogramm.

Schritt 1
Errechnung des Gewichtes von 35 Liter Salzwasser.

35 l × 1,03 kg = 36,05 kg/l Gewichtskraft des verdrängten Wassers.

Schritt 2
Dieses Gewicht wird vom Gesamtgewicht abgezogen.
Gesamtgewicht 75 kg – 36,05 kg/l = 38,95 kg
Das Volumen des Ballons muss also das Gewicht von 38,95 Kilogramm Salzwasser verdrängen, um das Gewicht des Ankers aufzuheben.

Schritt 3
Errechnung des benötigten Volumens
38,95 kg : 1,03 kg = 37,82 Liter Volumen
Der Hebesack muss so weit gefüllt werden, dass er ein Mindestvolumen von 37,82 Liter aufweist, um ein hydrostatisches Gleichgewicht herzustellen.

Schritt 4
Errechnung der in 20 Meter bei 3 bar benötigten Luftmenge, um ein Volumen von 37,82 Liter herzustellen:
3 bar x 37,82 l = 113,46 bar/l
In Salzwasser muss in einer Tiefe von 20 Meter ein Hebesack mit 113,46 bar/Liter Luft gefüllt werden, um ein hydrostatisches Gleichgewicht zu erreichen.

Zwei der insgesamt zehn Arme des Kalmars *(Sepioteuthis lessoniana)* **sind spezielle Fangarme, mit denen sie ihre Beute blitzschnell fangen und festhalten können.**

Wiederholungsfragen Kapitel 2

Anfänger

1. Wie viel Prozent Sauerstoff sind in der atmosphärischen Luft enthalten?
a) 16
b) 25
c) 21
d) 78
e) 0,03

2. Welches Gas ist für einen Dekompressionsunfall verantwortlich?
a) Sauerstoff
b) Stickstoff
c) Kohlendioxyd
d) Kohlenmonoxyd
e) Helium

3. Druck ist definiert als…
a) Kraft pro Fläche
b) Kraft pro Volumen
c) Dichte pro Volumen
d) Dichte pro Kraft
e) Fläche pro Kraft

4. Wir verringern den Druck einer abgeschlossenen Gasmenge in einem flexiblen Behälter. Was passiert mit dem Volumen des Gases?
a) Das Volumen wird kleiner.
b) Das Volumen wird größer.
c) Das Volumen bleibt gleich groß.
d) Das Volumen ist nur abhängig von der Gasmenge.
e) Das Volumen schwankt ständig.

5. Ein Luftballon wird in 20 Meter Tiefe mit 2 Litern Luft gefüllt und verschlossen. Wie viel Volumen hat er an der Oberfläche?
a) 2 Liter
b) 2,3 Liter
c) 4 Liter
d) 6 Liter
e) 1 Liter

6. Wie verändert sich der Flaschendruck, wenn eine Druckluftflasche in die pralle Sonne gelegt wird?
a) Der Druck bleibt gleich.
b) Der Druck nimmt ab.
c) Der Druck steigt an.
d) Die Luftmenge nimmt zu.
e) Das Luftvolumen nimmt zu.

7. Wie groß ist der Teildruck (Partialdruck) des Stickstoffs bei Atemluft in 30 Metern Tiefe?
a) 3 bar
b) 0,78 bar
c) 3,12 bar
d) 2,63 bar
e) 4 bar

8. Wie verändert sich bei steigender Temperatur die in einer Flüssigkeit gelöste Gasmenge?
a) In Flüssigkeiten sind keine Gase gelöst.
b) In Flüssigkeiten ist immer die gleiche Gasmenge gelöst.
c) Es ist mehr Gas in der Flüssigkeit gelöst.
d) Es ist weniger Gas in der Flüssigkeit gelöst.
e) Das Gas perlt aus.

9. Unter Wasser erscheint dem Taucher ein Gegenstand…
a) weiter weg und größer
b) näher und kleiner
c) weiter weg und kleiner
d) näher und größer
e) weiter weg und blauer

10. Im Verhältnis zur Luft ist die Wärmeleitfähigkeit des Wassers…
a) kleiner
b) größer
c) gleich
d) abhängig von der Tageszeit
e) von keinem Faktor abhängig

Fortgeschrittene

1. In welcher Wassertiefe, bezogen auf Meereshöhe, hat der Sauerstoff unserer Einatemluft einen Teildruck von 1,6 bar?
a) 16 Meter
b) 76 Meter

c) 71 Meter

d) 46 Meter

2. Wenn das Gewicht eines Tauchers größer ist als das Gewicht des verdrängten Wassers …

a) hat der Taucher Auftrieb.

b) sinkt der Taucher.

c) befindet sich der Taucher im hydrostatischen Gleichgewicht.

d) kann der Taucher nicht abtauchen.

3. Was passiert mit dem Licht beim Übergang ins Wasser bzw. im Wasser?

a) Es wird reflektiert, gebrochen, gestreut und absorbiert.

b) Es wird gebrochen, verstärkt und gebündelt.

c) Es wird verstärkt, gestreut und gebrochen.

d) Es wird von der Oberfläche völlig reflektiert.

4. Wie groß ist die Schallgeschwindigkeit unter Wasser im Vergleich zu Luft und welche Folgen ergeben sich daraus für den Taucher?

a) Die Geschwindigkeit ist 0,45fach. Der Schall wird im Wasser so schlecht geleitet, dass der Taucher schlechter hört.

b) Der Schall wird im Wasser geschluckt und gestreut.

c) Die Geschwindigkeit des Schalls ist ca. 4,5-mal schneller, Richtung und Entfernung zur Schallquelle können nicht festgestellt werden.

5. Was ermitteln Taucher mit dem Gesetz von Dalton?

a) Damit lässt sich der Umgebungsdruck für jede Wassertiefe berechnen.

b) Die Partialdrücke der am Atemgemisch beteiligten Gase können in verschiedenen Wassertiefen berechnet werden.

c) Wir ermitteln, in welcher Tiefe unsere Gewebe mit Stickstoff übersättigt sind.

d) Mit diesem Gesetz wird das Atemminutenvolumen berechnet.

6. Welcher Vorgang wird als Sättigung bezeichnet?

a) Die Aufnahme von Gas in Flüssigkeit an der Oberfläche.

b) Die Abgabe von Stickstoff beim Auftauchen.

c) Wird der Druck einer Gasmenge über einer

Flüssigkeit reduziert, löst sich das Gas, bis ein Ausgleich erreicht ist.

d) Wird der Druck einer Gasmenge über einer Flüssigkeit erhöht, löst sich das Gas, bis ein Ausgleich erreicht ist.

7. Was ist der wesentliche Unterschied hinsichtlich des Sauerstoffs beim Tauchen mit Nitrox?

a) Der Sauerstoffanteil ist gleich.

b) Der Sauerstoffanteil ist erhöht.

c) Stickstoff und Sauerstoff sind zu gleichen Teilen vorhanden.

8. Das Manometer zeigt nach dem Füllen einen Druck von 240 bar an. Die Temperatur der Flasche beträgt zu diesem Zeitpunkt 60 Grad Celsius. Welchen Druck zeigt das Manometer nach dem Abkühlen im 10 Grad kalten Wasser an?

a) 210 bar

b) 292 bar

c) 204 bar

9. Ein Gegenstand mit 25 Kilogramm Abtrieb liegt in 30 Metern Tiefe in Süßwasser. Wie viel Luft muss in einen Hebeballon gegeben werden, damit dieser Gegenstand neutral tariert ist?

a) 25 bar pro Liter

b) 50 bar pro Liter

c) 75 bar pro Liter

d) 100 bar pro Liter

10. Ein Taucher befindet sich neutral tariert mit 4 Liter Luftmenge im Tarierjacket in 40 Meter Wassertiefe und steigt ohne das Tarierjacket zu entlüften auf 20 Meter auf. Wie viel Luftmenge befindet sich nun im Jacket und welche Folgen hat das für den Taucher?

a) 10 Liter, der Taucher ist neutral tariert.

b) 4 Liter, der Taucher sinkt ab.

c) 10 Liter, der Taucher hat so viel Auftrieb, dass er möglicherweise die Kontrolle über seine Tarierung verliert und nach oben schießt.

d) 8 Liter, der Taucher hat so viel Auftrieb, dass er möglicherweise die Kontrolle über seine Tarierung verliert und nach oben schießt.

Antworten siehe Seite 173

Anatomie

Als ein Wunderwerk der Evolution ist der menschliche Körper an das Leben an der Erdoberfläche nahezu perfekt angepasst. Unser Organismus wird beispielsweise durch die Atmung mit Sauerstoff versorgt. Die Atmung und das Herz-Kreislauf-System funktionieren so, dass wir ihnen im Normalfall keine Beachtung schenken. Sie werden vom vegetativen, also unbewussten, Nervensystem gesteuert und sind so der Kontrolle des zentralen Nervensystems mit seinem Bewusstsein weitgehend entzogen.

Die Funktion der Atmung und des Herz-Kreislauf-Systems sowie die Besonderheiten, die für tauchende Frauen und Kinder gelten, werden in diesem Kapitel verständlich dargestellt.

Die Atmung

Aufbau der Lunge

Das verzweigte Netzwerk der beiden Lungenflügel nimmt den größten Teil des Brustraumes ein. Der linke Lungenflügel ist etwas kleiner als der rechte, er besteht aus dem Ober- und dem Unterlappen. Beim rechten, größeren Lungenflügel kommt zum Ober- und Unterlappen noch ein dritter Lungenlappen hinzu.

Das Lungenfell bedeckt die Oberfläche der Lunge, das Rippenfell die Brustwand. Beide Membranen gehen an der Lungenbasis ineinander über und bilden zusammen das Brustfell. Zwischen den beiden Membranen befindet sich lediglich ein dünner Flüssigkeitsfilm, damit sie beim Atmen ohne Reibung gegeneinander gleiten können. Der Spalt zwischen Lungen- und Rippenfell wird als Pleuraspalt

bezeichnet. In ihm befindet sich ein relativer Unterdruck, der verhindert, dass die Lunge beim Ausatmen zusammenfällt. Bei Verletzung des Pleuraspaltes und Aufhebung des Unterdruckes kollabiert die Lunge und fällt zu einem etwa faustgroßen Klumpen zusammen. Dies wird als Pneumothorax bezeichnet.

Jeder Lungenflügel beherbergt etwa 300 Millionen Lungenbläschen, die traubenartig um die Bronchiolen gruppiert sind. Würde man die Oberfläche aller Lungenbläschen als Gesamtfläche darstellen, ergäbe dies eine Fläche von ca. 70 Quadratmeter. Dies entspricht ungefähr der Größe eines Squashfeldes. Die Alveolen oder Lungenbläschen werden von feinsten Blutgefäßen umsponnen, den Kapillaren. Über diese Kapillaren wird das bei der stillen Verbrennung erzeugte Kohlendioxyd gegen frischen Sauerstoff ausgetauscht.

Die Stickstoffsättigung und Entsättigung beim Tauchen durch die eingeatmete Luft verläuft ebenfalls über die Lungenbläschen und Kapillaren.

Lungenkapazität

Die Lunge hat eine Minimal- und eine Maximalkapazität, auch bei völliger Ausatmung ist sie nicht

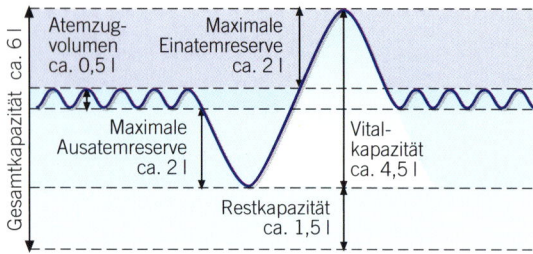

Atemzug-
volumen
ca. 0,5 l

Maximale
Einatemreserve
ca. 2 l

Maximale
Ausatemreserve
ca. 2 l

Vital-
kapazität
ca. 4,5 l

Restkapazität
ca. 1,5 l

Gesamtkapazität ca. 6 l

vollkommen leer. Je nach Größe der Lunge bleiben noch ca. 1 bis 2 Liter Luft nach dem Ausatmen in der Lunge. Diese verbleibende Luft nennt man Residualvolumen.

Die Vitalkapazität ist die Größe der Lunge, die beim maximalen Ein- und Ausatmen bewegt werden kann, das sind ca. 3 bis 6 Liter. Die Vitalkapazität und das Residualvolumen ergeben zusammen die Gesamtkapazität der Lunge, die ca. 4 bis 8 Liter betragen kann.

Als Atemzugvolumen wird die Luftmenge bezeichnet, die man durch normales Ein- und Ausatmen hin- und herbewegt. Wenn man sich im Ruhezustand befindet, ist das Atemzugvolumen mit ca. 0,5 Liter relativ gering. Bei körperlicher Anstrengung nimmt das Atemzugvolumen zu. Sie atmen viel tiefer und schneller: Damit erhöht sich das Atemminutenvolumen, also der Luftverbrauch pro Minute.

Die Einatmung

Die Einatmung geschieht durch aktive Muskelarbeit des Zwerchfells und der Zwischenrippenmuskulatur. Durch das Anspannen des Zwerchfells wölbt sich dieses nach unten in den Bauchraum. Es entsteht ein Unterdruck, der wie bei einem Blasebalg die Luft in die Lunge saugt.

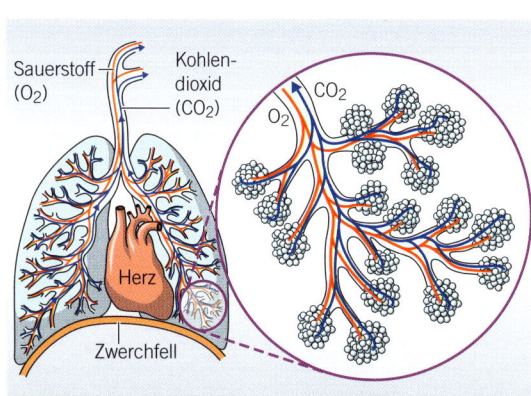

Sauerstoff
(O₂)

Kohlen-
dioxid
(CO₂)

CO₂

O₂

Herz

Zwerchfell

Gasaustausch in der Lunge

Verschiedene Atemvolumina

Nach Anfeuchtung, Reinigung und Erwärmung im Nasen-Rachen-Raum gelangt die Luft über die Luftröhre in die Bronchien und von dort aus weiter in die immer kleiner werdenden Verzweigungen, in die traubenartig angeordneten Lungenbläschen (Alveolen).

An der äußerst dünnen Gefäßwand der Lungenbläschen findet der Gasaustausch statt, sie ist für Gase leicht durchgängig.

Dehnungsrezeptoren in der Lunge melden das Erreichen des gewünschten Füllungszustandes an das Gehirn weiter, das Zwerchfell und die Zwischenrippenmuskulatur erschlafft und die Lunge zieht sich durch elastische Fasern wieder bis zur Ausgangsgröße zusammen. Die Luft entweicht bei diesem passiven Vorgang über Mund und Nase.

Die eingeatmete Luft besteht wie im Kapitel 2 beschrieben aus

- 21 Prozent Sauerstoff (O_2)
- 78 Prozent Stickstoff (N_2)
- 1 Prozent Restgasen

Der Sauerstoff, den wir mit der Luft einatmen, ist Voraussetzung für das Leben jeder einzelnen Körperzelle und für die Arbeit unserer Muskeln.

Der eingeatmete Sauerstoff wird zu 4 Prozent aufgenommen und von dem Farbstoff der roten Blutkörperchen, dem Hämoglobin, zu den Körperzellen transportiert, die Sauerstoff benötigen.

Im Körpergewebe wird der Sauerstoff durch stille Verbrennung in Kohlendioxyd umgewandelt. Das Atemzentrum am verlängerten Rückenmark (Übergang von Gehirn und Rückenmark) misst ständig den Kohlensäurepegel im Blut, nicht den Sauerstoffanteil, und löst bei Erreichen der kritischen CO_2-Konzentration den Atemreiz aus.

Der Atemreiz wird nicht durch Sauerstoffmangel, sondern durch einen Anstieg des CO_2-Spiegels im Blut ausgelöst.

Je mehr wir uns bewegen, umso mehr Sauerstoff wird durch die stille Verbrennung in Kohlendioxyd umgewandelt. Der Kohlensäurespiegel im Blut steigt sehr schnell an, wir müssen mehr atmen. Das entstandene CO_2 wird über das venöse System zur Lunge zurücktransportiert, über die Gefäßwände der Lungenbläschen an die Lunge abgegeben und gegen Sauerstoff ausgetauscht.

Damit ist der Atemzyklus, der ca. 30. Sekunden dauert, geschlossen. Pro Minute holt man im Ruhezustand ca.12- bis 14-mal Luft. Über den Tag verteilt werden im Durchschnitt etwa 19000 Liter Luft bewegt.

Stickstoff geht keinerlei Verbindung zum Körper ein, solange wir keiner Änderung des Umgebungsdrucks, wie beim Tauchen oder Fliegen, ausgesetzt sind.

Die Ausatmung

Die Luft, die wir ausatmen, besteht durch die stille Verbrennung von 4 Prozent Sauerstoff in 4 Prozent Kohlendioxyd aus:

- 17 Prozent Sauerstoff
- 4 Prozent Kohlendioxyd
- 78 Prozent Stickstoff
- 1 Prozent Restgase

Hyperventilieren

Ein rasches tiefes Atmen, ohne dass Bedarf dazu besteht, wird als Hyperventilation bezeichnet. Bei der Hyperventilation wird keineswegs mehr Sauerstoff aufgenommen, sondern der CO_2-Spiegel im Blut gesenkt. Durch diese Absenkung wird der Atemreiz, das Bedürfnis zu atmen, unterdrückt. Beim Streckentauchen kann man durch geringe Hyperventilation (drei bis vier Atemzüge) die Fähigkeit zum Anhalten der Luft steigern. Längeres Hyperventilieren ist sehr gefährlich, Sie können ohne Vorwarnung plötzlich das Bewusstsein verlieren. Da das Bewusstloswerden durch Hyperventilieren in früheren Jahren hauptsächlich bei dem Versuch mit einem Atemzug weiter und länger zu tauchen in Schwimmbädern vorgekommen ist, nennt man dies auch Schwimmbadblackout. Das Hyperventilieren sollten Sie auf jeden Fall unterlassen und Streckentauchen generell nur unter Aufsicht durchführen (siehe Seite 85 f.).

Das Herz-Kreislauf-System

Das Herz

Das Herz, ein etwa faustgroßer, aus quer gestreifter Muskulatur bestehender Hohlkörper, dient als Pumpe, um das Blut in alle Körperteile zu transportieren. In einer Minute werden dabei im Ruhezustand mit ca. 70 bis 80 Schlägen ungefähr 5 bis 6 Liter Blut befördert. Bei körperlicher Anstrengung kann das Herz ca. 180-mal pro Minute schlagen und es können dabei 30 Liter Blut transportiert werden.

Das Herz besteht aus der rechten und linken Herzhälfte, die durch eine Scheidewand getrennt sind, und jeweils in eine Vor- und eine Hauptkammer unterteilt werden.

In dieser Scheidewand der Vorkammern befindet sich beim ungeborenen Menschen eine Öffnung, das Foramen Ovale, über die das Blut unter Umgehung des Lungenkreislaufs fließt.

Diese Öffnung schließt sich im Laufe des Wachstums bei etwa einem Drittel der Menschen nicht vollständig. Bei Belastung durch Heben von Gegenständen oder Druckausgleich mit der Valsalva-Methode kann unter Umständen stickstoffreiches Blut vom venösen in das arterielle System übertreten (siehe Seite 83, arterielle Gasembolie).

Das Herz arbeitet nach dem Prinzip einer Saug- und Druckpumpe. Es pumpt Blut durch die Arterien und saugt es durch die Venen, wobei hier ein Fließklappensystem für die Herz-Richtung verantwortlich ist.

Das von der Lunge kommende sauerstoffreiche Blut wird dabei von der linken Herzvorkammer zur linken Hauptkammer, über die große Hauptschlagader (Aorta) weiter durch die Arterien bis hin zu den Kapillaren transportiert. Hier werden dann Nährstoffe und Sauerstoff abgegeben sowie Abbauprodukte und CO_2 aufgenommen. Durch die Venen wird das sauerstoffärmere Blut zurück zur rechten Herzvorkammer und weiter über die rechte Herzkammer zur Lungenarterie transportiert. Von dort geht es dann durch feinste Verzweigungen an die Lungenkapillaren, die sich an den Lungenbläschen (Alveolen), befinden. Hier findet durch Diffusion die Abgabe des Kohlendioxyds

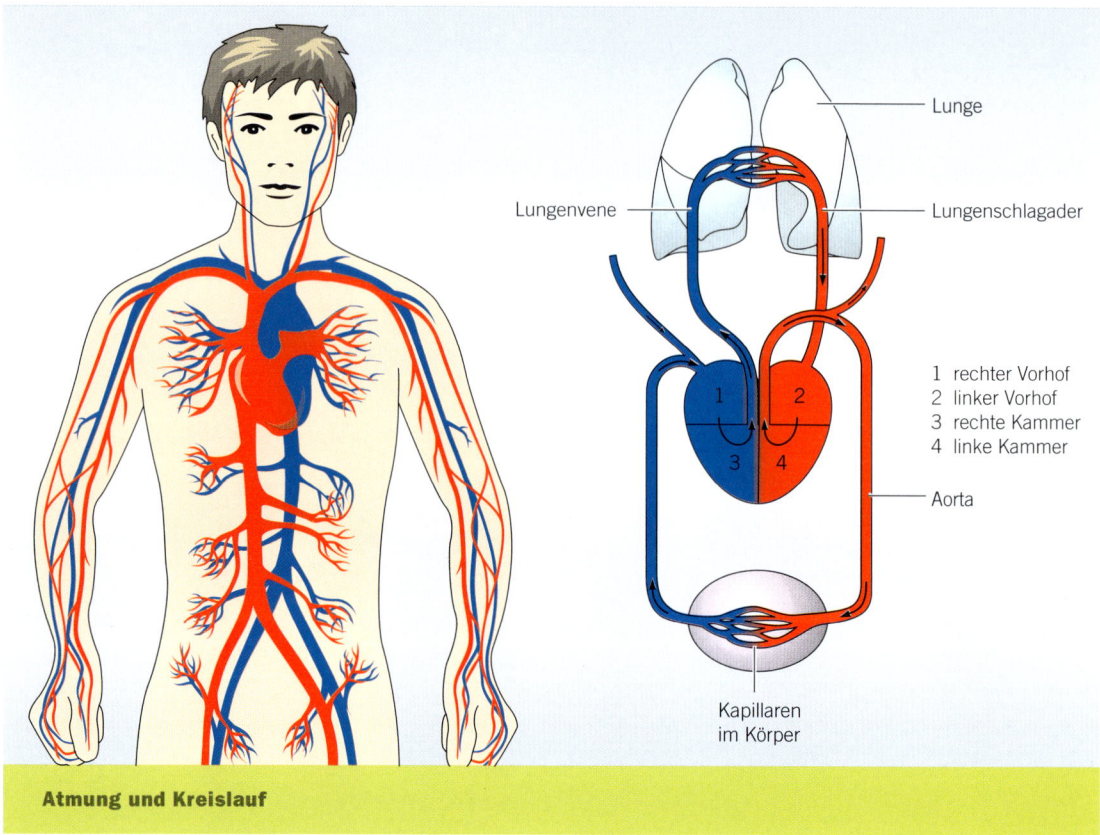

Lunge

Lungenvene

Lungenschlagader

1 rechter Vorhof
2 linker Vorhof
3 rechte Kammer
4 linke Kammer

Aorta

Kapillaren
im Körper

Atmung und Kreislauf

und die Aufnahme von frischem Sauerstoff statt, der zur linken Herzvorkammer transportiert wird. Der Kreislauf ist geschlossen und beginnt wieder von vorne.

Das Blut

Unser Blut besteht aus einer farblosen Flüssigkeit, dem Blutplasma, weißen Blutkörperchen (Leukozyten), die als Schutzpolizei fungieren, Blutplättchen (Thrombozyten) und Fibrin, die für die Blutgerinnung zuständig sind.

Die roten Blutkörperchen (Erethrozyten) bekommen ihre Farbe erst durch das Hämoglobin. Es macht etwa 45 Prozent des Blutes aus und ist der hauptsächliche Sauerstoffträger. Dieser Farbstoff »lagert« den zu transportierenden Sauerstoff ein (Oxygenation), ohne eine feste chemische Verbindung einzugehen.

Der Sauerstoff wird durch die Arterien zu den Geweben transportiert, die Sauerstoff benötigen. Der verbrauchte Sauerstoff wandelt sich in den Kapillaren durch die stille Verbrennung in Kohlendioxyd um, das in den Venen wieder zurück zur Lunge

transportiert, abgeatmet und mit Sauerstoff ausgetauscht wird.

Die Arterien und Venen in Herznähe haben einen größeren Durchmesser und werden auf dem Weg zu den Gliedmaßen immer dünner.

Für die Blutdruckmessung innerhalb des Kreislaufs sind Druckrezeptoren, so genannte Barorezeptoren, in der Halsschlagader zuständig. Bei übermäßigem Druck auf die Rezeptoren während körperlicher Anstrengung, durch zu eng sitzende Halsmanschetten bzw. Kopfhauben des Tauchanzuges kann es zu einer Verlangsamung des Herzschlages und Bewusstlosigkeit kommen (siehe Seite 103, Karotis-Sinus-Syndrom).

Frauen und Tauchen

Früher wurde behauptet, dass Frauen auf Grund ihres höheren Körperfettanteils und geringeren Muskelgewebes generell anfälliger sind für Dekompressionsunfälle als Männer.

In der Literatur kann man hierzu sehr viel Widersprüchliches lesen. Die heutzutage am weitesten verbreitete Meinung ist, dass zwar untrainierte Frauen generell anfälliger für Dekompressionskrankheiten sind, aber trainierte Frauen, die viel Sport treiben, nicht häufiger einen Dekompressionsunfall erleiden als Männer.

Es gibt bei Frauen und Männern auch keine grundlegenden Unterschiede bei der Reaktion auf Stress-Situationen beim Tauchen.

In der Praxis zeigt sich vielmehr, dass Frauen weniger Risikobereitschaft zeigen und oft die »vernünftigeren« Taucher sind, bei denen Tiefenrekorde oder Ähnliches nicht im Vordergrund stehen. Sobald sich Frauen im Wasser sicher fühlen, sind sie häufig begeisterungsfähiger als Männer. Frauen zeigen meist mehr Interesse an der Meeresbiologie, sie brauchen nicht bei jedem Tauchgang einen »Großfisch«, sondern sie können sich auch an den kleinen Lebewesen und der Farbenpracht erfreuen.

Auf Grund ihrer kleineren Lungen, der kleineren Körpergröße und -statur sowie dem geringeren Anteil an Muskulatur, verbunden mit der gleichmäßigeren Verteilung des Unterhautfettgewebes, haben Frauen fast immer einen geringeren Luftverbrauch. Während der Menstruation ermöglichen Vaginaltampons der Frau jeden Sport, auch Schwimmen und Tauchen, auszuüben, sofern sie sich selber wohl und fit fühlt. Haie, Muränen und andere Räuber der Meere werden nicht durch minimale Blutspuren angelockt, was oft fälschlich behauptet wird. Theoretische Behauptungen gehen davon aus, dass Frauen kurz vor der Menstruation anfälliger für Dekompressionsunfälle sind. Es kann kurz vor der Menstruation zu einer verstärkten Flüssigkeitsansammlung in den Geweben kommen. Deshalb sollten Frauen in diesen Tagen besonders darauf achten, ihren Flüssigkeitshaushalt durch ausreichendes Trinken stabil zu halten, um das erhöhte Risiko eines Dekompressionsunfalls durch Dehydrierung zu minimieren.

Auch Antikonzeptiva führen zu einer vermehrten Gerinnungsneigung des Blutes, also geringerer Viskosität (das Blut wird dicker, Stickstoff wird nicht mehr so gut abtransportiert), wobei ein etwas größeres Risiko für einen Dekompressionsunfall entstehen kann.

Tauchen in der Schwangerschaft

Bei Tierversuchen sind bei Aufenthalten unter erhöhtem Druck Gasblasen in den Föten sowie in den Muttertieren und deren Plazenta aufgetreten. Die Anzahl der Fruchtschäden stieg mit zunehmendem Druck und längerem Aufenthalt unter erhöhtem Druck.

Da beim Fötus die Lungen noch nicht funktionsfähig sind, könnten Gasblasen in den Schlagaderkreislauf des Fötus geraten (siehe Seite 93, Foramen Ovale) und zur Schädigung der Leibesfrucht führen.

Versuche mit Hunden zeigten fast keinerlei Beeinträchtigung des Fötus, bei Schafen jedoch kam es in fast allen Fällen zu massiven Fruchtschädigungen und zahlreichen Fehlgeburten.

Man geht nach diesen Versuchen davon aus, dass die Plazenta beim Säugetier eventuell die filternde Funktion der Lunge, die beim Fötus noch nicht funktionsfähig ist, übernimmt.

Nach Meinung der Wissenschaftler ist der unterschiedliche Aufbau der Plazenta bei Säugetieren verantwortlich für die verschiedenen Ergebnisse. Diese Experimente wurden aus Gründen, die für jeden nachvollziehbar sind, nicht am Menschen durchgeführt.

Eine 1980 durchgeführte Befragung und Untersuchung von schwangeren, tauchenden Frauen in Amerika hat jedoch ergeben, dass die Anzahl der Fehlgeburtsrate im Vergleich zu nichttauchenden Frauen leicht erhöht und die Missbildungsrate mit 10 Prozent statt 2 Prozent, fünfmal höher war. Da eine relativ geringe Zahl Frauen an dieser Untersuchung teilnahmen, ist das Ergebnis nicht unbedingt als Statistik zu werten. Es gibt jedoch noch weitere Studien dieser Art, die auf das gleiche Ergebnis kamen.

Im Falle eines Dekompressionsunfalles oder einer arteriellen Gasembolie können sich Stickstoffbläschen im ungeborenen Kind festsetzen und dort zu Missbildungen führen.

Die nach einem Tauchunfall notwendige Behandlung in einer Druckkammer und das Atmen von Sauerstoff unter erhöhtem Druck können ebenfalls zur Schädigung des Fötus und zu einer Fehlgeburt führen.

Die Empfehlung für schwangere Taucherinnen »nicht so tief« zu tauchen, muss mit großer Skepsis gesehen werden. Dies gilt ganz besonders für Tauchlehrerinnen, weil diese während der Ausbildung von Tauchschülern generell ein erhöhtes Risiko für einen Dekompressionsunfall haben. Sie führen meist mehrere Wiederholungstauchgänge an einem Tag oder über einen langen Zeitraum durch, mit vielen Auf- und Abstiegen pro Tag und manchmal kommt es zu Überschreitungen der Aufstiegsgeschwindigkeiten, um Tauchschüler »zu bremsen«. Die Gesellschaft für Überdruckmedizin (GTÜM) rät schwangeren Frauen generell vom Tauchen ab.

Ebenso wie empfohlen wird, nicht zu rauchen, sich nicht röntgen zu lassen und keinen oder wenig Alkohol zu trinken, sollte die werdende Mutter auf keinen Fall unnötige Risiken eingehen. Sollte es zur Geburt eines behinderten Kindes kommen, weil die Mutter während der Schwangerschaft weiter getaucht hat, so muss diese Behinderung nicht zwangsläufig mit dem Tauchen zusammenhängen. Die Frau wird sich jedoch ihr Leben lang Vorwürfe machen, dass sie nicht versucht hat, alle möglichen Risiken zu minimieren.

Eine neunmonatige Tauchpause ist ja nur ein kleines Opfer, da die Faszination der Unterwasserwelt beim Schnorcheln ebenso genossen werden kann wie beim Tauchen.

Kindertauchen

Das ist ein oft diskutiertes Thema, über das es in der gängigen Tauchliteratur nur sehr wenige Fakten gibt. Das Auftreten von dekompressionsbedingten Erkrankungen ist von sehr vielen verschiedenen Faktoren abhängig und kann selbst bei Erwachsenen meist nicht eindeutig geklärt werden. Bei den meisten Tauchgängen entstehen mikroskopisch kleine Stickstoffblasen, die zu keinerlei unmittelbaren Symptomen führen, aber Langzeitschäden hervorrufen können.

Neuste Untersuchungen deuten darauf hin, dass es auch bei Sporttauchern zu Schädigungen des Augenhintergrundes, des zentralen Nervensystems und des Gehirnes kommen kann, obwohl diese keine langen Zeiträume dem Druck beim Tauchen ausgesetzt sind. Unter allen Umständen

sollte verhindert werden, dass ein junger, sich im Wachstum befindlicher Organismus Risiken ausgesetzt wird, die ihm schaden könnten.

Das ist möglich durch strikte Einhaltung folgender Richtlinien:

• konservative Begrenzung der Tauchzeit
• ausschließlich Nullzeittauchgänge
• keine anstrengenden Tauchgänge
• Vermeidung von Wiederholungstauchgängen
• strikte Einhaltung der Tiefenlimits
• passende kindergerechte Ausrüstung

Bei Beachtung der genannten Kriterien können verantwortungsvolle Eltern und Tauchausbilder den Kindern nahezu risikofrei die Schönheiten der Unterwasserwelt zeigen.

Ab wann dürfen Kinder tauchen?

Die Tauchtauglichkeit ist von zwei Faktoren abhängig, der körperlichen und der geistigen Entwicklung.

Nach Aussage der GTÜM wird davon ausgegangen, dass die Lunge bei Kindern unter 8 Jahren noch nicht ausgereift ist. Es kann erst bei Jugendlichen ab 16 Jahren von einer uneingeschränkten Tauchtauglichkeit gesprochen werden.

Welche Tauchsportverbände bieten Kindertauchen an?

Im Prinzip dürfen bei allen Tauchsportorganisationen Kinder tauchen, nur das Einstiegsalter variiert. Bei vielen Tauchsportorganisationen gilt ein Einstiegsalter von 12 Jahren.

Bei den nachfolgenden Tauchsportorganisationen ist Gerätetauchen schon ab dem 8. Lebensjahr möglich:

• **CMAS Germany** mit der Dachorganisation VDST und deren angeschlossenen Tauchsportverbänden VIT, Barakuda, FIT, VETL usw.
Die der CMAS Germany angeschlossenen Verbände bieten für 8- bis 13-Jährige speziell auf Kinder zugeschnittene Junior-CMAS-Ausbildungen an.
Die Tauchgänge können von allen 8- bis 13-Jährigen durchgeführt werden, je nach Ausbildungsstufe im Schwimmbad oder im Freiwasser unter schwimmbadähnlichen Bedingungen.

Viele Tauchsportverbände bieten eine kindgerechte Tauchausbildung für verschiedene Altersstufen an.

Das Junior-CMAS-Gold-Brevet kann ab dem 14. Lebensjahr nach einer Überprüfung der Fähigkeiten in Theorie und Praxis in das international anerkannte CMAS*- oder DTSA-Bronze-Brevet umgeschrieben werden. Die Tiefenlimits betragen für 8- bis 9-Jährige maximal 3 Meter, für 9- bis 14-Jährige 5 Meter. Eine Ausnahme ist der CMAS***, dabei gilt ab 12 Jahre eine maximale Tiefe von 10 Meter. Spezielles Lehrmaterial ist nicht für Kinder erhältlich.

• **PADI** (Professional Association of Diving Instructors), die weltgrößte Tauchsportorganisation, bietet die so genannte SASY-Ausbildung (Supplied air snorkeling) für 5-Jährige an. Die Kinder können mit Tauchgerät an der Wasseroberfläche erste Erfahrungen sammeln. Dazu werden spezielle Auftriebskörper verwendet, die es nicht ermöglichen abzutauchen. Die Teilnehmer atmen durch einen Atemregler komprimierte Luft, aber eben nur an der direkten Wasseroberfläche. Für 8- bis 10-Jährige bietet PADI das so genannte Bubblemaker Brevet und das Sealteam an. Beim Bubblemaker dürfen die Kinder im be-

grenzten Freiwasser unter poolähnlichen Bedingungen bis maximal 2 Meter tauchen. Beim Sealteam werden bestimmte Missionen erfüllt, diese finden ausschließlich im Pool bis maximal 4 Meter Tiefe statt.

Die Lehrmaterialien in Form von Buch und Video sind in kindgerechter Form aufbereitet; beim Sealteam leiten fünf Comicfiguren durch die Ausbildung. Ab dem vollendeten 10. Lebensjahr kann das Kind den Junior Open Water Diver erlangen. Der junge Taucher muss die gleichen Theoriefragen und Praxisübungen absolvieren und bestehen wie Erwachsene Open Water Diver. Ab dem 15. Lebensjahr kann der Junior Open Water Diver dann in den Open Water Diver umgeschrieben werden.

Trainingstauchgänge zum Erlangen des Brevets für 10- und 11-Jährige dürfen nicht tiefer als 12 Meter sein.

• **SSI** (Scuba Schools International) und die Tauchergerätehersteller Seemann Sub haben speziell für Kinder das Scuba Ranger Programm entwickelt.

Kinder müssen verschiedene Aufgaben erfüllen, die mit einer farblichen Rangerstufe bestätigt werden, zum Beispiel Blue Ranger, White Ranger. Alle Tauchgänge müssen im Pool oder unter poolähnlichen Bedingungen durchgeführt werden. Die maximale Tiefe beträgt 3,6 Meter. Ausbilden dürfen nach entsprechender Prüfung Tauchlehrer jedes Tauchsportverbandes.
In den Lehrmaterialien helfen fünf Comicfiguren den Kindern den leicht verständlichen Lehrinhalt zu verstehen.

Wer darf und sollte Kinder ausbilden?
Bei CMAS Germany und dem Scuba Ranger Programm von SSI muss der Tauchlehrer eine Zusatzausbildung absolvieren, die schwerpunktmäßig die Arbeit mit Kindern und deren Lernverhalten thematisiert.
Tauchlehrer aller Verbände können an einer Zusatzausbildung zum Scuba Ranger Instructor teilnehmen und somit mit kindgerechtem Ausbildungsmaterial arbeiten, das der eigene Verband eventuell (noch) nicht bereitstellen kann. Kinder haben keine Lust sich mit Dingen wie »Verbandstreue« auseinander zu setzen, sondern wollen möglichst viel Spaß im Wasser haben. So sollte es auch für die Eltern der heranwachsenden Tauchgeneration nur eine untergeordnete Rolle spielen, welcher Verbandsname auf dem Brevetkärtchen steht.
Der Tauchausbilder, der den Kurs abhält, ist der entscheidende Faktor. Eltern sollten sich nicht durch Urkunden und Bescheinigungen blenden lassen, sondern sich selbst ein Bild von demjenigen machen, dem sie ihre Kinder anvertrauen wollen.

Unterschiede zwischen Kindern und Erwachsenen

Kinder lernen sehr schnell etwas, das sie interessiert und legen dabei mehr Wert auf Lob und Anerkennung als Erwachsene. Deshalb erlernen sie meist die notwendigen Fertigkeiten der Tauchpraxis wesentlich leichter als viele Erwachsene.
Kinder reagieren viel spontaner und instinktiv auf Probleme und Stress, sie denken weniger über ihr Handeln und die daraus resultierenden Konsequenzen nach. Sie sind sehr schnell für etwas zu begeistern, können sich jedoch nicht so lange auf eine Sache konzentrieren und haben durch ihr

eingeschränktes Wahrnehmungsvermögen kein Gefühl für Gefahr.
Kinder können sich selber und ihren Tauchpartner durch Fehlverhalten in Gefahr bringen.
Sie sind keine »kleinen Erwachsenen« und müssen bei allen Tauchgängen von einem erfahrenen erwachsenen Tauchpartner beaufsichtigt werden.

Ohren

Die Eustachische Röhre ist bei Kindern meist stärker gekrümmt und enger als bei Erwachsenen. Daraus resultierende Druckausgleichsprobleme machen Kinder anfälliger für Barotraumen. Hinzu kommt, dass Kinder in ihrer Begeisterung den Druckausgleich meist erst durchführen, wenn sie durch leichten Schmerz daran erinnert werden. Barotraumen der Ohren und leichte Überdehnungen des Trommelfelles gehören deshalb zu den am meisten vorkommenden Verletzungen.
Es muss darauf geachtet werden, dass Kinder frühzeitig und regelmäßig den Druckausgleich durchführen.

Atemwege

Die oberen und unteren Atemwege sind bei Kindern im Vergleich zu der Größe der luftgefüllten Hohlräume enger als beim Erwachsenen.
Durch den veränderten Luftstrom ändert sich auch der Gasaustausch und die Ventilierung der Lunge. Gefahr besteht bei tiefen Tauchgängen durch erhöhte Atemarbeit und durch die hohe Dichte der Luft. Werden die Atemwege gereizt, zum Beispiel beim Inhalieren von Wassertropfen oder bei Übungen wie dem Atmen aus einer alternativen Luftversorgung, kann es durch das noch nicht voll ausgebildete vegetative Nervensystem zum Verkrampfen der Bronchien und zum Stimmritzenkrampf kommen.
Häufig leiden Kinder bei relativ engen Atemwegen unter Asthma, das aber nach der Pubertät wieder verschwindet. Ein durch die extrem kalte und trockene Luft hervorgerufener Asthmaanfall unter Wasser birgt bei unkontrolliertem Aufstieg die Gefahren von Lungenüberdehnung und arterieller Gasembolie durch unterlassene Ausatmung. Das gleiche gilt bei Heuschnupfen und anderen Allergien.
Nach Ansicht der Taucherärzte besteht bei den Kindern aufgrund der instinktiven Handlungen

bei Atemproblemen ein wesentlich höheres Risiko für einen unkontrollierten Aufstieg als bei Erwachsenen.

Das Herz-Kreislauf-System

Kinder haben einen relativ hohen Ruhepuls, deshalb sind bei Belastung kaum Sicherheitsreserven durch weiteres Ansteigen des Pulses vorhanden. Da sich beim Tauchen der Druck im kleinen Kreislauf (Herz/Lunge) erhöht, muss in jedem Fall eine starke Belastung der Kinder vermieden werden.

Unterkühlung

Das Verhältnis von Körperoberfläche zum Gewicht ist bei Kindern größer als bei Erwachsenen, daher wird Wärme schneller abgeführt.
Kinder geben dies aber oft nicht zu, also ist besonders auf Zittern oder blaue Lippen zu achten, um eine Unterkühlung zu vermeiden. Tauchgänge mit Kindern sollten nur im warmen Wasser und mit ausreichendem Kälteschutz durchgeführt werden.

Der Effekt der Atemgasgemische in der Tiefe

Bei Kindern ist die Hirnstromaktivität noch nicht voll ausgebildet. Der narkotische Effekt von Stickstoff tritt deshalb eher ein als beim Erwachsenen. Das gleich gilt für das Atmen von anderen Gasen unter höherem Partialdruck wie Sauerstoff oder Kohlendioxyd: Kinder sind wesentlich anfälliger durch den noch nicht ausgereiften Organismus. Deshalb ist eine strikte Einhaltung von kindgerechten Tiefenlimits erforderlich.

Dekompressionskrankheit

Kinder haben eine höhere Atemfrequenz als Erwachsene, sie atmen öfter, aber flacher. Inwieweit dies die Stickstoffsättigung beeinflusst, ist nicht hinreichend erforscht. Es gibt Theorien darüber, dass es unter Umständen bei Kindern durch die Stickstoffsättigung zu einer Schädigung an der Knochenhaut und zu Wachstumsstörungen der langen Röhrenknochen kommen kann.
Das Knochenmark ist besser durchblutet als beim Erwachsenen. Stickstoffsättigung und -entsättigung verlaufen anders. Die beste Vorsorge ist deshalb ein konservatives Begrenzen von Zeit und Tiefe.

Körperliche Leistungsfähigkeit

Kinder sind körperlich nicht so belastbar wie Erwachsene, die Ausrüstung sollte deshalb nicht außerhalb des Wassers getragen werden. Nasse Sachen müssen gleich ausgezogen werden und für trockene Wechselkleidung muss gesorgt sein.

Ausrüstung für Kinder

Viele Hersteller bieten mittlerweile kindgerechte Tauchausrüstungen an. Es gibt kleine, leichte Atemregler mit besonders kleinen Mundstücken sowie spezielle Tarierjackets für Kinder, die »mitwachsen« und sich in der Länge verstellen lassen. Legen Sie Wert auf bestmögliche Passform bei der ABC-Ausrüstung und beim Kälteschutz.

Was sonst noch beachtet werden muss

Jedes Kind sollte vor Beginn einer geplanten Ausbildung von einem speziellen Tauchmediziner in Zusammenarbeit mit dem Kinderarzt bzw. Hausarzt untersucht werden. Man kann für die Tauchausbildung keine starre Altersgrenze festlegen, da jedes Kind physisch und psychisch unterschiedlich entwickelt ist.
Das Kind sollte jedoch in der Lage sein, die Grundlagen der Tauchtheorie und -praxis zu verstehen und logische Schlüsse daraus zu ziehen.
Hier sollte für jedes Kind eine individuelle Altersgrenze festgelegt werden.
Kinder sollten nicht von begeisterten Eltern zum Tauchen gedrängt werden, der Wunsch zum Tauchen sollte vom Kind ausgehen.
Kinder werden nie eigenverantwortliche Tauchpartner sein, rechnen Sie damit, dass sie einem Erwachsenen im Notfall keine Hilfe leisten können. Sie reagieren oft spontan. Jeder, der mit Kindern taucht, sollte sich stets die damit verbundenen Risiken für das Kind und sich selbst vor Augen führen. Viele der Gefahren beim Tauchen, für Kinder sowie für Erwachsene, werden wahrscheinlich nie zu 100 Prozent belegbar sein. Jedoch sollte jeder Erwachsene und jeder Tauchausbilder alles in seiner Macht stehende tun, um die Risiken für Kinder und für sich selbst so gering wie möglich zu halten. Denken Sie daran: Kinder verlangen eine besondere Betreuung und ein Höchstmaß an Konzentration und Aufmerksamkeit unter Wasser.

Wiederholungsfragen Kapitel 3

Anfänger

1. Was wird bei der Lunge als Vitalkapazität bezeichnet?

a) die Größe der Lunge, die beim maximalen Ein- und Ausatmen bewegt wird

b) die gesamte Größe der Lunge

c) der Bereich der Lunge, in dem die Luft auch im ausgeatmeten Zustand in der Lunge verbleibt

d) die Lungenbläschen

2. Welches Gas im Blut ist für den Atemreiz verantwortlich?

a) Luft

b) Sauerstoff

c) Kohlendioxyd

d) Stickstoff

3. Was wird durch die Atmung bewirkt?

a) die Versorgung der Gewebe mit Stickstoff

b) die Aufnahme von Kohlendioxyd

c) die Sauerstoffaufnahme und Kohlendioxydabgabe

d) der Transport des Sauerstoffs von der Zelle zur Lunge

4. Welche Aussage über die Hyperventilation trifft nicht zu?

a) Hyperventilation ist ein schnelles, tiefes Atmen ohne Bedarf.

b) Hyperventilation kann zu Bewusstlosigkeit führen.

c) Hyperventilation kann zu Muskelkrämpfen führen.

d) Hyperventilation dient dazu, vermehrt Sauerstoff im Körper zu speichern.

5. Welcher Bestandteil des Blutes transportiert den Sauerstoff?

a) die Leukozyten

b) das Blutplasma

c) die Venen

d) das Hämoglobin

6. Welcher Bestandteil des Blutes fungiert als Schutzpolizei gegen Infektionen?

a) die roten Blutkörperchen

b) die weißen Blutkörperchen

c) das Blutplasma

d) das Hämoglobin

7. Der Rücktransport von CO_2 zur Lunge geschieht über…

a) die Arterien.

b) die Kapillaren.

c) die Venen.

d) die Alveolen.

8. Das Atemzugvolumen ist…

a) die Menge an Luft, die der Mensch maximal in der Lunge speichern kann.

b) die Menge an Luft, die nach völligem Ausatmen noch in der Lunge verbleibt.

c) die Menge an Luft, die bei einem normalen Atemzug ein- und ausgeatmet wird.

9. Müssen beim Tauchen mit Kindern spezielle Regeln eingehalten werden?

a) Nein, sie sind zu behandeln wie Erwachsene.

b) Ja, aber nur hinsichtlich der betauchten Tiefe.

c) Ja, hinsichtlich der Zeit, der Tiefe, der Wassertemperatur und der verwendeten kindgerechten Ausrüstung.

10. Unter welchen Umständen besteht für Frauen eventuell ein erhöhtes Risiko einen Dekompressionsunfall zu erleiden?

a) Kurz vor der Menstruation.

b) Wenn sie die Pille nehmen.

c) Bei untrainierten Frauen durch den höheren Körperfettanteil im Vergleich zur Muskelmasse.

d) Alle Antworten sind richtig.

Fortgeschrittene

1. Welches Gas geht beim Einatmen unter normalen atmosphärischen Bedingungen KEINE Verbindung zum menschlichen Körper ein und wird deshalb als Füllgas (Inertgas) bezeichnet?

a) Stickstoff (N_2)

b) Kohlendioxyd (CO_2)

c) Kohlenmonoxyd (CO)

d) Sauerstoff (O_2)

2. Was wird als Residualvolumen bezeichnet?

a) Die Menge an Luft, die der Taucher maximal einatmen kann.

b) Die Menge an Luft, die nach vollständigem Ausatmen noch in der Lunge und den Atemwegen verbleibt.

c) Die Menge an Luft, die der Taucher maximal ausatmen kann.

d) Die Menge an Luft, die beim Schnorcheltauchen in der Tiefe in der Lunge verbleibt.

3. Der Kreislauf des Menschen funktioniert, indem …?

a) Das sauerstoffarme Blut der Arterien von der linken Herzvorkammer über die linke Herzkammer in den Körperkreislauf gepumpt wird. Das sauerstoffreiche Blut wird von der rechten Herzvorkammer über die rechte Herzkammer in den Lungenkreislauf gepumpt, wo es zum Gasaustausch kommt.

b) Das sauerstoffarme Blut der Venen von der rechten Herzvorkammer über die linke Herzkammer in den Körperkreislauf bis zu den Kapillaren gepumpt wird, wo der Gasaustausch stattfindet. Das sauerstoffreiche Blut wird über die Arterien von der rechten Herzvorkammer über die rechte Herzkammer in den Lungenkreislauf gepumpt.

c) Das von der Lunge kommende sauerstoffreiche Blut wird über die linke Herzvorkammer zur linken Herzkammer und weiter über die große Hauptschlagader (Aorta) in den Körperkreislauf bis zu den Kapillaren gepumpt. Das sauerstoffarme Blut wird über die Venen zur rechten Herzvorkammer über die rechte Herzkammer in den Lungenkreislauf gepumpt, wo es zum Gasaustausch und neuer Anreicherung von Sauerstoff kommt.

4. Durch welche Maßnahmen kann eine mögliche Schädigung von Kindern beim Tauchen vermieden werden?

a) Konservative Begrenzung von Tauchzeit und Tauchtiefe.

b) Vermeidung von Wiederholungstauchgängen.

c) Verwendung kindgerechter und passender Tauchausrüstung.

d) Keine anstrengenden Tauchgänge.

e) Alle genannten Antworten sind richtig.

5. Was versteht man unter einem »Schwimmbadblackout«?

a) Durch vermehrtes Abatmen von Sauerstoff kommt es unter Wasser zum Sauerstoffmangel und zu Bewusstlosigkeit.

b) Nach einem tiefen Schnorcheltauchgang sinkt der Partialdruck des Sauerstoffes unter den kritischen Wert, der Schnorchler wird kurz vor erreichen der Oberfläche bewusstlos.

c) Durch vermehrtes Abatmen von Kohlendioxyd wird der Atemreiz später als im Normalfall ausgelöst. Sinkt der Sauerstoffanteil im Blut unter den kritischen Wert, bevor der Atemreiz einsetzt, kommt es zu plötzlich auftretender Bewusstlosigkeit.

6. Welcher Teil der Atmung geschieht durch aktive Muskelarbeit?

a) die Ausatmung

b) die Einatmung

c) Ein- und Ausatmung

d) keines von beiden

7. Was sind Alveolen?

a) feinste Blutgefäße in der Lunge

b) Lungenbläschen

c) feinste Blutgefässe an der Oberfläche der Lungenbläschen

8. Die Größe der beiden Lungenflügel …

a) ist gleich.

b) Der linke ist größer als der rechte.

c) Der linke ist kleiner als der rechte.

9. Das Blut besteht aus …

a) Hämoglobin, Fibrin und Leukozyten.

b) roten und weißen Blutkörperchen.

c) roten und weißen Blutkörperchen, Blutplättchen und Blutplasma.

Antworten siehe Seite 173

Die Ausrüstung

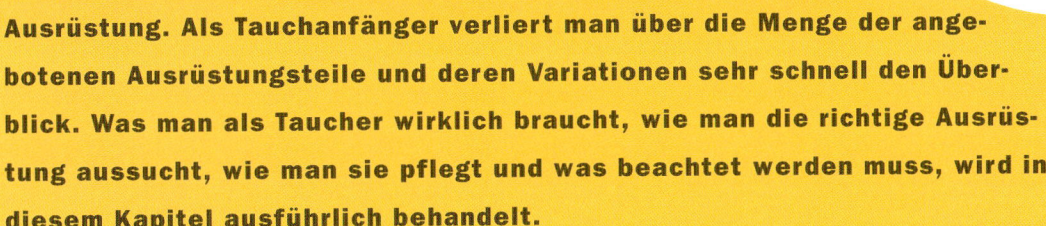

Um dem Taucher eine möglichst sichere Anpassung an die Unterwasserwelt und damit auch das Sehen, Atmen und Bewegen im Wasser zu ermöglichen, benötigt er eine spezielle Ausrüstung. Als Tauchanfänger verliert man über die Menge der angebotenen Ausrüstungsteile und deren Variationen sehr schnell den Überblick. Was man als Taucher wirklich braucht, wie man die richtige Ausrüstung aussucht, wie man sie pflegt und was beachtet werden muss, wird in diesem Kapitel ausführlich behandelt.

Es gibt sehr viele Möglichkeiten eine Tauchausrüstung zu kaufen, vorzugsweise in Sportfachgeschäften und beim Tauchsporthändler, aber auch beim Versandhandel. Die Vorteile eines örtlichen Tauchsportfachgeschäftes liegen klar auf der Hand:

- Die Tauchausrüstung kann vor dem Kauf probiert und oft getestet werden.
- Bei Sondergrößen erfolgt eine individuelle Beratung, zum Beispiel über die Möglichkeiten von Maßanfertigungen von Tauchanzügen.
- Wartungs- und Reparaturservice
- Ausrüstungsverleih
- Füllservice für Tauchflaschen
- Fachliche Beratung für alle Ausrüstungsteile
- Kenntnisse der örtlichen Tauchbedingungen
- Aus- und Weiterbildungsmöglichkeiten

Manche Tauchsportgeschäfte verkaufen am Ende der Saison die verwendete Leihausrüstung. Die Ausrüstungsgegenstände, die der Anfänger während seines Kurses verwendet hat und an die er gewöhnt ist, kann er so möglicherweise sehr günstig erwerben. Beim Kauf gebrauchter Tauchausrüstung aus nicht bekannter Quelle sollten Sie Vorsicht walten lassen. Ein scheinbar billiger, gebrauchter Atemregler kann sehr teuer werden, wenn nötige Ersatzteile nicht oder nur sehr schwer erhältlich sind. Der Verkäufer sollte auch einen Nachweis von durchgeführten Wartungsintervallen erbringen können.

Bedingung für viele Tauchkurse ist oft das Mitbringen von persönlicher Ausrüstung. Darunter versteht man in der Regel Tauchmaske, Schnorchel und Flossen für das Schwimmbad. Füßlinge, Handschuhe und ein Tauchanzug werden für das Tauchen im kühleren, offenen Gewässer benötigt, sie können jedoch meist für die Dauer des Kurses ausgeliehen werden.

Pflege der Tauchausrüstung

Alle Ausrüstungsgegenstände sollten nach Gebrauch mit klarem Süßwasser gespült und an einem kühlen, gut belüfteten Ort gelagert werden. Der Atemregler, Westenautomat und Inflator sollten im Idealfall nach dem Spülen nochmals an das Tauchgerät angeschlossen werden. Durch vorsichtiges Betätigen der Luftdusche bzw. des Inflators wird jegliches Restwasser aus den Zweiten Stufen und dem Inflator entfernt.

Die Tauchmaske

Öffnet man unter Wasser die Augen, so erscheint alles unscharf und verschwommen, weil das menschliche Auge nur für das Sehen an der Luft geeignet ist. Die Tauchmaske schließt diesen für das Sehen unentbehrlichen Luftraum vor den Augen ein und ermöglicht es dem Menschen, die Unterwasserwelt in ihrer Schönheit genießen zu können. Eine Vielzahl von Maskenmodellen steht heutzutage zur Verfügung. Einige Eigenschaften dieser Masken sind unbedingt notwendig, andere sind reine Geschmackssache.

Notwendige Eigenschaften der Tauchmaske

- Ein Nasenerker, der einen Druckausgleich in den Ohren ermöglicht.
- Kratzfestes, temperaturbeständiges Sicherheitsglas.
- Ein stabiler Rahmen, der zuverlässig das Glas und den Maskenkörper hält.
- Ein doppelter Dichtrand.
- Ein verstellbares geteiltes Maskenband.

Der Unterschied zur Schwimmbrille besteht darin, dass die Nase im Nasenerker mit eingeschlossen wird. Dies ist beim Tauchen unbedingt notwendig, um den beim Abtauchen veränderten Druck ausgleichen zu können und eine Schädigung der Augen zu vermeiden. Dieser Druckausgleich geschieht durch Einblasen von Luft durch die in der Maske eingeschlossenen Nase.

Der Nasenerker muss auch mit Handschuhen leicht greifbar sein, um durch den Verschluss der Nase mit Daumen und Zeigefinger einen Druckausgleich in den Ohren herstellen zu können. Einfenstrige oder zweifenstrige Gläser aus kratzfestem, temperaturbeständigem Sicherheitsglas werden durch einen starren Rahmen gehalten, an dem auch der Maskenkörper befestigt ist. Gummigemische lösen bei vielen Menschen allergische Hautreaktionen aus, deshalb besteht der Maskenkörper einer modernen Tauchmaske aus hautfreundlichem, durchsichtigem oder schwarzem Silikon. Ein doppelter Dichtrand verhindert das Eindringen von Wasser.

Das geteilte verstellbare Maskenband hält die Tauchmaske sicher am Kopf und ermöglicht ein Anpassen an unterschiedliche Kopfgrößen. Personen mit langen Haaren haben die Möglichkeit einen Zopf zwischen den Bändern zu platzieren. Sollte das Silikonmaskenband unangenehm an den Haaren ziepen, können aufschiebbare Neopreneinsätze, oder Neopren-Maskenbänder für Abhilfe sorgen.

Zusätzliche Eigenschaften der Tauchmaske

Je nach persönlichem Geschmack kann die Maske auch weitere Eigenschaften haben, die nicht unbedingt notwendig sind wie zusätzliche Seitenfenster oder ein Ausblasventil.

Fehlsichtigkeit

Für alle, die unter Fehlsichtigkeit wie Weit- oder Kurzsichtigkeit leiden, können vom Optiker Gläser entsprechend der benötigten Dioptrienzahl eingepasst werden.

Sie können aber auch mit gasdurchlässigen Kontaktlinsen tauchen. Bei extremer Fehlsichtigkeit und eventuell erhöhtem Augeninnendruck muss jedoch auf alle Fälle ein Tauchmediziner konsultiert werden, um sicherzustellen, dass es beim Tauchen zu keinen Schädigungen des Auges kommen kann.

Im Handel sind unterschiedliche Modelle von einfenstrigen und zweifenstrigen Tauchmasken erhältlich.

Die Auswahl der Tauchmaske

Die Maske muss dicht am Gesicht anliegen und darf an keiner Stelle drücken. Vor dem Kauf sollten Sie die Tauchmaske, ohne das Maskenband um den Kopf zu legen, vorsichtig an das Gesicht andrücken, leicht durch die Nase einatmen und die Luft anhalten. Durch den entstehenden Unterdruck saugt sich die Maske an und bleibt im Idealfall so lange am Gesicht haften, wie der Unterdruck gehalten wird. Es darf keine Luft eindringen und es dürfen keine Druckstellen spürbar sein. Fällt die Maske jedoch vom Gesicht oder verursacht Druckstellen, sollten Sie eine andere Maskenform wählen.

Haare zwischen Maskenkörper und Gesicht begünstigen das Eindringen von Wasser. Tauchende Bartträger haben die Möglichkeit die Haare an den Kontaktstellen mit dem Maskenkörper zu entfernen oder sie mit Cremes/Vaseline zu bestreichen, um zumindest eine 90-prozentige Abdichtung zu erzielen.

Pflege der Tauchmaske

Die Tauchmaske wird während der Herstellung mit einem leichten Fettfilm überzogen, das erleichtert das Herauslösen des Maskenkörpers aus der Gussform und das Verbinden von Gläsern, Rahmen und Maskenkörper. Dieser Fettfilm ist schuld daran, dass die neue Tauchmaske beschlägt. Er kann jedoch durch Spülmittel oder Zahnpasta entfernt werden.

Beim Kauf der Tauchmaske sollte man am besten gleich ein Ersatzmaskenband mitkaufen, um nicht wegen eines gerissenen Bandes auf einen Tauchgang verzichten oder auf eine schlecht sitzende Ersatzmaske ausweichen zu müssen.

Aufbewahrung der Maske

Die gekaufte Maske befindet sich meistens in einer Plastikbox. Sie eignet sich sehr gut für die Aufbewahrung und den Transport. Ist keine Transportbox vorhanden, können Sie die Maske auch im Fußteil der Flossen transportieren.

Die Maske sollte so wenig wie möglich dem direkten Sonnenlicht ausgesetzt werden, da sonst das Silikon brüchig werden kann und sich der Maskenkorper schneller verfärbt. In tropischen Ländern ist ein ungleichmäßig ausgefranster Dichtrand ein un-

Tipp

- **Putzen Sie die Gläser der Tauchmaske vor dem ersten Gebrauch kräftig mit Zahnpasta und Zahnbürste, um Fett und Silikonreste zu entfernen. Dieser Vorgang muss eventuell mehrmals (auch nach langer Lagerung) wiederholt werden.**

- **So verhindern Sie das Anlaufen der Tauchmaske: Geben Sie kurz vor dem Tauch- bzw. Schnorchelgang ein Antibeschlagmittel oder Spucke in die noch trockene Maske. Verreiben Sie alles mit sauberen, fettfreien Fingern. Danach spülen Sie die Maske kurz mit Wasser aus.**

trüglicher Hinweis für die nächtlichen Aktivitäten von Landlobstern. So werden die als Kakerlaken bekannten Tiere wegen ihrer langen Antennen auch genannt. Sie ernähren sich gerne von an der Dichtlippe hängenden Hautschuppen und Fettresten.

Der Schnorchel

Ohne Schnorchel müssten wir unseren Kopf zum Atmen ständig aus dem Wasser heben und würden sehr schnell ermüden. Der Schnorchel wird am Maskenband befestigt oder seitlich am Kopf unter das Maskenband gesteckt. Das ermöglicht ein kraftsparendes, ermüdungsfreies Schwimmen an der Wasseroberfläche. Mit dem Schnorchel können Sie die faszinierende Unterwasserwelt ohne kräftezehrendes Heben des Kopfes genießen. Beim Gerätetauchen ermöglicht uns der Schnorchel ein bequemes Ausruhen und Schwimmen an der Wasseroberfläche, ohne die kostbare Atemluft

aus dem Tauchgerät zu verschwenden. Im Notfall kann sogar der Tauchpartner an der Wasseroberfläche mit einem Schnorchel beatmet werden. Der Schnorchel darf weder zu kurz, noch zu lang sein. Bei einem zu kurzen Schnorchel würde dauernd Wasser eindringen. Ist er zu lang, kann es schon ab 60 Zentimeter Wassertiefe durch die Druckdifferenz zwischen der Lunge des tief im Wasser liegenden Schnorcheltauchers und der Wasseroberfläche zu Schädigungen der Lunge kommen. Durch ein überlanges Schnorchelrohr, würden Sie eine große Menge der verbrauchten Luft wieder einatmen (Pendelatmung), es wäre keine ausreichende Versorgung mit sauerstoffreicher Frischluft gewährleistet.

Maximale Länge und Innendurchmesser

Die maximale Länge des Schnorchels sollte 35 Zentimeter betragen, bei einem Innendurchmesser für Erwachsene von 18 bis 25 Millimetern, bei Kindern von 15 bis 18 Millimetern. Ein höherer Innendurchmesser würde das Ausblasen des Schnorchels erschweren.

Der moderne Schnorchel ist ergonomisch geformt und durch seine leichte Krümmung der Kopfform angepasst. Das Mundstück, das angenehm im Mund liegen sollte, ist meist zur individuellen Anpassung drehbar.

Spezielle Mundstücke für Kinder und Erwachsene, die den unterschiedlichen Größen der Kiefer gerecht werden, sind im Fachhandel erhältlich.

Um das Ausblasen des Schnorchels zu erleichtern bzw. das unerwünschte Eindringen von Wasser an der Schnorchelöffnung zu verhindern, verfügen viele Schnorchel über ausgeklügelte Ventiltechniken und Vorrichtungen. Schnorchel mit Ventilen machen das Ausblasen zum Kinderspiel, einige entleeren sich an der Oberfläche quasi von selbst, eignen sich jedoch nicht zum Beatmen an der Wasseroberfläche.

Am oberen Ende muss sich ein nicht ablösbarer Signalstreifen befinden, damit der Schnorchler bzw. Taucher an der Wasseroberfläche schneller von Wasserfahrzeugen erkannt wird.

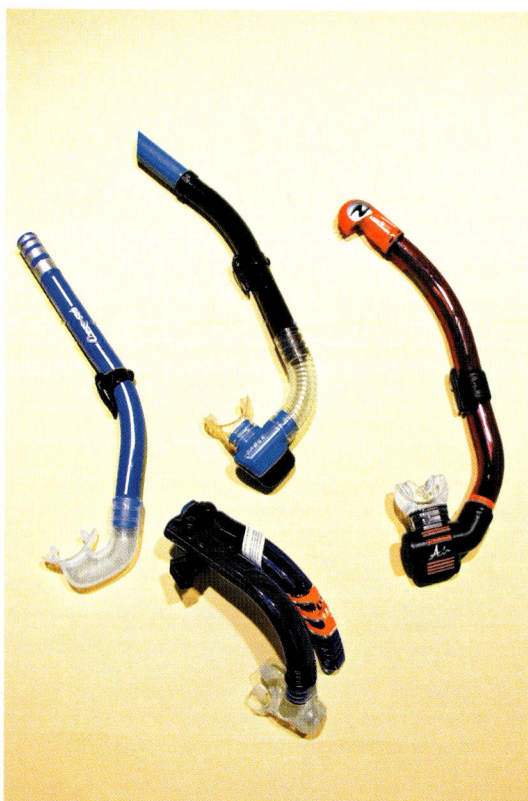

Verschiedene Schnorchel

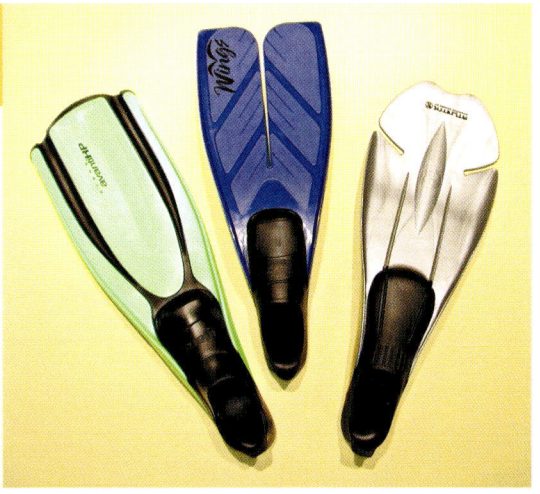

Die Flossen

Ohne Flossen könnten wir uns durch den erhöhten
Wasserwiderstand beim Gerätetauchen kaum fort-
bewegen. Beim Flossenschwimmen wird durch die
im Vergleich zur Armmuskulatur wesentlich stärkere Beinmuskulatur eine schnellere Fortbewegung ermöglicht.

Flossen sind mit zwei verschiedenen Fußteilen er-
hältlich, mit geschlossenem Fußteil und offenem
Fußteil. Da die Flosse eine Verlängerung der Bein-
achse darstellt, sollten beide Flossenarten über ein
abgewinkeltes Flossenblatt verfügen, um eine
Überbelastung des Fußgelenkes zu vermeiden.
Eine seitliche Verstärkung der Längsrillen dient zur
Versteifung und Stabilisierung der Flossen. Die an-
gebotenen Größen umfassen meist mehrere
Schuhgrößen.

Geschlossene Flossen

Flossen mit geschlossenem Fußteil, auch Schnor-
chel- oder Schwimmbadflossen genannt, werden
barfuß oder mit dünnen Neoprensocken getragen.
Sie werden hauptsächlich in Gewässern benutzt, in
denen kein Kälteschutz des Fußes erforderlich ist.
Geschlossene Flossen sind leichter als Geräteflossen und brauchen weniger Platz im Gepäck beim
Reisen.

Offene Flossen

Sie werden auch Geräteflossen genannt und besitzen ein offenes Fußteil mit einem verstellbaren
Flossenband. Man trägt sie mit Neopren-Füßlingen
in Gewässern, wo ein Kälteschutz des Fußes notwendig oder erwünscht ist.

Das Flossenblatt ist meistens um einiges härter
als bei geschlossenen Flossen, um den Gerätetaucher auch bei größerem Wasserwiderstand zuverlässig vorwärts zu bringen, zum Beispiel den
Trockentaucher oder den Taucher bei Strömung.
Die Verschlussmechanismen des Flossenbandes
sollten sich auch mit Handschuhen leicht bedie-
nen lassen.

Weitere Flossen

Überlange Flossen wurden entwickelt für das wett-
kampfmäßige Flossenschwimmen und das freie
Tauchen ohne Gerät, das Apnoetauchen. Durch
den so genannten Peitscheneffekt erzielen gut trainierte Flossenschwimmer beachtliche Geschwin-
digkeiten. Die Belastung von Muskulatur und Ge-
lenken ist jedoch so hoch, dass untrainierte
Flossenschwimmer sehr schnell Krämpfe bekommen. Außerdem können an einem Korallenriff mit
diesen Flossen sehr schnell Korallen beschädigt
werden. Sie sind daher zum Gerätetauchen nicht
geeignet.

Als Monoflosse wird ein einzelnes großes breites
Flossenblatt bezeichnet, an dem sich ein Fußteil

für beide Füße befindet. Die sehr kraftaufwendige Fortbewegung erfolgt durch das delphinähnliche Bewegen des ganzen Körpers mit geschlossenen Beinen. Diese Art der Flossen wurden für spezielle Wettkämpfe und das Training entwickelt, sie sind für das Gerätetauchen nicht geeignet.

Die Härte des Flossenblattes

Je nach Art des verwendeten Materials, der Länge und der eingearbeiteten Verstärkungen ist jede Flosse unterschiedlich hart. Da jeder Mensch einen individuellen Körperbau und Trainingszustand besitzt, gibt es leider keine »beste Flosse«. Lange und harte Flossenblätter belasten die Beinmuskulatur wesentlich mehr als kurze und weiche. Sie sind daher für gut trainierte Beine geeignet. Außerdem ist der Taucher mit kurzen Flossen wendiger als mit langen. Nicht jede Flosse eignet sich für jeden Taucher und für jedes Einsatzgebiet. Man sollte mit der ausgewählten Flosse über größere Distanzen schwimmen können, ohne Krämpfe zu bekommen.

> **Fazit: Die Härte des Flossenblattes sollte der Kondition und Konstitution des Benutzers entsprechen.**

Aufbewahrung und Pflege

Wie alle anderen Ausrüstungsgegenstände sollen die Flossen nach der Benutzung mit klarem Süßwasser gespült und im Schatten gelagert werden. Achten Sie in jedem Fall auf eine liegende Aufbewahrung der Flossen, da sie sich sonst bei Einwirkung von Sonne und Wärme verformen können. Beim Kauf befinden sich meist spezielle Fußteilspanner in den Flossen, die bei Transport und Aufbewahrung die Form des Fußteils erhalten.

Empfehlungen zum Kauf

Flossen sollten eng sitzen, die Zehen jedoch nicht einengen. Wollen Sie Füßlinge oder Neoprensocken tragen, müssen die Flossen mit diesen anprobiert werden. Sitzen die Flossen zu locker, gehen sie leicht verloren; sind sie zu eng, verursachen sie schmerzhafte Druckstellen am Fuß. Obwohl es Flossen aus unterschiedlichen Materialien gibt, empfielt sich der Kauf von Qualitätsflossen. Sie halten den auftretenden Belastungen durch das Schwimmen und die UV-Strahlung wesentlich besser stand als Billigprodukte, die sich nach zwei Wochen Kontakt mit Sonne, Sand und Salz auflösen. Beim Kauf von offenen Flossen sollten Sie am besten gleich passende Ersatzflossenbänder mitkaufen.

Füßlinge und Neoprensocken

Sie schützen die Füße des Tauchers vor Kälte, Abschürfungen sowie Schnittverletzungen, die entstehen können, wenn der Weg zum Tauchplatz über scharfkantiges Gestein führt. Füßlinge mit Reißverschluss an der Seite sowie einer Kaschierung aus Nylon erleichtern das Anziehen. Die Reißverschlüsse können mit Neopren unterlegt sein, das das Eindringen des kaltem Wassers verhindert. Für die unterschiedlichen Anforderungen im Kälteschutz sind Füßlinge in verschiedenen Stärken erhältlich. Neoprensocken dienen zur zusätzlichen Isolierung in den Füßlingen oder als Kälteschutz beim Tragen von geschlossenen Flossen. Sie sollten wie die Flossen eng, aber bequem sitzen.

Atemregler

Um eine längere Zeit unter Wasser verweilen zu können und nicht wie ein Schnorchler in kurzen Abständen zur Wasseroberfläche zurückkehren zu müssen, benötigen wir ein Tauchgerät. Damit Lungenschädigungen durch Druckdifferenzen vermieden werden, muss der Taucher Luft mit einem Druck atmen, der exakt dem Umgebungsdruck entspricht. Der Atemregler ermöglicht, dass der hohe Flaschendruck des mitgeführten Luftvorrates in zwei Stufen auf den jeweils herrschenden Umgebungsdruck reduziert wird. Mit Umgebungsdruck bezeichnet man den in der jeweiligen Wassertiefe vorhandene Druck, der auch in der Lunge des Tauchers vorhanden ist.

Komplett montierter Atemregler mit Finimeter und alternativer Luftversorgung (Oktopus)

Die Erste Stufe, auch Druckminderer genannt, wird am Ventil des Tauchgerätes angeschraubt und reduziert nach dem Öffnen des Flaschenventils den einströmenden Druck auf einen Mitteldruck. Dieser beträgt je nach Hersteller zwischen 7 und 13 bar. Die druckreduzierte Luft strömt durch einen Mitteldruckschlauch, an dessen Ende sich die so genannte Zweite Stufe befindet. Durch Einströmen von Wasser in verschiedene Bohrungen oder Öffnungen an der Zweiten Stufe wird der Umgebungsdruck auf die Einatemmembran der Zweiten Stufe übertragen. Beim Einatmen wird die Membran nach innen gezogen und öffnet über einen Hebel ein Ventil. Luft strömt in das Gehäuse der Zweiten Stufe und wird im Zusammenspiel mit dem auf der Membran lastenden Druck auf Umgebungsdruck reduziert.

Die Atemregler für das Sporttauchen sind so konzipiert, dass sie nur bei Bedarf Luft geben, also wenn der Taucher einatmet. Man nennt dies bedarfsgesteuert.

Die modernen, zuverlässigen Atemregler sind so aufgebaut, dass es bei einer Fehlfunktion nicht zu einer Blockade der Luftzufuhr kommt, sondern zu einer überhöhten Luftlieferung, dem so genannten Abblasen (Down-Stream-Funktion).

Der Taucher hat in den meisten Fällen noch Zeit und Luft, um seinen Tauchgang mit eigenem Atemregler zu beenden oder in Ruhe auf seine getrennte alternative Luftversorgung bzw. die des Tauchpartners auszuweichen.

Die Erste Stufe

Moderne Erste Stufen werden aus verchromtem Messing, Kunststoff, eloxiertem Aluminium, Stahl oder Titan und Materialmischungen der genannten Materialien hergestellt.

Der DIN-Anschluss (Deutsche Industrienorm)

Die Erste Stufe wird beim DIN-Druckminderer durch Einschrauben in das Flaschenventil befestigt. Die Abdichtung zwischen Flaschenventil und Druckminderer erfolgt über einen genormten O-Ring. Der DIN-Anschluss gilt als besonders

sicher und wird auch in der Heimat des INT-Systems, den USA, von vielen Höhlen- und Wracktauchern benützt, da ein Abschlagen der Ersten Stufe bei Kontakt mit Fels- oder Wrackteilen fast unmöglich ist.

Der INT-Anschluss

Beim international weiter verbreiteten INT-System befindet sich am Druckminderer ein Überwurfbügel, der über das Ventil des Tauchgerätes geschoben und mit einer Feststellschraube fixiert wird. Das INT-System ist jedoch anfällig für kräftige Schläge, die beim Höhlen- und Wracktauchen bei versehentlichem Kontakt mit der näheren Umgebung entstehen können. Der Druckminderer könnte sich eventuell vom Ventil lösen.

Da die Abdichtung zwischen Druckminderer und Flaschenventil durch einen nicht genormten O-Ring erfolgt, neigt das INT-System zu Undichtigkeiten. Um die verschiedenen Systeme miteinander zu verbinden, benötigt man Bügel- bzw. Einschraubadapter.

An der Ersten Stufe befinden sich mehrere Anschlussmöglichkeiten für Mitteldruckschläuche an denen zum Beispiel eine zusätzliche Zweite Stufe oder der Inflatorschlauch für Tarierjacket und/oder Trockentauchanzug angebracht werden können. Des weiteren muss sich dort mindestens ein Hochdruckabgang befinden, an dem der luftintegrierte Tauchcomputer oder das klassische Finimeter befestigt werden können. Viele moderne

Erste Stufen verfügen über zwei Hochdruckab-
gänge und mindestens vier Mitteldruckabgänge.
Alle Mitteldruck- und Hochdruckschläuche sind
flexibel und haben an beiden Enden aufgepresste
Metallhülsen zur Befestigung an den jeweils gewünschten Gerätschaften.

Funktion

Die handelsüblichen Atemregler sind für das Tauchen mit Pressluft konstruiert. Wollen Sie mit Nitrox tauchen, müssen Sie schon beim Kauf prüfen,
ob dieser Atemregler eine Nitrox-Zulassung hat
oder auf Nitrox umgerüstet werden kann.
Zur Zeit dürfen Sie Nitrox in Deutschland nur mit
speziellen Nitrox-Atemreglern verwenden. Diese
haben einen speziellen Flaschenanschluss und
können nur mit Adaptern auf Presslufttauchgerä-
ten verwendet werden.
Es ist jedoch wahrscheinlich nur eine Frage der
Zeit, bis sich die weltweit praktizierte Handlungs-
weise, normale Atemregler ohne Umbau bis zu
40 Prozent Sauerstoffgehalt zu verwenden, auch
in Deutschland durchsetzt.

Bauweise

Man unterscheidet hauptsächlich kolbengesteuerte und membrangesteuerte erste Stufen. Diese

DIN- und INT-Adapter

gibt es in kompensierter und nicht kompensierter
Ausführung.
Kolbengesteuerte Erste Stufen bestehen aus leicht
zugänglichen und wenigen beweglichen Teilen. Sie
sind daher leicht zu warten, aber anfälliger für Verschmutzungen, die sich bei Nichteinhaltung der
Wartungsintervalle auf die Leistung und Funktion
auswirken können.
Beim **kolbengesteuerten** Druckminderer steht der
Kolben in direktem Kontakt zum Wasser und damit
auch zum Wasserdruck.
Im drucklosen Zustand geöffnet, strömt so lange
Luft durch die Erste Stufe, bis der Mitteldruck
durch Zusammenwirken einer Feder, dem Rück-
stau von der Zweiten Stufe und dem Wasserdruck
aufgebaut ist. Der Kolben schließt nun wieder und
öffnet sich erst bei Ansteigen des Wasserdrucks
und/oder Abfallen des Mitteldrucks zum Beispiel
durch Einatmen an der Zweiten Stufe.
Membrangesteuerte Erste Stufen verfügen über
eine Membran, die Verschmutzungen von den
beweglichen Teilen fernhält. Deshalb sind sie
länger funktionsfähig, der Druckminderer liefert

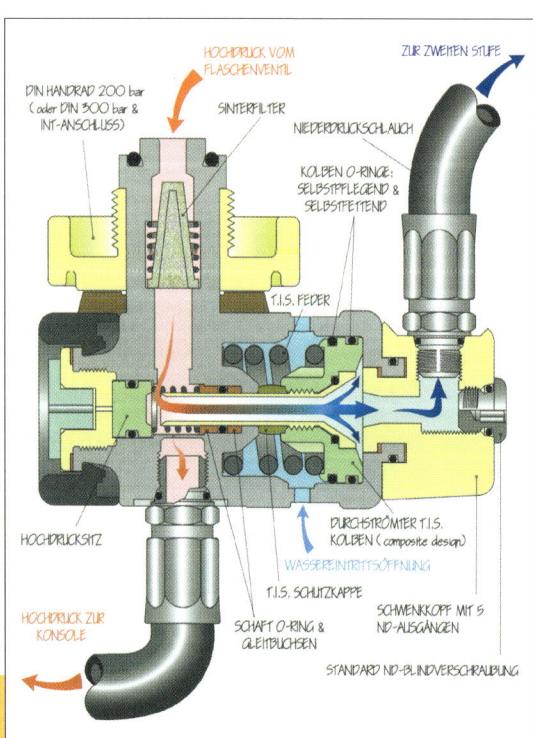

Kolbengesteuerte Erste Stufe, MK 20

somit seine volle Leistung über einen längeren Zeitraum.

Membrangesteuerte Druckminderer bestehen aus mehreren beweglichen Teilen und sind deshalb teurer in der Herstellung und aufwändiger in der Wartung.

Auch hier öffnet sich das Ventil im Zusammenspiel mit einer Feder, dem Druckrückstau vor der zweiten Stufe und dem auf der Membran lastenden Wasserdruck und schließt bei Erreichen des Mitteldrucks. Steigt der Wasserdruck auf die Membran und/oder fällt der Mitteldruck, öffnet sich das Ventil und Luft strömt nach.

Kompensiert bedeutet, dass sich die Leistung des Druckminderers mit abnehmendem Flaschendruck nicht ändert, sondern immer gleich bleibt. Dies wird durch einen Druckausgleich auf beiden Seiten des Kolbens (beim kolbengesteuerten Druckminderer) erreicht.

Um kleinste Schmutzpartikel herauszufiltern, strömt die Luft aus der Tauchflasche durch einen Sinterfilter, der sich am Anschluss des Druckminderers befindet und gelangt anschließend über eine Hochdruckkammer durch eine Bohrung im Kolben in die Mitteldruckkammer.

Mit Erreichen des Mitteldruckwertes schließt der Kolben. Der Luftdruck auf beiden Seiten des Kolbens ist nun unabhängig vom Flaschendruck gleich.

Nicht kompensiert bedeutet, dass sich die Leistung des Druckminderers abhängig vom Flaschendruck ändert.

Beim membrangesteuerten, nicht kompensierten Druckminderer sinkt der Einatemwiderstand der Zweiten Stufe, während der Mitteldruck steigt. Beim kolbengesteuerten, nicht kompensierten Druckminderer steigt der Einatemwiderstand wegen des sinkenden Mitteldrucks.

Die Zweite Stufe

Die Zweite Stufe, auch Atemregler genannt, hat die Aufgabe mit dem Wasserdruck, der über Öffnungen auf eine Membran wirkt, den von der Ersten Stufe kommenden Mitteldruck auf den jeweiligen Umgebungsdruck zu reduzieren. Das

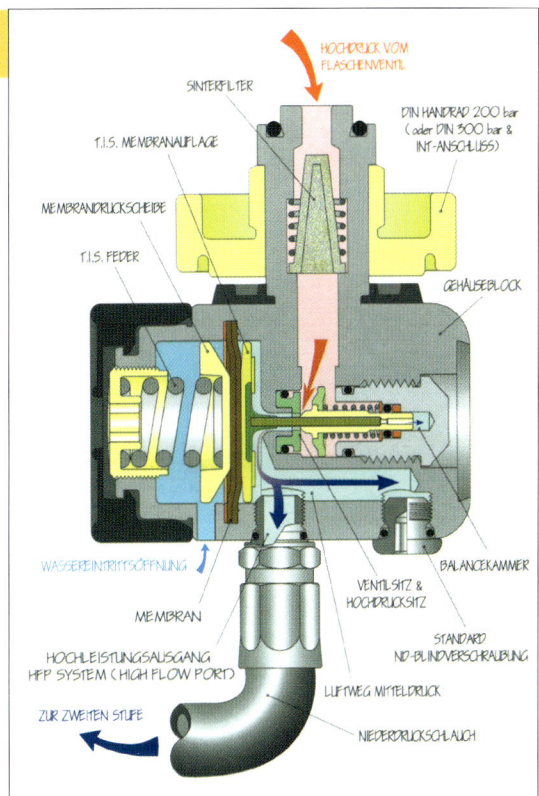

Gehäuse besteht in den meisten Fällen aus leichten Materialmischungen. Die Form der meisten Atemregler ähnelt einer auf der Seite liegenden Tasse (mit Mundstück und Ausatemmembran), die mit einer Membran abgedichtet ist. Im Tasseninneren muss man sich nun einen Hebel vorstellen, der am Tassenboden mit einem Ventil verbunden ist und oben an der Membran anliegt.

In den meisten Fällen wird er »von rechts kommend« montiert, bei vielen Atemreglern kann dies jedoch auch sehr einfach geändert werden. In der Zweiten Stufe gibt es Down-Stream-Ventile und pilotgesteuerte Ventile.

Das Down-Stream-Ventil

Bei diesem einfach aufgebauten, kostengünstigen Modell hält eine kleine Feder das Ventil in der Zweiten Stufe so lange geschlossen, bis durch Einatmung oder Betätigen der Luftdusche die Membran nach innen gezogen und somit der Hebel bewegt wird, der das Ventil öffnet.

Nach Beendigung der Einatmung (oder Loslassen der Luftdusche) kehrt die Membran in ihre ur-

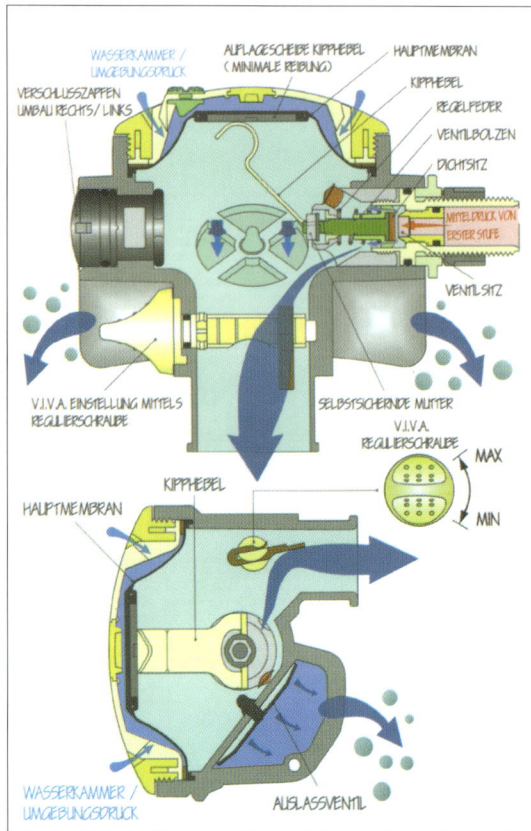

ßeres Ventil öffnet. Dieses Ventil ist durch den technischen Aufbau sehr gut für tiefe Tauchgänge geeignet, manche Modelle geben jedoch in flachen Tiefen sehr unregelmäßig Luft ab.

Alle Modelle verfügen über einen Knopf am Gehäuse der Zweiten Stufe, der zum Beispiel dazu dient während des Tauchgangs eingedrungenes Wasser hinauszubefördern oder Hebesäcke aufzublasen.

Dieser Knopf wird als Luftdusche bezeichnet. Mundstücke sind in verschiedenen Farben, Größen, Härtegraden und Ausführungen erhältlich. Meistens handelt es sich um das klassische Modell mit Beißwarzen. Im Fachhandel erhältlich sind aber auch Gaumenmundstücke (der Atemregler wird ermüdungsfrei durch eine kleine Gaumenplatte im Mund gehalten) und Mundstücke, die nach dem Erhitzen im Wasserbad individuell an das Gebiss des Tauchers angepasst werden können.

sprüngliche Stellung zurück, das Ventil ist geschlossen.

Im Falle eines Defektes der Ersten oder Zweiten Stufe funktioniert dieses Down-Stream-Prinzip als Sicherheitsventil. Der überschüssige Druck hält das Ventil in der Zweiten Stufe geöffnet, Luft strömt weiterhin ohne Unterbrechung ab. Die verbrauchte Luft oder eingedrungenes Wasser wird über die Auslassmembran abgegeben.

Viele Atemregler besitzen an der tief sitzenden Auslassmembran noch einen Blasenabweiser, der das verbrauchte Atemgemisch ableitet und so verhindert, dass die abgeatmete Luft direkt vor der Tauchmaske nach oben steigt. Bei anderen Atemreglern befindet sich die Auslassmembran seitlich.

Das pilotgesteuerte Ventil

Dieses Ventil ist in der Herstellung und Wartung wesentlich teurer. Bei ihm wird die Luft bis zu viermal leichter geliefert, als beim Down-Stream-Ventil. Dies wird durch ein kleines (Pilot-)Ventil erreicht, das bei Bewegungen der Membran ein grö-

Erste und Zweite Stufe, alternative Luftversorgung sowie Inflatorkupplung sollten einmal im Jahr durch Fachpersonal überprüft und gewartet werden. Viele Hersteller machen ihre Garantieleistungen von der Einhaltung der vorgeschriebenen Wartungsintervalle abhängig.

Der komplette Atemregler sollte in einer Tasche aufbewahrt und transportiert werden, die so groß ist, dass das gesamte System Platz hat, ohne die Schläuche zu knicken. Am Übergang des flexiblen Schlauchmaterials in die aufgepressten Metallhülsen der Hoch- und Mitteldruckschläuche wird das Schlauchgewebe ohne Knickschutz (Kunststoffhülsen, die über den kritischen Bereich der Schläuche gezogen werden) sehr schnell beschädigt.

Alternative Luftversorgung

Bei Wassertemperaturen von unter 15 Grad Celsius werden zwei komplette Zweitatemregler (Erste und Zweite Stufe) am Doppelventil oder an einer zweiten Tauchflasche verwendet. Sollte ein Atemregler vereisen oder eine Fehlfunktionen aufweisen, kann ein Ventil geschlossen und auf das zweite unabhängige System gewechselt werden.

Bei Wassertemperaturen über 15 Grad Celsius kann die Luftversorgung auch durch eine zusätzliche Zweite Stufe (Oktopus) erfolgen, die über einen verlängerten Mitteldruckschlauch mit der Ersten Stufe verbunden ist (um im Notfall für mehr Handlungsfreiheit zu sorgen), wenn der Tauchpartner mit Luft zu versorgen ist.

Die dritte Möglichkeit ist eine Mischung zwischen Jacketinflator und Atemregler, der so genannte Westenautomat. Dieser befindet sich am Ende des Inflatorschlauches und dient sowohl als Inflator als auch als alternative Luftversorgung. Im Notfall wird die Zweite Stufe, aus der selber geatmet wurde, dem Partner gegeben und man atmet selbst aus dem Westenautomat. Die Tarierung muss jetzt über den Schnellablass des Tarierjackets erfolgen und erfordert Übung. Wird im Bedarfsfall auf die eigene alternative Luftversorgung oder die des Tauchpartners gewechselt, sollte der Aufstieg eingeleitet und der Tauchgang beendet werden.

Als weitere Möglichkeit gibt es eine Spare Air genannte Miniaturtauchflasche (0,4 Liter), auf der sich statt eines Ventils ein einfacher Atemregler befindet, der Aufsteigen aus geringen Tiefen erlaubt.

Tipp

Lassen Sie Atemregler einmal jährlich von Fachpersonal prüfen bzw. warten. Die strikte Einhaltung dieser Wartungsintervalle und die Unterlassung der »drei Todsünden«

- das Ausblasen der Ersten Stufe mit Restluft,
- nicht Abdichten der Ersten Stufe beim Spülen und
- Drücken der Luftdusche im drucklosen Zustand beim Spülen

garantieren ungetrübte Freude an dem Atemregler. Wenn beim Spülen der Ersten Stufe eine geeignete Schutzkappe fehlt, können Sie den Daumen zum Abdichten verwenden.

Tauchgeräte

Tauchgeräte nachfolgend auch als Tauchflaschen und Presslufttauchgeräte (PTG) bezeichnet, werden für das Sporttauchen im Allgemeinen aus Stahl oder Aluminium hergestellt. In den letzten Jahren wurde jedoch auch mit leichten Materialien, wie zum Beispiel Kohlefaser, experimentiert. Alle beim Tauchen verwendeten Tauchflaschen unterliegen, unabhängig von Größe und Material, der Druckgasverordnung.

Alle Tauchflaschen sind Hochdruckbehälter und müssen stets gegen Umfallen, Herumrollen und Schläge gegen das Flaschenventil geschützt werden. Sie sind normalerweise sehr stabil, unsachgemäße Handhabung, wie zum Beispiel Werfen, kann jedoch zu Schäden führen, die eine sichere Verwendung nicht mehr zulassen. Eine Tauchflasche muss immer einen Restdruck aufweisen, da sonst Feuchtigkeit eindringen kann. Ein Leeratmen sollte deshalb unter allen Umständen vermieden werden.

Kennzeichnung

Pressluftflaschen müssen als Atemluft gekennzeichnet sein durch einen weiß gestrichenen Flaschenhals mit schwarzem Ring und schwarzem N oder schwarzen Flaschenhals mit großem weißem Dreieck, in dem sich ein »N« befindet.

Auf der Flaschenschulter werden auf zwei gegenüberliegenden Feldern mehrere Informationen gegeben: der zulässige Fülldruck, das verwendete Gewinde für das Flaschenventil (heutzutage meistens M25/2ISO), Informationen zur Art des verwendeten Gases (zum Beispiel TG = Tauchgerät, AG = Atemschutzgerät), Informationen über Material und Materialfestigkeit, Hersteller, Prüfzeichen des TÜV und Monat/Jahr der letzten sowie nächsten Prüfung.

Größen

Die gängigen Größen für Monogeräte variieren beim Sporttauchen von 4 bis 15 Litern. Kleinere Tauchflaschen, die über eine spezielle Befestigung an der großen Tauchflasche angebracht werden, dienen manchmal als alternative Luftversorgung oder beim technischen Tauchen zur Mitführung von separaten Gasgemischen. Bei Tarierjackets sind je nach Hersteller kleine Druckluftflaschen integriert, die man als Westenflaschen bezeichnet. Sie ermöglichen ein Befüllen des Tarierjackets im Notfall.

Bei hohem Luftbedarf können Tauchgeräte auch miteinander verbunden werden, man spricht dann von einem Doppelgerät.

Materialien
Tauchgeräte aus Stahl

Sie sind durch die hohe Materialdichte des Stahls auch bei dünnen Materialstärken sehr druckstabil.

Tauchgeräte von links nach rechts: Stahlflasche mit DIN-Ventil, Aluminiumflasche mit INT-Ventil, Nitroxtauchgerät (Stahl), liegend im Vordergrund Kohlefaserflasche

Das Außenvolumen und das Gewicht sind geringer als bei Tauchgeräten aus Aluminium, sie sind jedoch durch das verwendete Material korrosionsanfälliger als Aluminium.

Eine unter der aufgetragenen Lackierung zusätzlich galvanisierte Außenhülle verhindert eine Korrosion von außen. (Korrosion wird bei Eindringen von Feuchtigkeit durch den in der Atemluft vorhandenen Sauerstoff unter hohem Druck stark gefördert.) Netzartige Kunststoffhüllen schützen die Außenhülle gegen Verkratzen und Beschädigungen der Lackschicht.

Bedingt durch die Herstellung ist der Boden der Stahlflasche rund und das Tauchgerät kann nur unter Verwendung eines aufsteckbaren Standfußes aus Kunststoff hingestellt werden. Dieser Standfuß sollte über Öffnungen verfügen, die das Ablaufen von Wasser begünstigen, damit der Flaschenboden nicht »im Wasser steht« und rostet.

Tauchgeräte aus Aluminium

Sie haben wegen der geringen Materialdichte des Aluminiums im Vergleich zu Stahl wesentlich dickere Wände, um dem Fülldruck standzuhalten. Sie verfügen über einen flachen Boden und benötigen keine Standfüße.

Das größere Außenvolumen bewirkt eine größere Verdrängung im Wasser und ein geringeres spezifisches Gewicht. Aluminiumflaschen werden mit abnehmendem Flaschendruck immer leichter, deshalb können Sie gegen Ende des Tauchgangs Auftrieb bekommen. Das muss bei der Tauchgangsplanung berücksichtig werden.

Das Gewinde, das für das Einschrauben eines Ventils notwendig ist, muss bei Aluflaschen öfter kontrolliert werden. Durch das physikalische Phänomen der Elektrolyse kann es zwischen den verschiedenen Metallen von Tauchgerät und Ventil zur Zersetzung des Gewindes kommen.

Aluminiumtauchgeräte oxidieren auch, jedoch hemmt das sich bildende Aluminiumoxyd die Korrosion. Aus diesem Grund werden im Salzwasser meistens Tauchgeräte aus Aluminium verwendet.

Tauchgeräte aus Kohlefaser

Die hohe Materialfestigkeit von hochwertigem Kohlefasermaterial und die Korrosionsfestigkeit hat zu Versuchen beim Bau von Tauchgeräten geführt.

Da Kohlefaser ein sehr niedriges Eigengewicht hat, kann es wegen des auftretenden Auftriebes nur bei kleinen Tauchgeräten bis ca. 4 Liter verwendet werden. Diese Tauchflaschen werden gelegentlich als alternative Luftversorgung mit separatem Atemregler in Verbindung mit Stahlflaschen verwendet. Der vermehrte Abtrieb des größeren Stahlgerätes gleicht so den Auftrieb der Kohlefaserflasche aus.

Wartung

Tauchgeräte sollen jährlich einer visuellen Inspektion durch Fachpersonal unterzogen werden. Dabei wird das Ventil des Tauchgerätes aus dem leeren Tauchgerät herausgeschraubt und die Flaschen innen auf Korrosionsschäden an der Flaschenwand und an den Ventilwindungen untersucht.

Hydrostatischer Test beim TÜV

Alle verwendeten Tauchflaschen müssen, unabhängig von ihrer Größe, zum hydrostatischen Test beim TÜV, auch die in den Tarierjackets verwendeten Westenflaschen.

• Stahlflaschen alle 2 Jahre
• Aluminiumflaschen zurzeit alle 6 Jahre

Dabei wird das Tauchgerät mit Wasser gefüllt und in einem Wassertank auf Druckfestigkeit getestet, um bei einem schadhaften Tauchgerät im Falle eines Materialbruchs das Herumfliegen von Metallteilen zu verhindern.

Der Fülldruck

Unter Fülldruck versteht man den maximalen Druck, mit dem das Tauchgerät befüllt werden darf. Diese Angabe ist, um Verwechslungen zu vermeiden, am Flaschenhals eingeprägt und beträgt bei den am häufigsten verwendeten Tauchgeräten 200 bar. Es sind jedoch auch spezielle 300-bar-Geräte im Handel erhältlich, die nur in Verbindung mit dafür zugelassenen Atemreglern verwendet werden dürfen. Der Fülldruck sollte nicht mit mehr als 10 Prozent überschritten werden.

Prüfdruck

Unter Prüfdruck versteht man den Druck, mit dem das Tauchgerät beim TÜV geprüft wird. Ein Tauchgerät, das einen erlaubten Fülldruck von 200 bar hat, wird mit 50 Prozent mehr Druck geprüft, in diesem Fall also mit 300 bar.

Berstdruck

Der Berstdruck ist der Druck, bei dem ein Tauchgerät tatsächlich platzen könnte. Er liegt bei einem Tauchgerät mit einem zulässigen Fülldruck von 200 bar bei ca. 450 bar. Nach bestandenem Test erfolgt eine Kennzeichnung am Flaschenhals durch den TÜV-Stempel und Monat/Jahr der nächsten Prüfung und Lagerung.

Transport

Tauchflaschen sollten nicht gefüllt über längere Distanzen transportiert werden. Es empfiehlt sich, Tauchgeräte am Urlaubsort zu leihen oder mitgeführte erst dort zu füllen. Das Tauchgerät darf nur mit Ventilschutz und gegen Verrutschen gesichert transportiert werden.

In Flugzeugen dürfen Tauchflaschen nur vollständig entleert mit geöffnetem oder je nach Bestimmung mit entferntem Flaschenventil befördert werden.

Die Lagerung eines Tauchgerätes erfolgt am besten stehend und gegen Umfallen gesichert in einem kühlen trockenen Raum mit einem Mindestdruck von 25 bar.

Bei stehender Lagerung könnte sich eventuell vorhandenes Kondenswasser am Boden des Tauchgerätes sammeln, der bedingt durch die Herstellung der dickste Teil des Tauchgerätes ist. Bei eintretender Korrosion ist der Boden erheblich widerstandsfähiger als die dünnen Seitenwände.

Kaufempfehlung

Ein Tauchgerät muss beim Kauf eine Bauartzulassung für das Land aufweisen, in dem es verwendet wird. Die Größe und das damit verbundene Gewicht des Gerätes sollte dem Benutzer angepasst sein. Beim Kauf gebrauchter Tauchgeräte ist auf eine gültige Bauartzulassung und gültigen TÜV zu achten.

Nitrox-Tauchgeräte

Wie bereits erwähnt unterliegt das Tauchen mit Nitrox in Deutschland zurzeit noch anderen Bedingungen als im Ausland. Es dürfen nur spezielle Flaschenventile verwendet werden, die ein Anschrauben eines herkömmlichen Pressluftatemreglers nicht erlauben. Das Tauchgerät und dessen Ventil müssen sauerstofffrei sein und laut Druckgasverordnung in Deutschland am Flaschenhals weiß als Sauerstoff-TG (Tauchgerät) gekennzeichnet sein. Des Weiteren müssen die Flaschen mit einem breiten gelb-grünen Nitrox-Aufkleber sowie einem Anhänger gekennzeichnet sein mit den folgenden für den Benutzer lebenswichtigen Angaben: Fülldatum, Sauerstoffgehalt, maximale Einsatztiefe, Name dessen, der den Sauerstoffgehalt analysiert hat, Name des Tauchers, der dieses Nitroxtauchgerät benützen wird. Diese Daten sollten mit einem abwaschbaren Stift aufgeschrieben und nach dem Tauchen wieder entfernt werden.

Kreislauftauchgeräte (Rebreather)

Kreislauftauchgeräte werden seit vielen Jahrzehnten im militärischen Bereich verwendet und ermöglichen Kampftauchern ein heimliches Eindringen in Hafenbecken ohne verräterische Luftblasen. In den letzten Jahren wurden sie auch für Sporttaucher entwickelt, wegen der Kosten und des Zeitaufwandes, der nötig ist, um die Geräte vor und nach dem Tauchgang fachgerecht zu versorgen, haben sie sich nicht für die breite Masse der Sporttaucher durchgesetzt.

Die Rebreather sind jedoch für Filmer und Unterwasserfotografen interessant, die sich ohne Blasengeräusche in der Unterwasserwelt bewegen können.

Durch die Wiederaufbereitung der verbrauchten Atemluft muss für lange Tauchgänge wesentlich weniger Atemgasvorrat mitgenommen werden.

Der Kauf eines Kreislaufgerätes ist nur mit einem entsprechenden Ausbildungsnachweis möglich. Die Vorbereitung des Tauchgerätes ist wesentlich zeitaufwändiger als bei Pressluft- oder Nitrox-Tauchgeräten.

Die Tarierung erfolgt zu 100 Prozent mit dem Tarierjacket. Da die Ausatmung in einen Atembeutel erfolgt, kann nicht mit der Lunge tariert werden.

Das halb geschlossene System

Beim halb geschlossenen System, wie zum Beispiel dem Dräger Ray, atmet der Taucher durch das Ventilmundstück. Das ausgeatmete Gas wird durch den Ausatemschlauch in den Ausatembeutel geleitet. Von dort gelangt das Gas in die CO_2-Absorbtionspatrone. Das überschüssige Gas wird aus dem Ausatembeutel durch das einstellbare Überdruckventil an die Umgebung abgegeben.

Das von CO_2 gereinigte Ausatemgas strömt in den Einatembeutel, während gleichzeitig Frischgas über ein lungenautomatisches Bypassventil zugeführt wird. Von dort gelangt es wieder in den Einatemschlauch. Richtungsventile steuern die Flussrichtung. Der Kreislauf ist geschlossen.
Mit dem Dräger Ray kann nur mit einem fest eingestellten Nitrox-Gemisch (50 Prozent N_2 und 50 Prozent O_2 sowie einer maximalen Einsatztiefe von 22 Metern getaucht werden, während man das Dräger Dolphin durch verschiedene voreingestellte Dosierungseinsätze mit unterschiedlichen Sauerstoff-/Stickstoff-Gemischen verwenden kann. Das Dräger Dolphin wurde für den Sporttaucher konstruiert und darf bis zu einer Tauchtiefe von 40 Metern eingesetzt werden.

Das geschlossene System
Beim geschlossenen Kreislaufgerät, wie zum Beispiel dem abgebildeten Buddy Inspiration, wird das ausgeatmete Gas wieder aufbereitet. Dies geschieht, indem das durch stille Verbrennung im Körper entstandene Kohlendioxyd durch chemische Bindung in einem Absorber (O_2 Scrubber) aus der Ausatemluft herausgefiltert wird.
Ein mit drei Sauerstoffzellen ausgestatteter Sauerstoffregler überwacht den Sauerstoffgehalt im Atemgas und mischt, wenn nötig, über ein Magnetventil reinen Sauerstoff zu, um den vorgewählten Sollwert zu halten. Sauerstoff wird über einen Druckminderer einer Drei-Liter-Flasche mit reinem Sauerstoff entnommen.
Damit der Sauerstoffpartialdruck nicht über einen maximalen Druck ansteigt (1,6 bar), muss der reine Sauerstoff verdünnt werden, zum Beispiel mit Pressluft. Durch diese Verdünnung können Sie tiefer tauchen als bis zur Grenze von sechs Metern für geschlossene Kreislaufgeräte mit reinem Sauerstoff. Die Tiefengrenze bei Verwendung von Luft als Verdünnungsgas liegt bei 50 Metern, bei Verwendung von Helium als Verdünnungsgas bei 100 Metern. Entscheidend sind Art und Menge der mitgeführten Atemgase für einen eventuellen Notaufstieg. Sie müssen für den gesamten Tauchgang qualitativ und quantitativ ausreichen.

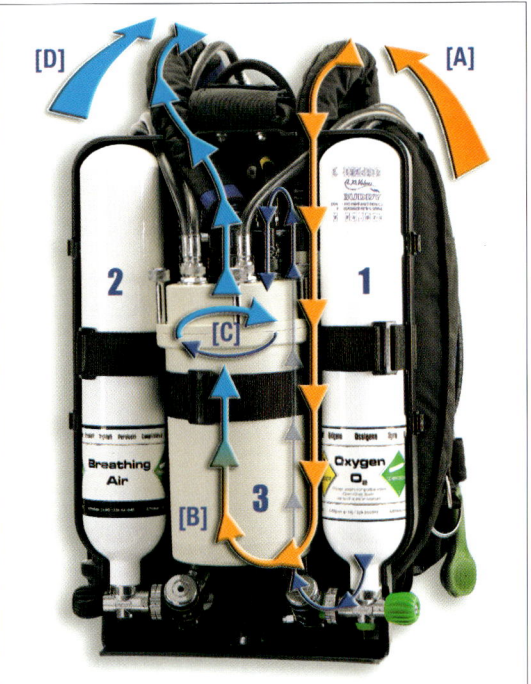

Flaschenventile

An jeder Tauchflasche befindet sich ein Einschraubgewinde. Die Bezeichnung des Gewindes, zum Beispiel M25/2ISO, ist sowohl an der Flaschenschulter des Tauchgerätes als auch am Ventil eingeprägt. Stimmt die Bezeichnung des Ventils nicht mit dem am Tauchgerät überein, darf dieses Ventil dort nicht verwendet werden.
Ein einfaches Ventil lässt sich gegen den Uhrzeigersinn öffnen und im Uhrzeigersinn schließen. Nach dem vollständigen Öffnen wird das Ventil wieder eine halbe Umdrehung geschlossen, dies verhindert, dass der Ventilsitz durch seitliche Schläge beschädigt werden kann. Der Dichtsitz ist aus weichem Material, daher sollte das Ventil ohne Kraftaufwand geschlossen werden. Ein Wasserschutzrohr ragt von der Unterseite des Ventils in das Tauchgerät und verhindert, dass Schmutzpartikel und Feuchtigkeit in das Ventil gelangen, wenn die Flasche auf dem Kopf liegt oder gestellt wird. Oft filtert ein zusätzlicher Feinfilter im Ventil bzw. am Wasserschutzrohr die Korrosionspartikel aus. Beim DIN-Ventil wird der Atemregler in ein Innengewinde geschraubt, die Abdichtung geschieht durch den O-Ring am Druckminderer.

Flaschenventile für Mono- und Doppelgerät DIN und INT

Beim INT-Ventil befindet sich der dichtende O-Ring am Flaschenventil, die Befestigung des Atemreglers erfolgt hier mit einem Bügel, der über das Ventil gestülpt und festgeschraubt wird.

Bei Verwendung einer einzelnen Tauchflasche empfiehlt sich die Anschaffung eines Doppelventils, bei dem sich beide Anschlussmöglichkeiten unabhängig voneinander öffnen und schließen lassen.

Beim Tauchen in kalten Gewässern können an diesem Ventil zwei getrennte Atemregler benützt werden. Sollte einer der Atemregler vereisen und abblasen, so kann das zuführende Ventil geschlossen werden, ohne die Luftzufuhr für den zweiten unabhängigen Atemregler zu unterbrechen.

Transport

Verwenden Sie einen einschraubbaren Ventilstopfen beim Transport und bei der Aufbewahrung, um das DIN-Ventil vor Schmutz und Beschädigung zu schützen.

Für INT-Ventile sind spezielle Ventilkappen erhältlich, um dem Verlust des O-Ringes und einer Beschädigung der Dichtfläche vorzubeugen.

Instrumente

Taucheruhren

Zur Messung unserer Tauchzeit, zur Kontrolle der Einhaltung von Grund-, Aufstiegs- und Dekompressionszeiten werden Taucheruhren verwendet.

Diese speziellen, druckdichten Uhren sollten bis 20 bar (= 200 Meter) Druck geprüft sein. Sie verfügen über eine verschraubte Krone, einen speziell abgedichteten Boden und kratzfestes Glas, um ein Eindringen von Wasser zu verhindern. Ein gegen den Uhrzeigersinn drehbarer Stellring ermöglicht uns bei analogen Modellen das exakte Ablesen der bereits verstrichenen Tauchzeit. Bei digitalen Modellen ist oft ein Sensor integriert, der sich automatisch bei Kontakt mit Wasser aktiviert. Je nach

Modell werden unterschiedliche Daten des Tauchgangs gespeichert, zum Beispiel Tauchzeit, Tiefe, maximale Tiefe und Temperatur.

In Verbindung mit einer Tauchtabelle können Sie die ungefähre Stickstoffsättigung errechnen bzw. von der Tabelle ablesen. Das Armband sollte flexibel sein oder mit speziellen Verlängerungsstücken so angepasst werden können, dass Sie die Uhr über dem Tauchanzug tragen können.

Tiefenmesser

Er wird heute meist nur noch als zusätzliches Kontrollinstrument neben dem Tauchcomputer verwendet. Man unterscheidet zwei Arten.

Analoge Tiefenmesser

Durch die Zunahme des Umgebungsdrucks beim Abtauchen wird je nach Modell der Druck unterschiedlich übertragen. Einfache Modelle zeigen nur die aktuelle Tiefe an, beim Modell mit Schleppzeiger zieht ein Zeiger einen anderen Zeiger mit sich, der dann bei der erreichten maximalen Tiefe stehen bleibt.

Digitale Tiefenmesser

Bei digitalen Tiefenmessern erfolgt die Messung über einen Drucksensor, der sich bei Kontakt mit Wasser meistens selbst aktiviert und die zunehmende Tiefe ab 1,5 Meter speichert. Die Tauchzeit, maximale und aktuelle Tiefe während des Tauchgangs in einem Display angezeigt.

Tauchcomputer

Die aufgeführten Funktionen von Uhr, Tiefenmesser und Tauchtabelle sind im modernen Tauchcomputer vereint.

Im Gegensatz zum Tauchen mit der Tauchtabelle, die darauf basiert, dass der Taucher die gesamte Zeit in einer Tiefe verbringt, ermöglicht uns der Computer Tauchgänge in verschiedene Tiefen. Dabei gelten jedoch die gleichen Regeln wie bei der Benützung von Tauchtabellen: tiefste Tiefe zuerst, von tief zu flach, keine Jojo-Tauchgänge. Ein Tauchcomputer sollte den Taucher bei der Durch-

führung seines Tauchgangs unterstützen, jedoch nicht zu blinder Instrumentengläubigkeit führen. Die angezeigten Daten für Sättigung und Entsättigung basieren auf einem theoretischen Rechenmodell, nicht auf den tatsächlich vorhandenen Werten des Tauchers. Anhand eines theoretischen Rechenmodells wird die Auf- bzw. Entsättigung des Tauchers mit Stickstoff simuliert.

Die theoretisch berücksichtigten Gewebegruppen bezeichnet man als Kompartimente. Moderne Tauchcomputer berücksichtigen durchschnittlich 12 verschiedene Kompartimente.

Je nach Hersteller und Modell werden nicht nur die für die Sättigung hauptsächlich verantwortlichen Faktoren wie Tauchzeit, verbrachte Zeit in der Tiefe und maximale Tiefe, sondern auch Aufstiegsgeschwindigkeit, Temperatur und erhöhter Luftverbrauch durch Anstrengung berücksichtigt. Bei einigen neuen Modellen kann der Taucher sogar stufenweise konservativere Rechenmodelle aktivieren. Dies erhöht die persönliche Sicherheit beim Tauchen in kalten Gewässern, bei anstrengenden Tauchgängen und mehrmaligem Tauchen an einem Tag bzw. im Urlaub über mehrere Tage hinweg.

Tauchinstrumente als Arm- und Konsolenmodell

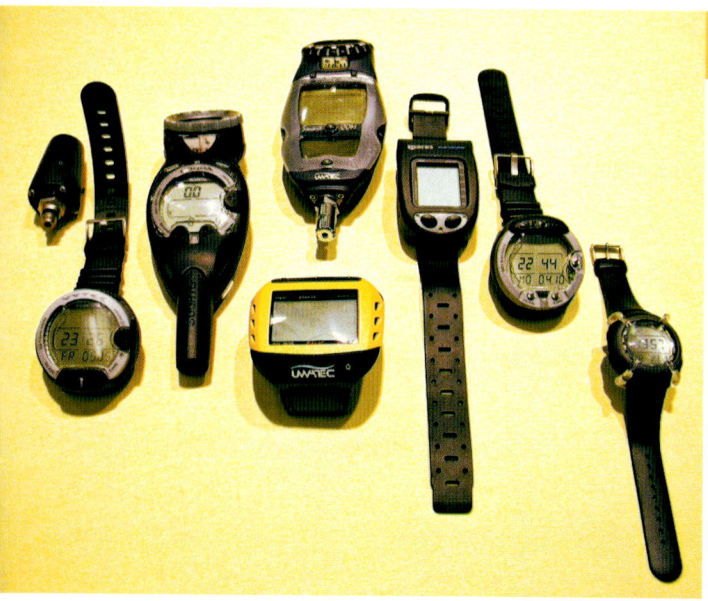

Nullzeitcomputer

Die einfachste und günstigste Version eines Tauchcomputers, ein Nullzeitrechner, basiert auf dem theoretischen Rechenmodell, das der Taucher immer innerhalb der Nullzeit tauchen wird und keinerlei Dekompressionsstopps notwendig sind. Bei Überschreitung der zulässigen Nullzeit wird zwar oft angezeigt, dass ein Dekompressionstopp notwendig ist, abhängig von Hersteller und Modell kann diese Anzeige jedoch stark variieren. Überschreitungen der zulässigen Aufstiegsgeschwindigkeit werden häufig nur optisch angezeigt.

Dekompressionscomputer (Deko-Computer)

Bei diesem Computer werden eventuell notwendige Dekompressionsstopps genau mit Zeit und Tiefe angezeigt. Diese meist teureren Modelle verfügen über zusätzliche Funktionen wie Nitroxtauglichkeit, automatische Höhenanpassung beim Bergseetauchen und zusätzlich zu den optischen, auch akustische Warnsignale.

Nach dem Tauchgang speichert der Computer die aufgezeichneten Daten in einem elektronischen Logbuch. Bei vielen modernen Tauchcomputern können diese Daten über eine PC-Schnittstelle übertragen werden. Eine grafische Darstellung der Tauchgangsdaten, des getauchten Profils und deren Speicherung bzw. Bearbeitung und Auswertung wird so ermöglicht. Wenn Sie vor dem Erreichen der vom Computer vorgegebenen Entsättigungszeit wieder tauchen, wird der im Körper verbliebene Reststickstoff in die Berechnung des nächsten Tauchgangs mit einbezogen.

Zum Tauchen mit Nitrox können zahlreiche Modelle auf die exakte Mischung eingestellt werden. Die Simulation der Stickstoffsättigung aufgrund des reduzierten Stickstoffanteiles und die Überwachung des zulässigen Sauerstoffpartialdruckes im Gewebe werden anhand von Nitrox-Rechenmodellen durchgeführt.

Viele Modelle verfügen über eine ganze Reihe von Zusatzfunktionen wie akustische Warnsignale, Uhr und Weckfunktion, Temperaturmessung, automatische Höhenanpassung für Bergseetauchgänge, graphische Stickstoff-Sättigungsanzeige, empfohlener und verbindlicher Sicherheitsstopp oder Hintergrundbeleuchtung, die individuell eingestellt werden kann.

Luftintegrierte Tauchcomputer

Die Übertragung des Flaschendrucks findet über den direkten Anschluss am Hochdruckschlauch oder schlauchlos über einen Sender am Hochdruckabgang der Ersten Stufe auf den Tauchcomputer statt. Der Flaschendruck wird entweder im gleichen Display mit den Tauchgangsdaten oder in einem separaten Display zusammen mit der Zeit angezeigt, die der Taucher bei dem Luftverbrauch noch in dieser Tiefe verbleiben kann. Falls die verbleibende Nullzeit kürzer ist als die theoretische Luftzeit, wird bei manchen Computern nur noch die verbleibende Nullzeit angezeigt.

Bei Erreichen des individuell einstellbaren Mindestdrucks wird der Taucher akustisch über die noch verbliebene Reserve informiert.

Um seinen lebensnotwendigen Luftvorrat im Auge zu behalten, kann der Taucher statt eines luftintegrierten Tauchcomputers auch das klassische Finimeter verwenden.

Das Finimeter

Als Finimeter wird ein druckfestes Unterwassermanometer bezeichnet, das über einen Hochdruckschlauch am Hochdruckabgang der Ersten Stufe angeschlossen wird.

Der Flaschendruck wird meistens in 10 bar Schritten angezeigt, wobei die letzten 50 bar als optische Warneinrichtung für das nahe Ende des Luftvorrates rot markiert sind. Das Display ist fluoreszierend, leuchtet also bei trüben und dunklen Tauchgängen nach, wenn es vorher durch eine Lichtquelle angestrahlt wird.

Kompass

Der Kompass erleichtert dem geübten Taucher selbst bei schlechter Sicht und großen Entfernungen vom Ziel die Navigation unter Wasser. Die Modelle haben ein mit Flüssigkeit gefülltes Gehäuse, in dem sich eine Kompassnadel (deren Bewegungen durch die Flüssigkeit gedämpft werden) und eine Kompassrose befinden. Auf der Gehäuseoberseite befinden sich eine Peillinie (ähnlich Kimme und Korn, die das Anpeilen markanter Punkte von Land oder Boot aus erleichtert) und ein drehbarer Ring mit einer 360-Grad-Einteilung. Der Kompass ist als Arm- oder Konsolenmodell erhältlich. Minimodelle zum Aufschieben auf das Uhrenarmband dienen nur der groben Orientierung. Der Kompass wird möglichst weit vor dem Körper gehalten; der ganze Körper des Tauchers bildet so die Verlängerung der Peillinie. Das Erlernen der korrekten Benützung des Kompasses ist Bestandteil des Spezialkurses Navigation.

Konsolen

Konsolen dienen zur Aufbewahrung mehrerer Instrumente beim Tauchen. Die Kombinationsmöglichkeiten sind fast unbegrenzt. Meistens werden Finimeter, Tauchcomputer und Kompass zusammen verwendet. Beim Tauchen sollte die Konsole am Tarierjacket gesichert werden, damit sie nicht am Boden oder über das Korallenriff schleift und die darauf befindlichen Instrumente immer leicht erreichbar und ablesbar sind.

Tarierjackets

Tarierjackets, oft nur einfach »Jacket« genannt, ermöglichen es dem Taucher unter Wasser einen schwerelosen Zustand herzustellen. Dieser wird auch neutrale Tarierung genannt. Mit dem Tarierjacket kann der zunehmende Abtrieb in der Tiefe ausgeglichen werden oder kleine schwere Gegenstände geborgen werden. Sie dienen auch als Schwimmhilfe und zum Ausruhen an der Wasseroberfläche.

Durch eine integrierte Trageschale kann das Tauchgerät befestigt und somit bequem vom Taucher auf dem Rücken getragen werden. Das Außenmaterial besteht bei modernen Jackets aus äußerst widerstandsfähigem Nylon, Cordura und aus Kevlarmischungen.

Verstellbare Brust- und Schultergurte sorgen für eine gute und bequeme Passform, die individuell an die jeweilige Figur angepasst werden kann. Taschen, die vorzugsweise verschließbar sein sollten, und Befestigungsmöglichkeiten wie Haken, Ösen und D-Ringe ermöglichen das Mitführen und sichere Befestigen von Zusatzausrüstungen wie Lampe, Kamera und Ersatzteilen.

Die heutzutage verwendeten Tarierjackets sind in verschiedene Typenformen unterteilt.

Das Stab-Jacket

Es (engl. stabilizing = stabilisieren) hat einen Auftriebskörper, der sich über Brust und Rücken verteilt, um dem Taucher eine möglichst stabile und bequeme Lage im Wasser zu ermöglichen.

Stab-Jacket

Das Masterjacket der Firma Scubapro erfüllt als einziges Tarierjacket die Anforderungen für eine Rettungsweste und ermöglicht einem verunfallten Taucher bei Ohnmacht eine sichere Lage an der Wasseroberfläche. Der Taucher wird hier bei normaler Verteilung der Gewichtssysteme in Rückenlage gebracht. Durch das Prinzip drei umlaufender Luftringe wird eine stabile Lage über und unter Wasser ermöglicht.

Das ADV-Jacket

Die Auftriebskörper befinden sich meist an Schultern und Rücken; das Jacket ist über Schultergurte und Bebänderungen individuell einstellbar.

Das Wing-Jacket

Es hat flügelähnliche (engl.: wing) Auftriebskörper am Rücken, die es dem Taucher ermöglichen eine waagrechte Position zu erreichen. Diese Jackets sind sehr beliebt bei Filmern und Fotografen.

Teck-Jackets

Eine Modulbauweise ermöglicht die Verwendung von verschiedenen Auftriebskörpern die je nach verwendeter Gerätekonfiguration Anwendung finden.

Bauweisen

Hinsichtlich der Bauweise unterscheidet man zwischen einschaligen und zweischaligen Tarierjackets. Das einschalige Tarierjacket besteht aus einer verschweißten Blase, das zweischalige aus zwei getrennten Teilen, einer Innenblase und Außenhülle. Die Mindestanforderungen an ein Jacket sind ein Auftriebsvolumen von 15 Litern Luft (das jedoch nur für kleine schlanke Taucher/innen ausreicht). Je mehr Auftrieb ein Tarierjacket besitzt, umso mehr Sicherheitsreserven hat der Taucher, aber auch mehr Packvolumen und Gewicht.

Das Jacket verfügt über einem flexiblen Inflatorschlauch mit Inflatoranschluss, der mit der Inflatorkupplung am Mitteldruckschlauch verbunden wird und das Aufblasen des Jackets mit Luft aus der Tauchflasche ermöglicht. Außerdem muss das Jacket mit einem Überdruckventil ausgestattet sein, das ein Platzen verhindert, und einem Schnellablass, um beim Aufstieg die sich ausdehnende Luft abzulassen.

Eine Mundaufblasvorrichtung ermöglicht es dem Benutzer, sein Jacket mit der Ausatemluft zu füllen oder bei Fehlfunktion des Inflators weiter tarieren zu können. Dabei wird wechselweise mit dem

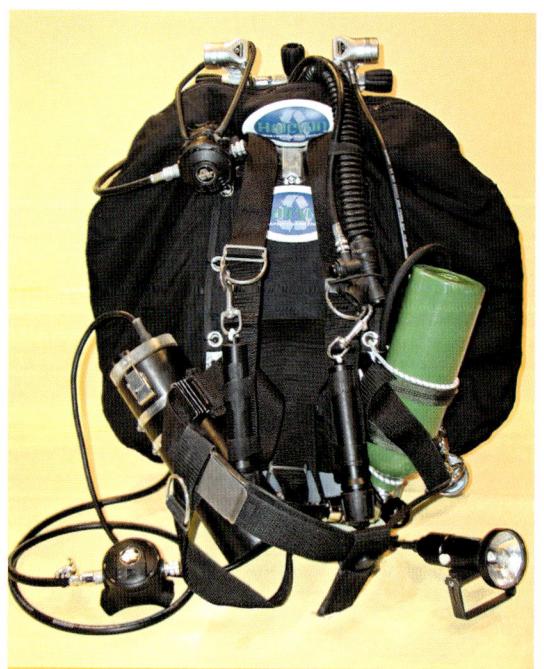

Unten links: Wing- und Teck-Jacket
Unten rechts: ADV-Jacket

Atemregler eingeatmet und die Ausatemluft nach Drücken des entsprechenden Knopfes in das Tarierjacket ausgeatmet.

Das Mundstück ist meistens klein gehalten, um ein Verwechseln mit dem so genannten Westenautomaten (Mischung aus Inflator und Atemregler) auszuschließen.

Bei vielen modernen Tarierjackets ist das Mitführen eines Gewichtsgurtes unnötig, weil sie über integrierte Bleitaschen verfügen, in die die Gewichte gesteckt werden können. Die Bleitaschen müssen ein stabiles Schnellabwurfsystem besitzen, damit das Blei im Notfall genauso wie ein Gewichtsgurt schnell abgeworfen werden kann.

Achtung: Wird die vom Hersteller angegebene maximale Zuladung überschritten, kann sich die Bleitasche unbeabsichtigt lösen, was möglicherweise zum Verlust der Tarierungskontrolle, zum schnellen Aufstieg und zur Gefahr eines Dekompressionsunfalls führt.

Nach dem Tauchgang sollte das Tarierjacket mit klarem Süßwasser gespült und das Wasser, das beim Tarieren in das Jacket eingedrungen ist, abgelassen werden.

Gewichtssysteme

Taucher brauchen Blei, um den Auftrieb von Ausrüstungsgegenständen und des eigenen Körpers auszugleichen.

Alle Gewichtssysteme müssen für einen Notfall über ein Schnellabwurfsystem verfügen.

Das geläufigste System zum Mitführen von Gewichten ist der aus stabilem Gewebe bestehende Bleigurt. Auf diesen werden Bleistücke aufgefädelt oder eingehängt und nach Bedarf verteilt. Werden zusätzlich so genannte Bleistopper angebracht, verhindert das das Verrutschen der Bleistücke. Eine Variante des klassischen Bleigurtes, der Taschenbleigurt, hat mehrere Taschen, die mit Klett- oder Reißverschluss geschlossen werden und in die das Blei gesteckt wird. Gewichte können hier schnell ausgetauscht werden. Zum Tauchen mit dünnen Anzügen oder einfach für mehr Komfort gibt es eine Vielzahl von gepolsterten Versionen.

Das überstehende Ende des Bleigurtes sollte nicht länger als 15 bis 20 Zentimeter sein und darf nicht verknotet werden, um im Notfall die Schnellabwurfschnalle öffnen zu können.

Für Taucher mit Rückenproblemen kann ein so genannter Hosenträgergurt hilfreich sein, der nicht über der Hüfte, sondern als Hosenträgersystem getragen wird und damit ein Drücken der Bleigewichte auf die Lendenwirbel verhindert.

Viele moderne Tarierjackets vereinen die Vorteile von Hosenträgergurt und gepolstertem Bleigurt durch integrierte Bleitaschen.

Das Jacket liegt durch das Blei besser an, durch die gepolsterte Rückentragschale drückt und zwickt nichts und das Blei selber kann nicht verrutschen.

Verwendete Gewichte sind gegossene Bleistücke, beschichtete Bleistücke (das nackte Metall wird mit einem Kunststoffüberzug versehen) und Bleischrot (kleine Bleikugeln in verschweißten Beuteln) in Gewichten von 0,5 bis 5 Kilogramm. Meistens werden jedoch 1 und 2 Kilogramm Stücke verwendet.

Fußgewichte sind ringförmige, mit Bleischrot gefüllte Gewichtssysteme, die Tauchern mit hohem Auftrieb an den Beinen (meistens Trockentauchern) eine bessere Wasserlage verschaffen sollen.

Tauchanzüge

Ein Tauchanzug dient sowohl als Kälteschutz als auch als Schutz gegen Verletzungen oder Abschürfungen. Je nach Einsatzgebiet sind Tauchanzüge in verschiedenen Materialien und Materialstärken erhältlich.

Das am meisten verwendete Material ist Neopren. Dies ist ein mit feinsten Luftbläschen aufgeschäumtes Kautschukgemisch, das zum besseren Komfort beim An- und Ausziehen sowie um eine schnelle Beschädigung des weichen Materials zu verhindern, eine Kaschierung (ein Stoff, der auf das Neopren aufgearbeitet wird) besitzt.

Zusätzlich wird unter dieser Kaschierung oft eine Titaniumbeschichtung angebracht, die die Körperwärme des Tauchers reflektiert und für eine bessere Isolierung sorgt. Für Tropentauchanzüge wird auch Lycra (ein Nylongemisch) verwendet, das aus Komfortgründen mit Fleece und/oder Neopren beschichtet bzw. vermischt sein kann.

Reinigen Sie die Anzüge nach dem Tauchen mit Süßwasser, hängen Sie sie ohne Knicke und Falten auf und trocknen Sie sie im Schatten.

Nasstauchanzug

Das sind Anzüge, bei denen Wasser in den Anzug eindringt und als dünne Schicht zwischen Haut und Tauchanzug liegt. Da das von der Haut erwärmte Wasser leichter wird und nach oben steigt, sollte der Tauchanzug möglichst gut sitzen, um ein Nachströmen von kaltem Wasser an Arm-, Bein- und Halsöffnung sowie am Reißverschluss zu vermeiden. Die Materialstärke beträgt zwischen

Nasstauchanzüge von links nach rechts: Halbtrockenanzug mit Rückenreißverschluss, Shorty und Nasstauchanzug

2 und 7 Millimeter. Der Tauchanzug ist entweder mit einem vertikal oder diagonal verlaufenden Front- oder einem Rückenreißverschluss ausgestattet. Arm und Beinöffnungen sind zum besseren An- und Ausziehen meist ebenfalls mit Reißverschlüssen versehen.

Es gibt verschiedene Arten wie zum Beispiel den Shorty (ein dünner Anzug mit kurzen Armen und Beinen) oder eine Abwandlung davon mit langen Beinen und kurzen Armen oder den klassischen Overall mit langen Armen und Beinen. Am Overall selber oder an einer zusätzlichen Jacke ist bei den Kaltwassermodellen eine Kopfhaube angebracht. Manchmal wird allerdings auch eine separate Kopfhaube beigelegt.

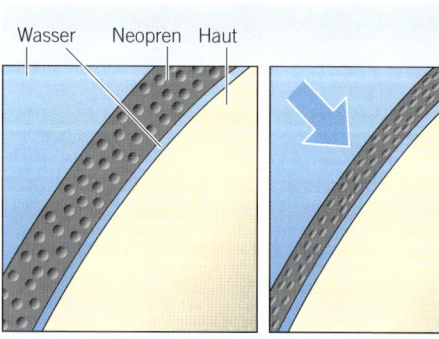

Wasser   Neopren   Haut

Neoprenanzug an der Oberfläche

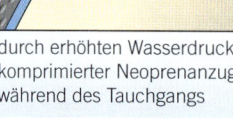

durch erhöhten Wasserdruck komprimierter Neoprenanzug während des Tauchgangs

Druckeinwirkung auf Nasstauchanzüge aus Neopren

An den stark beanspruchten Stellen, wie zum Beispiel den Knien, befinden sich in den meisten Fällen spezielle Materialverstärkungen. Der Tauchanzug sollte innen und außen doppelt vernäht und geklebt sein, ein zusätzliches Abkleben der Nähte auf der Innenseite erhöht den Tragekomfort des Anzuges.

Halbtrockentauchanzüge

So werden Nasstauchanzüge bezeichnet, die spezielle doppelte Dichtmanschetten an Armen und Beinen, überlappendes Neopren an den Reißverschlüssen oder einen gasdichten Reißverschluss besitzen. Dadurch unterbindet man das Eindringen von Wasser.

Die Kopfhaube ist im Gesichtsbereich oft mit Glatthautneopren (ohne Kaschierung) ausgestattet, um eine möglichst gute Abdichtung zu gewährleisten.

Trockentauchanzüge

Dabei handelt es sich um luftdicht abgeschlossene Tauchanzüge mit angeschweißten Füßlingen. Sie werden aus Neopren, komprimiertem Neopren und Trilaminat (drei zusammen verschweißte Materialien) hergestellt.

Neoprentrockentauchanzüge isolieren durch die im Neopren vorhandenen Luftbläschen. In sehr kaltem Wasser kann auch ein dünner Unterzieher getragen werden. Beim Trilaminatanzug ist das Tragen von speziellen Unterziehern mangels Eigenisolierung nötig. Unterzieher aus Fleece, Thermomaterial mit eingearbeiteten Titanpartikeln zur besseren Wärmeisolierung durch Reflektion der Körperwärme sind im Handel erhältlich. Es empfiehlt sich auch das Tragen von Funktionswäsche, also Unterwäsche, die Schweiß und Feuchtigkeit von der Haut wegtransportiert.

Das Anziehen eines Trockentauchanzuges erfolgt über den gasdichten Reißverschluss, der entweder quer über den Rücken oder über Rücken und Schulter verläuft. Am Hals sorgt eine Dichtmanschette dafür, dass auch hier kein Wasser eindringen kann.

Um die Hände vor Unterkühlung zu schützen, können Sie entweder herkömmliche Nasstauch-

Handschuhen oder spezielle Trockentauch-Handschuhe tragen. Die Trockentauch-Handschuhe sind entweder fest mit dem Anzug verschweißt oder können über ein aufsteckbares Ringsystem vor dem Tauchgang aufgesteckt werden.

Regelmäßige Pflege und das Bestäuben der Latexmanschetten mit Talkum verlängern die Lebensdauer und erleichtern das Anziehen. Die Isolierung erfolgt durch die Luftschicht zwischen Anzug und Haut, da kein Wasser eindringen kann. Da die Luftschicht im Anzug mit zunehmender Tiefe komprimiert wird, muss beim Abtauchen über einen am Trockentauchanzug befindlichen Inflator Luft in den Anzug gegeben werden. Die sich beim Aufstieg ausdehnende Luft lassen Sie über ein separa-

Trilaminat-Trockentauchanzug

Beim Tauchen in kalten Gewässern sollte der Taucher die Hände mit Tauchhandschuhen vor Auskühlung schützen, beim Wracktauchen vor Schnitten und Abschürfungen.

Im mäßig kalten Wasser (bis 15 Grad Celsius) werden meist Fünffinger-Handschuhe verwendet, im kalten Wasser Dreifinger-Handschuhe oder Trockentauch-Handschuhe.

Wer in warmen Gewässern Handschuhe trägt, neigt dazu alles anzufassen. Korallen und Tiere sollten jedoch keinesfalls berührt werden, um deren empfindliche, schützende Schleimschicht nicht zu beschädigen.

Kompressoren

Ohne Kompressor können wir unsere Tauchflaschen nicht füllen. Die geläufigsten Modelle sind mehrstufige Atemluftkompressoren, bei denen sich der Ansaugschlauch an einem gut belüfteten Ort befinden sollte. Die Luft wird durch einen Filter angesaugt, der das Eindringen von Grobschmutz verhindern soll. Durch einen weiteren Luftfilter, der feinen Schmutz wie Staub und Sand ausfiltert, gelangt sie in die erste Stufe. Von dort wird die Luft weiter über ein Saugventil in den Zylinder gesaugt und nach Verdichtung durch den Kolben über ein Druckventil an die nächste Stufe weitergegeben. Dieser Vorgang wiederholt sich, bis der gewünschte Druck erreicht ist. Da sich die komprimierte Luft stark erwärmt, sind zwischen die einzelnen Stufen Kühlvorrichtungen geschaltet. Mehrere Öl- und Wasserabscheider stellen sicher, dass keine Feuchtigkeit in das zu befüllende Tauchgerät gelangen kann. Am Ende durchläuft die Luft noch eine Filterpatrone, die aus Aktivkohle und Molekularsieb besteht. Diese so genannte Triplexpatrone sorgt für trockene, geruchs- und geschmacksneutrale Luft. Ein einstellbares Sicherheitsventil überwacht den zu erreichenden Maximaldruck und schaltet den Kompressor bei dessen Erreichen aus.

tes Auslassventil ab, das sich meist an Arm oder Schulter befindet.

Da Sie mit beschädigten Anzügen nicht mehr tarieren können, sollten Sie aus Sicherheitsgründen immer auch ein Tarierjacket tragen.

Tauchen Sie nur mit einem Trockentauchanzug, wenn Sie den Spezialkurs »Trockentauchen« erfolgreich abgeschlossen haben und somit über das notwendige Wissen verfügen.

Kopfhauben und Handschuhe

Der Taucher verliert etwa 40 Prozent seiner Körperwärme über den Kopf. Deshalb ist es notwendig, im kühleren Wasser Neoprenkopfhauben zu verwenden.

Kopfhauben sind entweder bereits fest mit dem Tauchanzug bzw. dessen Jacke verbunden oder als separate Kopfhauben im Handel erhältlich.

Die Eishaube ist eine dünne Kopfhaube, die nur Augen, Nasenöffnung und Mund freilässt und beim Tauchen in kalten Gewässern oder beim Eistauchen zusätzlich unter der Kopfhaube getragen werden kann.

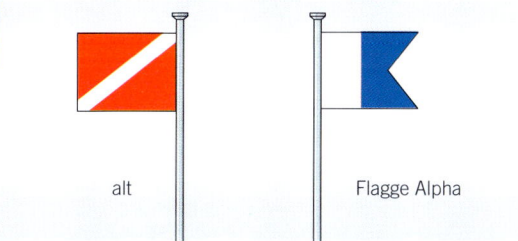

alt   Flagge Alpha

Zusatzausrüstung

Die Zusatzausrüstung umfasst alle zusätzlichen Teile, die der Taucher je nach Einsatzzweck mit sich führen kann oder sollte.

Tauchtaschen

Sie dienen zum Transport der gesamten Ausrüstung. Da diese je nach Umfang ziemlich schwer sein kann, sind Taschen mit Rollen oder Rucksacksysteme erste Wahl für Reisende.
Die Größe sollte für eine komplette Ausrüstung ausgelegt sein, Taschen und Rucksäcke für zwei komplette Ausrüstungen sind oft zu schwer und kaum noch zu heben bzw. zu tragen.
»Abtropffreundliche« Staufächer für Füßlinge und Flossen sowie gepolsterte Taschen für Atemregler sind in der Zwischenzeit bei den meisten Taschen Standard.

Ersatzteile

Eine kleine wasserdichte Kunststoffbox mit Ersatzmundstück und Kabelbinder für den Atemregler (wenn das Mundstück der Leihausrüstung nicht so ansprechend ist), sollten Sie immer dabei haben.
In diese Box gehören auch ein Ersatzmasken- und bei offenen Flossen ein Ersatzflossenband, um bei einem Reißen des Bandes nicht auf eine schlecht sitzende Ersatzausrüstung ausweichen zu müssen.
Für erfahrene Taucher ist ein kleiner Werkzeugsatz mit allen notwendigen Gabel- und Imbusschlüsseln sowie ein Ersatzteilset für den Atemregler zweckmäßig. Für fast alle Atemregler sind so genannte »Holidaykits« erhältlich, die alle für eine Wartung erforderlichen Teile enthalten.
Ein kleines Tauchermesser oder eine Schere ist zu empfehlen, um sich damit bei einem Verfangen in

Achtung: Das Öffnen eines Atemreglers durch nicht autorisiertes Fachpersonal kann nicht nur zum Verlust der Garantie führen, sondern auch für den Benutzer lebensgefährlich werden!

Resten von Angelschnüren befreien zu können. Die dabei verwendeten Materialien sind hochwertiges rostfreies Edelstahl oder Titan.
Moderne Tauchermesser können Sie sowohl am Bein als auch am Jacket oder mit speziellen Halterungen am Inflatorschlauch befestigten.

Signalmittel

Bojen und Tauchflaggen sind in vielen Ländern zur Markierung und zum Kenntlichmachen des Tauchplatzes notwendig. Vorschrift dafür ist die Flagge Alpha des internationalen Flaggenalphabetes. In vielen Gebieten findet man dennoch auch die alte rote Flagge mit weißem Diagonal- oder Querbalken, teilweise mit abgebildetem Taucher. Es empfiehlt sich in jedem Fall die Mitnahme einer Signalboje, die an einer Leine kurz vor dem Aufstieg mit Luft gefüllt zur Wasseroberfläche gesendet wird, um den eigenen Standort kenntlich zu machen.
Eine Boje ist keine Garantie für sicheres Auftauchen, viele Surfer missbrauchen solche Signalbojen als Wendeboje und rauschen im Zentimeterabstand daran vorbei.
Es gibt eine Vielzahl von optischen und akustischen Signalmitteln sowohl für unter als auch über Wasser. Die optischen Signalmittel an der Wasseroberfläche umfassen Signalblitzgeräte, Schussgeräte für Leuchtraketen sowie die zuvor genannten Signalbojen. Bei den akustischen Signalmitteln lösen Hochdruckpfeifen und Hupen, die am Inflatorschlauch befestigt werden können, langsam die klassische Signalpfeife ab. Diese funktionieren jedoch nur mit genügend Restdruck in der Tauchflasche.
Um unter Wasser auf sich aufmerksam zu machen, gibt es zum Beispiel Tankbanger, ein Gummiring mit Kunststoffkugel, der über die Tauchflasche gezogen wird und beim Ziehen an der Kugel auf das Metall der Tauchflasche knallt. Ein Shaker ist ein gefülltes Rohr mit Metallkugel, das beim

tauchgerät gefüllt, bis der Auftrieb des Ballons minimal größer ist als der Abtrieb des zu bergenden Gegenstandes.

Beim Aufstieg muss die sich im Ballon ausdehnende Luft durch Ventile kontrolliert abgelassen werden, um ein »Durchschießen«(unkontrollierter Aufstieg) des Ballons zu verhindern.

Gegen das gefürchtete Umkippen des Hebeballons hat sich die Birnenform als am stabilsten erwiesen. Wenn ein Hebeballon zur Seite abkippt, verliert er seinen Auftrieb durch schlagartiges Ablassen aller Luft. Der zu bergende Gegenstand fällt unkontrolliert in die Tiefe.

Tauchlampen

Sie werden überall dort benötigt, wo das Umgebungslicht nicht mehr ausreicht. Die gewünschte Größe und Leistung (und damit auch der Preis) sind abhängig vom Einsatzzweck. Kleine batteriebetriebene Lampen eignen sich dazu, in ein kleines Loch hineinzuleuchten oder als Ersatzleuchte, um beim Ausfall der Hauptbeleuchtung noch die Tauchinstrumente ablesen zu können.

Größere Modelle verfügen über wiederaufladbare Akkus aus Nickel-Metall-Hydrid oder Nickel-Cadmium. Spotstrahler geben das Licht sehr gebündelt ab; beim Breitstrahler (Flood) wird das Licht in großer Streuung »weich« abgegeben. Breitstrahler besitzen eine geringere Blendwirkung als Spotstrahler.

Hochwertige Lampen können in Stufen oder stufenlos »gedimmt« werden, um zum Beispiel beim Betrachten eines tief schlafenden Fisches die Blendwirkung abzuschwächen.

Die Akkuleistung einer Tauchlampe sollte bei 50 Watt für ca. 1 Stunde Brenndauer ausreichen. Bei vielen Lampen wird das Ende der Akkukapazität durch optische und/oder akustische Signale angezeigt.

Zusätzlich verfügen manche der modernen Tauchlampen über eine SOS-Funktion. Bei Aktivierung des SOS-Schalters blinkt die Lampe das international bekannte SOS-Zeichen.

Schütteln laut klappert. Auch mit Pressluft betriebene Geräte sind im Handel erhältlich, die Verwendung dieser Signalmittel sollten vor dem Tauchgang abgesprochen werden und nur im Notfall geschehen. Taucher, die ihren Partner bei jedem Fisch mit einem Klappern, Klopfen oder Hupen nerven, brauchen sich nicht zu wundern, wenn dieser durch das vorausgegangene »Konzert« abgestumpft ist und bei einem Notfall nicht mehr auf solche Signale reagiert. Wer seinem Tauchpartner eine Nachricht zukommen lassen möchte, kann dies auch mit einer Schreibtafel tun.

Leinen und Hebeballons

Leinen, die auf Rollen, so genannte Reels gewickelt sind, dienen zum Befestigen von Signalbojen und zum Abmessen von Entfernungen. Stärkere Leinen in Signalfarben kommen beim Wrack-, Höhlen- und Eistauchen als Handleine zum Einsatz, um den sicheren Ausgang zu finden.

Hebeballons dienen zum Bergen schwerer Gegenstände, für die der Auftrieb des Tarierjackets nicht mehr ausreicht. Ein leerer Hebesack (oder mehrere, je nach Größe des Objektes) wird am Objekt befestigt und nach dem Prinzip des Archimedes mit Ausatemluft oder einem separaten Pressluft-

Unterwasserlampen leisten gute Dienste: Man kann die Farbenpracht unter Wasser genießen und im Notfall auf sich aufmerksam machen.

Es ist sinnvoll, eine schützende Neoprenhülle über das Lampengehäuse zu ziehen, um dieses vor Schlägen und Kratzern zu schützen.

Zur Befestigung oder Sicherung von Lampen, Unterwasserfotoapparaten oder -videokameras sind mittlerweile viele verschiedene Karabinerhaken, Klickverschlüsse, Klettbänder, Spiralkabel und Retriever (ausziehbare Schnüre, die sich nach Entlastung über ein Federsystem wieder selbst aufrollen) in unterschiedlichen Formen und Farben erhältlich. Diverse Halterungen gibt es auch zur Sicherung der alternativen Luftversorgung. Verwenden Sie vorzugsweise Halterungen, die das Mundstück des Atemreglers vor Eindringen von Schmutz oder Sand schützen, sich jedoch im Notfall schnell und unproblematisch lösen lassen.

Da der Schnorchel an der linken Seite der Maske von Gerätetauchern meist als sehr störend empfunden wird, wurden andere Schnorchelhalter entwickelt. Man kann zum Beispiel eine Halterung am Flaschengurt befestigen, dadurch ist der Schnorchel gut aufgeräumt und bei Bedarf trotzdem leicht zu erreichen.

Die Tauchlampe sollte wegen möglicher Überhitzung nicht außerhalb des Wassers eingeschaltet werden. Spülen Sie die Tauchlampen nach dem Tauchgang mit klarem Süßwasser und entleeren Sie den Akku. Dadurch verhindern Sie beim Laden den mit der Zeit auftretenden unerwünschten »Memory Effekt«. Dies bedeutet, dass sich der Akku den Entladezustand »merkt«. Wird zum Beispiel immer eine zu 50 Prozent entladene Lampe an das Ladegerät angeschlossen, verringert sich die Leistung des Akkus spürbar um die Hälfte. Bei Lampen mit Überlade- und Tiefentladeschutz kann der Akku durch eine elektronische Sperre weder überladen noch zu tief entladen werden, dies wirkt sich positiv auf die Lebensdauer aus. Die Einschaltstrombegrenzung schont die verwendeten Leuchtkörper. Es empfiehlt sich eine ausreichende Anzahl von Ersatzbirnchen mitzuführen. Bei längerer Lagerung muss der Akku der Tauchlampe regelmäßig geladen und wieder entladen werden, um die Funktion des Akkus aufrechtzuerhalten. Die vom jeweiligen Hersteller in der Bedienungsanleitung gegebenen Empfehlungen sind in jedem Fall einzuhalten.

Die Schnappbewegung des Anglerfisches gehört zu den schnellsten Bewegungen im Tierreich.

Wiederholungsfragen Kapitel 4

Anfänger

1. Welche Anforderung an eine Tauchmaske ist die Wichtigste?

a) ein großes Volumen

b) ein eingebauter Schnorchel

c) normales Fensterglas

d) die Möglichkeit zum Druckausgleich

2. Ein Schnorchel muss folgende Eigenschaften besitzen:

a) Er soll einen Durchmesser von 18 bis 25 mm haben.

b) Er darf nicht länger als 35 cm sein und sollte am oberen Ende mit einer Signalfarbe gekennzeichnet sein.

c) Das Mundstück soll bequem sein und darf keine Scheuerstellen erzeugen.

d) Alle oben genannten Eigenschaften sind richtig.

3. Wie sollten die Flossen eines Sporttauchers beschaffen sein?

a) Die Flossen sollen möglichst hart sein.

b) Die Flossen sollten aus Gummi sein.

c) Länge und Härte der Flossen sollten dem Trainingszustand des Sporttauchers entsprechen.

d) Die Flossen sollten möglichst lang sein.

4. Wie sollte man einen Nasstauchanzug pflegen?

a) Bis zum nächsten Tauchgang in eine Tasche packen.

b) Mit klarem Süßwasser abspülen, dann im Schatten zum Trocknen aufhängen.

c) Nach jedem Tauchgang desinfizieren.

d) Mit viel Talkum vor jedem Tauchgang einpudern.

5. Welche Beschreibung der internationalen Taucherflagge ist richtig?

a) rechteckige Form mit weißen und blauen Quadraten

b) dreieckige Form mit einer weißen und blauen Spitze

c) rechteckige Form roter Hintergrund mit weißem diagonalem Streifen

d) die Flagge A des internationalen Flaggenalphabetes, weiß-blau senkrecht geteilt

6. Wie viel Mindestauftriebvolumen sollte ein Tarierjacket aufweisen?

a) ein Volumen von mindestens 10 l

b) das ist abhängig von der verwendeten Bleimenge

c) ein Volumen von mindestens 15 l

7. Wozu dient ein Atemregler?

a) zur Erniedrigung des Flaschendrucks auf den Luftdruck.

b) zur Erhöhung des Flaschendrucks auf den Umgebungsdruck.

c) zur Erhöhung des Flaschendrucks auf den Luftdruck.

d) zur Gleichsetzung von Umgebungs- und Flaschendruck.

8. In welchen Abständen muss ein Presslufttauchgerät aus Stahl vom zuständigen Prüforgan geprüft werden?

a) alle 2 Jahre

b) jedes Jahr

c) alle 6 Jahre

d) alle 4 Jahre

9. Wozu benutzt man einen Tauchcomputer?

a) zur genauen Berechnung von Tauchgänge

b) zur Kontrolle der Tauchzeit, Tauchtiefe, der Nullzeit und des Dekostopps

c) zur Steuerung von Behandlungen in der Dekokammer

d) zur Erfassung von Tauchunfällen

10. Was ist das wichtigste Merkmal eines Bleigurtes?

a) Er soll leicht verstellbar sein.

b) Er muss eine Schnellabwurfschnalle besitzen.

c) Die Gewichte müssen je zur Hälfte auf jeder Körperseite verteilt sein.

d) Die Festigkeit des Gurtes.

Fortgeschrittene

1. Was versteht man unter einem zweistufigen Einschlauch-Atemregler?

a) einen Atemregler mit zwei Schläuchen

b) Erste und Zweite Stufe sind durch einen Hochdruckschlauch miteinander verbunden.

c) zwei getrennte Zweite Stufen an einem Abgang

d) Der Flaschendruck wird über zwei Stufen, die miteinander durch einen Mitteldruckschlauch verbunden sind, von Flaschendruck auf Umgebungsdruck reduziert.

2. Durch welche Maßnahme werden Erste Stufen für Tauchgänge in kaltem Wasser 100-prozentig vereisungssicher?

a) Einschlauchatemregler können nicht vereisen, da der Druck langsam über zwei Stufen reduziert wird.

b) Durch Glyzerinfüllungen, Gefrierschutzkappen etc.

c) Es gibt keinen 100-prozentigen Schutz gegen Vereisung im kalten Wasser.

3. Welche Aussage über moderne Tauchcomputer ist falsch?

a) Tauchcomputer können Rechteck- und Multileveltauchprofile berechnen.

b) Die Stickstoffberechnung findet exakt nach den tatsächlich im menschlichen Körper stattfindenden Sättigungs- und Entsättigungsprozessen statt.

c) Das Auftreten von Dekompressionskrankheiten ist bei der Benützung von Tauchcomputern keinesfalls ausgeschlossen.

4. Wie verändert sich das Volumen eines Trockentauchanzuges beim Abtauchen?

a) Das Volumen wird kleiner.

b) Das Volumen bleibt gleich, da ständig Luft in den Anzug gegeben wird.

c) Die Frage kann mit diesen Angaben nicht sicher beantwortet werden, da die Volumenänderung abhängig vom verwendeten Material ist.

5. Die Mindestausstattung einer Taucheruhr umfasst …

a) gut ablesbare Ziffern, Wasserdichtigkeit bis 40 Meter, stabiles Armband, Beleuchtung.

b) Stellring mit Zeiteinteilung (der Ring ist nur gegen den Uhrzeigersinn drehbar), kratzfestes Kristallglas, druck- und wasserdicht bis 200 Meter, verschraubbare Krone, verstellbares Armband, Leuchtziffern, deutlich ablesbare Ziffern und Zeiger.

c) Stellring mit Zeiteinteilung (der Ring ist nur im

Uhrzeigersinn drehbar), kratzfestes Kristallglas, druck- und wasserdicht bis 200 Meter.

6. Beim Tauchen mit Nitrox-Tauchgeräten …

a) kann die normale Ausrüstung weltweit bis 40 Prozent Sauerstoffanteil verwendet werden.

b) müssen die gesetzlichen Bestimmungen des jeweiligen Landes unbedingt eingehalten werden.

c) dürfen Atemregler für Luft nur mit speziellen Adaptern verwendet werden.

d) müssen alle verwendeten Ausrüstungteile gefettet werden.

7. Wie wird ein Trockentauchanzug richtig gelagert?

a) trocken aufhängen ohne Knickstellen

b) Reißverschlüsse mit Wachs behandeln

c) Dichtmanschette mit Talkum einpudern

d) Alle Antworten sind richtig.

8. Welche Mindestausstattung muss ein Tarierjacket besitzen?

a) ein Volumen von mindestens 15 Litern, Signalfarbe, Westentasche, Schnellablass, eine Bebänderung, eine Atemvorrichtung und ein Überdruckventil

b) ein Volumen von mindestens 15 Litern, Überdruckventil, eine Mundaufblasvorrichtung, Schnellablass, Signalpfeife, Inflator

c) ein Inflator, eine Mundaufblasvorrichtung und eine Signalpfeife

9. Was bedeutet die Abkürzung SCUBA?

a) geläufige Abkürzung für Taucher

b) Self contained underwater breathing apparatus

c) Self contained underwater buoancy apparatus

10. Wie ist ein Drucklufttauchgerät nach der Druckbehälterverordnung u.a. zu kennzeichnen?

a) beliebige Lackierung mit der Aufschrift Tauchgerät

b) weiße Lackierung mit eingestanztem Wort Tauchgerät

c) weiße Lackierung mit schwarzem Ring um die Flaschenschulter, Aufschrift Druckluft-TG

d) grauer Flaschenhals mit gelber Schrift PTG

Antworten siehe Seite 173

Mögliche Gefahren

Tauchen ist eine sehr sichere Sportart. Das Risiko eines Dekompressionsunfalles liegt zum Beispiel bei einem Fall pro 15 000 bis 20 000 Tauchgänge. Die meisten Erkrankungen und Verletzungen entstehen durch ein Fehlverhalten des Tauchers und können durch eine gute Ausbildung und den richtigen Umgang mit Risikofaktoren vermieden werden. Im folgenden Kapitel werden die am häufigsten vorkommenden Erkrankungen, Verletzungen sowie ihre Symptome und Behandlung beschrieben.

Entstehung von Tauchunfällen

Das plötzliche Versagen der Tauchausrüstung kann zwar auftreten, es ist aber bei den heute verwendeten modernen Materialen und Fertigungstechniken sehr selten.Die häufigsten Ursachen von Tauchunfällen sind:

- Unsicherheit des Tauchers durch mangelhafte oder ungenügende Ausbildung.
- Ausreizen und Überschreiten der physischen und psychischen Grenzen mit Durchführung von Tauchgängen, für die der Taucher nicht ausgebildet oder konditionell nicht in der Lage ist.
- Nichtbeachtung von Sicherheitsstandards vor, während und nach dem Tauchgang.
- Nicht oder nicht richtig durchgeführte Ausrüstungschecks vor dem Tauchgang.
- Verwendung von schadhafter oder nicht passender Tauchausrüstung.
- Zu großer Abstand während des Tauchgangs zum Tauchpartner.
- Dehydrierung.

Durch die systematische Auswertung von Tauchunfällen, die zum Beispiel bei DAN seit vielen Jahren betrieben wird, konnten potenzielle Risikofaktoren besser erkannt und vermieden werden. Die Anzahl der Tauchunfälle ist in den letzten Jahren prozentual zur Anzahl der Taucher zurückgegangen.

Erwähnt werden soll in diesem Zusammenhang der unermüdliche Einsatz aller verantwortungsvollen Tauchausbilder, die bestrebt sind die Ausbildungsrichtlinien ständig zu verbessern und zu aktualisieren.

Aufgrund der vorliegenden aktuellen Forschungsergebnisse werden diese ständig weiter modernisiert und den heutigen Gegebenheiten angepasst. Erwähnt werden sollte allerdings auch, dass die Tauchmedizin wie andere Disziplinen der Medizin eine »Erfahrungs-Wissenschaft« ist: So wie letztendlich der Dekompressions-Computer nur mit Wahrscheinlichkeiten rechnet, einen Dekompressionsunfall zu erleiden oder zu vermeiden, so stößt auch die moderne Medizin immer wieder an Grenzen.

Die Sicherheit des Einzelnen steht dabei immer im Vordergrund.

Wer zahlt?

Bei »normalen« Verletzungen wie Quetsch- oder Schnittwunden erfolgt bei Bestehen einer Auslandsversicherung die Kostenübernahme durch die Krankenkasse, bei bleibenden Schäden durch die Unfallversicherung. Sich vorher zu informieren sollte genauso zu den regulären Reisevorbereitungen gehören wie das Einholen von Informationen über notwendige Impfungen.

Bei Dekompressionsunfällen ist dies jedoch seit Anfang 2000 anders. Sollte eine Behandlung in einer Druckkammer notwendig sein, werden die Kosten von der gesetzlichen Krankenversicherung in der Regel primär nicht mehr übernommen. Deshalb lohnt Nachfragen bei der Krankenkasse mit Abheften der schriftlichen Bestätigung. Auch bei privaten Krankenversicherungen und Unfallversicherungen sollte man den Leistungskatalog (Dekompressionsunfall, Lungenüberdehnung etc.) erfragen und sich die Informationen schriftlich bestätigen lassen.

Die Kosten einer Dekompressionsbehandlung in einer Druckkammer können 500 € und mehr pro Stunde betragen. In schweren Fällen sind oft mehrere Druckkammerfahrten verteilt über mehrere Tage und Wochen notwendig.

Sollte die eigene Versicherung nicht eintreten, ist der Abschluss einer Zusatzversicherung sinnvoll. Bei manchen Tauchreiseveranstaltern ist diese Versicherung für die Dauer des Urlaubes schon enthalten oder kann am Urlaubsort gegen geringe Gebühr abgeschlossen werden.

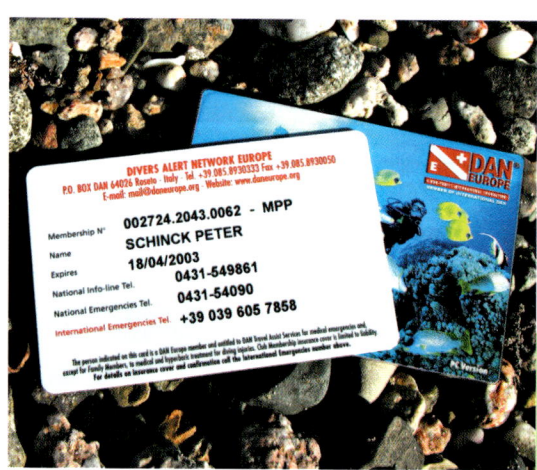

Über den Verband Deutscher Sporttaucher www.vdst.de und Divers Alert Network www.dan-europe.org können Taucher gegen Entrichtung einer geringen Jahresgebühr eine weltweit gültige Dekoversicherung abschließen. Diese beinhaltet je nach Versicherungspaket noch zusätzliche Leistungen wie Zahlung bei Verlust der Tauchausrüstung oder Haftpflichtversicherung. Mitglieder von Tauchclubs sind meist über ihren Verein gruppenversichert.

Mit der Versicherungskarte erhalten Sie eine international gültige Notrufnummer, mit der Sie einen Taucherarzt verständigen können, der Ihre Sprache spricht.

Verletzungen durch direkte Auswirkung des Drucks

Alle durch Druckunterschiede entstehenden Verletzungen bezeichnet man als Barotrauma (aus dem Griechischen baros = Druck, trauma = Verletzung).

Barotrauma des Außenohres

Zu Schädigungen des Außenohres kann es bei Verwendung von Ohrenstöpseln, eng anliegenden oder luftdicht abschließenden Kopfhauben sowie bei Verschluss des Gehörganges durch Ohrenschmalz kommen.

In jedem dieser Fälle entsteht beim Abtauchen ein relativer Unterdruck zwischen dem luftdicht abgeschlossenen Teil des Gehörganges und dem Trommelfell. Das Trommelfell wölbt sich mit zunehmendem Unterdruck und Schmerz nach außen in den Gehörgang und reißt ein. Ohrenstöpsel und Ohrenschmalzpfropf können sich durch den entstehenden Unterdruck in Richtung Trommelfell bewegen und dieses perforieren.

Eine regelmäßige Untersuchung beim Ohrenarzt und fachkundiges Entfernen von überflüssigem Oh-

Die geringen Gebühren für eine spezielle Tauchunfallversicherung zahlen sich im Notfall sehr schnell wieder aus.

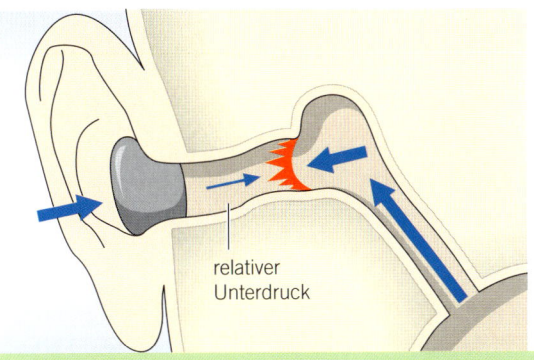
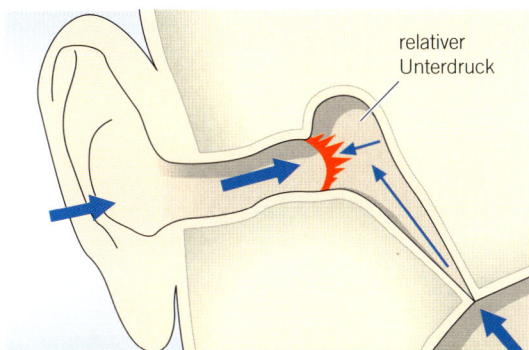

Links: **Barotrauma des Außenohres, der Unterdruck zwischen dem Stöpsel und dem Trommelfell führt zum Platzen des Trommelfells nach außen.**
Rechts: **Barotrauma des Mittelohres, der Unterdruck im Mittelohr führt zum Platzen des Trommelfells nach innen.**

renschmalz sollte zur Routine vor dem Tauchurlaub gehören. Ohrenstöpsel verbieten sich von selbst beim Tauchen. Eng anliegende Kopfhauben sollten während des Abstieges mit den Fingern angehoben werden, damit Wasser hereinströmen kann.

Barotrauma des Mittelohres

Die mit Luft gefüllte Paukenhöhle des Mittelohres unterliegt wie alle luftgefüllten starren Körperhöhlen den Einwirkungen des Drucks. Sie steht über die Eustachische Röhre, auch Ohrtube genannt, mit dem Nasenrachenraum in Verbindung. Über diese Ohrtube kann beim Abtauchen ein Druckausgleich erzeugt werden.
Wird der Druckausgleich nicht regelmäßig durchgeführt, kommt es zu einer schmerzhaften Wölbung des Trommelfelles nach innen. Der entstehende Unterdruck wird durch Austritt von Gewebsflüssigkeit und Blut in die Paukenhöhle ausgeglichen. Beim Blick in das Ohr durch einen Ohrenspiegel erscheint das Trommelfell nicht mehr leicht transparent, sondern gespannt, mit Flüssigkeit gefüllt oder sogar blutunterlaufen, häufig zeichnen sich die Gehörknöchelchen ab. Bei einem leichten Barotrauma kann unter Umständen nach eingehender Untersuchung und Diagnose durch einen HNO-Arzt weitergetaucht werden.

Riss des Trommelfelles

Findet beim Abtauchen kein richtiger Druckausgleich statt oder wird er durch Pressen erzwungen, kann es zum Riss des Trommelfelles kommen.

Der anfangs zunehmende Dehnungsschmerz lässt plötzlich nach und der Betroffene leidet durch den Temperaturunterschied des einströmenden Wassers an Drehschwindel und Orientierungsverlust. Dieser Drehschwindel wird auch als Vertigo bezeichnet. Im Fall eines Trommelfellrisses muss auf jeden Fall ein Ohrenarzt konsultiert und eine mehrwöchige Tauchpause eingelegt werden.

Gewaltsamer Druckausgleich

Wird bei Problemen der Druckausgleich mit Gewalt durchgeführt, trifft der massiv einschießende Luftstrom auf die miteinander verketteten Gehörknöchelchen. Dies kann zu Zerstörung der Verkettung und dauerhafter Schwerhörigkeit oder Gehörverlust führen. Die Druckwelle pflanzt sich im flüssigkeitsgefüllten Bereich des Innenohres fort und kann Drehschwindel oder sogar einen Riss des runden Fensters verursachen. Ein gerissenes rundes Fenster führt in den meisten Fällen zu einer dauerhaften Schädigung des Hörsinnes.

Vermeidung und Vorbeugung

Der Druckausgleich sollte lieber zu oft als zu wenig erfolgen, jedoch niemals mit Gewalt.
Führen Sie ihn so oft aus, dass keinerlei Druckeinwirkungen spürbar sind. Die bei manchen Tauchern gängige Praxis, den Druck erst auszugleichen, wenn er fast unerträglich ist, erhöht das Risiko eines Barotraumas.
Kann der Druckausgleich nicht erfolgen, muss in eine Tiefe aufgestiegen werden, in der keinerlei

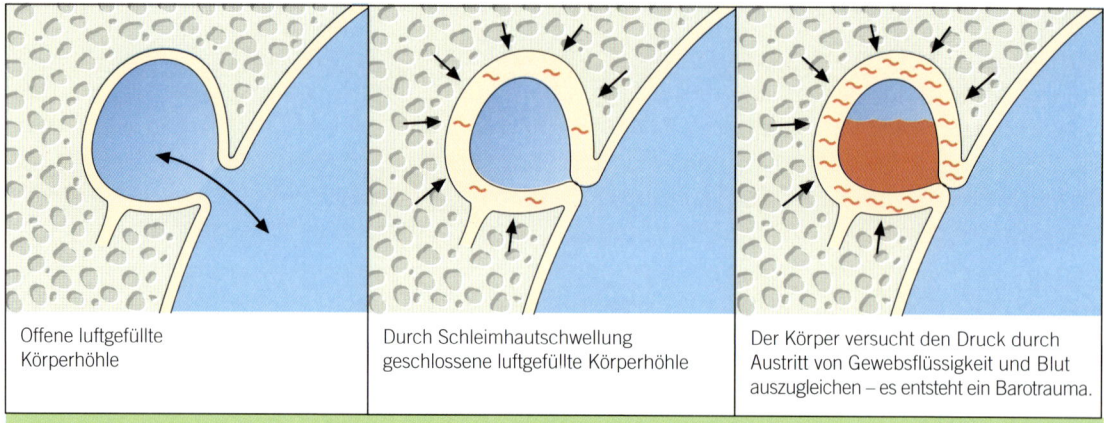

Offene luftgefüllte Körperhöhle	Durch Schleimhautschwellung geschlossene luftgefüllte Körperhöhle	Der Körper versucht den Druck durch Austritt von Gewebsflüssigkeit und Blut auszugleichen – es entsteht ein Barotrauma.

Barotrauma einer starren luftgefüllten Körperhöhle

Druckeinwirkungen spürbar sind und der Druckausgleich muss wiederholt werden.

Wer Probleme mit dem Druckausgleich hat, sollte nicht kopfüber abtauchen, sondern sich mit den Füßen voraus langsam senkrecht absinken lassen. Ideal wäre Abtauchen an einem Ankerseil.

Barotrauma der Kiefer- und Stirnhöhlen

Die Kiefer- und Stirnhöhlen, Siebbeinzellen und die Keilbeinhöhle sind mit dem Nasen-Rachen-Raum verbunden.

Sind diese Verbindungen durch eine Erkältung angeschwollen, verschließen sich die luftgefüllten Höhlen und es kommt beim Abtauchen zu einem relativen Unterdruck. Durch Austritt von Gewebsflüssigkeit und Blut versucht der Körper den entstehenden Unterdruck auszugleichen.

Symptome

Zunehmender Schmerz des betroffenen Bereiches beim Abtauchen. Die Kieferhöhlen können bei Belüftungsstörungen auf die Zahnwurzeln ausstrahlen und fälschlicherweise für Zahnschmerzen gehalten werden.

Vermeidung

Tauchen Sie nicht, wenn Sie an einer Erkältung leiden und die Verbindungskanäle der Nasennebenhöhlen angeschwollen sind. Der in den meisten Fällen auftretende stechende Schmerz beim Abtauchen in geringer Tiefe reicht aus, um auch den Unbelehrbaren zu belehren.

Abschwellende Medikamente

Von der Verwendung abschwellender Medikamente bei Erkältungen ist dringend abzuraten, da manche von ihnen bei Nachlassen der Wirkung zu erhöhten Schwellungen des betroffenen Bereiches führen können. Unter Wasser würde dies zu einer Umkehrblockierung (Reverse Block) führen.

Bei nachlassender medikamentöser Wirkung kann die unter Überdruck in den Hohlräumen gesammelte Luft beim Auftauchen nicht entweichen. Dies wäre für den Taucher äußerst schmerzhaft.

Barotrauma der Zähne

Durch schadhafte Füllungen oder Karies kann es zum Einschluss von Luftblasen im Zahn kommen, die sich beim Auftauchen ausdehnen und durch den Überdruck zu starken Schmerzen und manchmal zum Verlust von Zahnfüllungen oder zu Zahnsprengungen führen. Schmerzen im Oberkieferbereich entstehen jedoch auch bei Belüftungsstörungen der Kieferhöhle. Eine regelmäßige Untersuchung beim Zahnarzt sollte deshalb für jeden Taucher zur jährlichen Routine gehören.

Maskenbarotrauma (Maskensqueeze)

Der luftgefüllte Hohlraum in der Tauchmaske unterliegt den gleichen physikalischen Gesetzmäßigkeiten aller luftgefüllten Körperhöhlen. Beim Abstieg ist deshalb auf einen regelmäßigen Druckausgleich durch Einblasen von Luft durch die Nase in die Maske zu achten.

Wird dies versäumt, kommt es zu einem Unterdruckbarotrauma im Augenbereich. Der entstehende Unterdruck wird durch Einblutungen in die Augäpfel und umliegende Haut teilweise kompensiert. Wird weiter ohne Druckausgleich abgetaucht, können Zerrungen des Sehnervs und dauerhafte Schädigungen der Sehfähigkeit auftreten.
Bei Schwimmbrillen ist die Nase nicht mit eingearbeitet, somit kann in dem die Augen umschließenden luftgefüllten Hohlraum kein Druckausgleich erfolgen.

Symptome
Blutrote Augäpfel und blaue verfärbte Haut um die Augen nach dem Tauchen sind eindeutige Anzeichen für einen nicht durchgeführten Druckausgleich in der Tauchmaske. Je nach Schwere des Barotraumas kann es auch zu heftigen Sehstörungen kommen. Ein Augenarzt ist umgehend aufzusuchen.

Vermeidung
Zum Tauchen nur geeignete Masken verwenden, bei denen die Nase mit eingeschlossen ist.
Der Druckausgleich in der Tauchmaske muss regelmäßig durch leichtes Ausatmen durch die Nase in die Tauchmaske erfolgen, um eine Schädigung der Augen zu vermeiden.

Barotrauma der Haut
Bei Trockentauchanzügen oder eingeschlossenen Luftblasen bei zu eng sitzenden Tauchanzügen kann es durch Lufteinschluss zu Unterdruckbarotraumen der Haut beim Abtauchen kommen. Sichtbar sind diese als rote »knutschfleckartige« Striemen auf der Haut.
Vermeiden Sie dies durch regelmäßiges Einlassen von Luft in den Trockentauchanzug und Verwendung passender Kälteschutzanzüge.

Verletzungen der Lunge
Wie alle luftgefüllten Hohlräume unseres Körpers unterliegt die Lunge als größter von ihnen den direkten Einwirkungen des Drucks. Man unterscheidet zwischen Überdruck- und Unterdruckverletzungen. Diese Barotraumen können einzeln oder als Kombinationsformen auftreten.

Unterdruckbarotrauma der Lunge durch zu langen Schnorchel
Die vor vielen Jahren noch üblichen, auf ca. 70 Zentimeter Länge ausziehbaren Schnorchel haben zu einer Reihe von Lungenverletzungen geführt und dürfen deshalb heute nicht mehr verkauft werden.
Bei Verwendung eines derartigen Schnorchels befindet sich die Eintrittsöffnung an der Wasseroberfläche bei 1 bar, die Lunge jedoch in 70 Zentimeter Wassertiefe bei 1,07 bar. Der in der Lunge bestehende relative Unterdruck führt bereits in dieser geringen Tiefe zu Flüssigkeitsansammlungen und Schädigungen.
Durch den verlängerten Totraum (der Raum im Schnorchel, in dem kein Gasaustausch stattfindet) und Pendelatmung (wiederholtes Einatmen der verbrauchten Luft) kann es außerdem zu einer Kohlendioxydvergiftung kommen.

Blaustreifenschnapper *(Lutjanus kasmira)* treten meist in großen Schulen von vielen hundert Tieren auf.

Unterdruckbarotrauma beim Apnoetauchen

Beim Apnoetauchen, also beim Tauchen ohne Atemregler und Tauchgerät, wird die Lunge entsprechend der Zunahme des Umgebungsdrucks komprimiert.

Da der Elastizität der Lunge und des Brustkorbes Grenzen gesetzt sind, ist die zu erreichende maximale Tiefe vom Lungenvolumen und der Gesamtkapazität abhängig.

Wie auf Seite 34 beschrieben verbleibt nach völliger Ausatmung noch Luft in den starren Atemwegen. Diese ca. 1,5 Liter große Restmenge, wird als Residualvolumen bezeichnet.

Wird die Lunge stärker komprimiert als das Residualvolumen, kann es wie beim Atmen aus einem verlängerten Schnorchel zu Flüssigkeitsübertritt und Einblutungen in die Lunge kommen, um den entstehenden Unterdruck auszugleichen.

Jeder Schnorcheltaucher kann seine maximale Tiefe berechnen, sofern er die Vitalkapazität (die Menge Luft, die er maximal ein- und ausatmen kann, siehe Seite 34) seiner Lunge weiß.

Angenommen der Schnorcheltaucher hat eine Vitalkapazität von 4,5 Liter und ein Residualvolumen von 1,5 Liter, so ergibt dies eine Gesamtkapazität der Lunge von 6 Liter.

Nach dem Gesetz von Boyle-Mariotte nimmt das Volumen einer abgeschlossenen Menge Luft im gleichen Maße ab, wie der Druck zunimmt.

Um zu errechnen, wann die 1,5 Liter kritisches Volumen erreicht werden, teilt man die 6 Liter Gesamtkapazität bei 1 bar Druck durch die 1,5 Liter Restvolumen.

$$\frac{6 \text{ Liter} \times 1 \text{ bar}}{1,5 \text{ Liter}} = 4 \text{ bar}$$

Die theoretische maximale Tiefe wäre 4 bar gleich 30 Meter.

Da der Schnorchler jedoch nicht immer gleich viel einatmet und Luft durch den erforderlichen Druckausgleich in Maske, Ohren und Nebenhöhlen verloren geht, müssen 10 Meter Sicherheitspuffer eingerechnet werden, die maximale Tauchtiefe beträgt somit 20 Meter.

Bei reduzierter Vitalkapazität, die bei älteren oder untrainierten Menschen vorkommen kann, ist die sichere Tiefe oft wesentlich reduziert. Es kann bereits in relativ flachen Tiefen von 6 bis 12 Metern zu Lungenschädigungen kommen.

Überdruckverletzungen der Lunge

Wesentlich häufiger als Unterdruckverletzungen der Lunge sind Verletzungen, die durch Anhalten des Atems beim Aufstieg entstehen. Der durch die sich ausdehnende Luft entstehende Überdruck verursacht Lungenüberdehnungen oder sogar einen Lungenriss.

Aufstieg des Gerätetauchers

unter normaler Atmung | mit angehaltenem Atem

Tiefe

0 m — V = 1, D = 1, P = 1 | V = 1, D = 1, P = 1

10 m — V = 1, D = 2, P = 2 | Überdruck in den Lungen

20 m — V = 1, D = 3, P = 3 | V = 1, D = 4, P = 5 1/3

30 m — V = 1, D = 4, P = 4 | V = 1, D = 4, P = 4

Der Taucher muss kontinuierlich atmen und darf niemals die Luft anhalten. Unterbliebene Ausatmung beim Aufstieg führt zu Lungenüberdruckverletzungen wie Lungenriss oder -überdehnung.

Der Atemregler versorgt den Taucher mit einem Atemgemisch, das exakt dem Umgebungsdruck entspricht. Das Lungenvolumen bleibt immer gleich, die in der Lunge vorhandene Luftmenge steigt jedoch mit der Tiefe.

Ein Taucher, der bei 6 Liter Vitalkapazität in 10 Meter Tiefe voll einatmet, hat zwar weiterhin ein Volumen von 6 Liter Luft in der Lunge: Diese weist allerdings einen Druck von 2 bar auf, was einer Luftmenge von 12 Liter an der Wasseroberfläche entspricht (Gesetz von Boyle-Mariotte).

Beim Aufstieg und bei Reduzierung des Umgebungsdrucks dehnt sich die Luft in der Lunge aus. Bei normaler Atmung und Unterschreitung der maximal zulässigen Aufstiegsgeschwindigkeit wird ein ständiger Druckausgleich hergestellt.

Wird die Aufstiegsgeschwindigkeit erhöht, muss die sich schneller ausdehnende Luft durch vermehrte Ausatmung abgegeben werden. Kommt es beim Aufstieg zu einem bewussten oder unbewussten Anhalten der Luft durch Panik oder Stimmritzenkrampf, kann eine Lungenüberdehnung oder ein Lungenriss die Folge sein.

Symptome

Schmerzen im Lungenbereich direkt nach dem Auftauchen, Atemprobleme, blau verfärbte Lippen als Anzeichen von Sauerstoffmangel. Auftreten von neurologischen Symptomen wie Ausfall von Sinnesorganen und Lähmungserscheinungen.

Risikofaktoren

Eine junge, gesunde Lunge kann durch ihre Elastizität im Normalfall eine Überdehnung von ca. 20 Prozent ohne Schäden aushalten. Dies entspricht einem Auftauchen mit angehaltenem Atem aus nur 2 Meter Wassertiefe. Es bestehen jedoch einige Risikofaktoren, die das Auftreten einer Lungenüberdehnung oder eines Lungenrisses begünstigen.

Panikaufstiege

Unsichere Taucher, die sich unter Wasser aufgrund mangelnder Ausbildung oder eines schlechten Trainingszustands nicht wohl fühlen, neigen bei geringsten Anlässen zu Panikaufstiegen. Gründe dafür sind hauptsächlich Probleme mit der Atmung und Eindringen von Wasser in die Nase beim Maskenausblasen.

Hat der untrainierte Tauchanfänger das Gefühl nicht genug Luft zu bekommen oder nicht weiteratmen zu können, weil sich Wasser in der Maske befindet, kommt es häufig zu einem reflektorischen Atemanhalten und panikartigem Aufsteigen.

Nach einer internen Statistik, die auf persönlichen Beobachtungen bei Erfahrungen bei Checktauchgängen auf den Malediven über einen Zeitraum von zwei Jahren beruht, haben mehr als 65 Prozent der bereits zertifizierten Taucher Probleme, unter Wasser ohne Tauchmaske auf dem Gesicht ruhig zu atmen. In vielen Fällen kam es durch mangelnde Konzentration und Übung beim Fluten und Ausblasen der Tauchmaske dazu, dass Wasser in die Nasennebenhöhlen eindrang, was meist zu panikartigem Aufsteigen führte.

Während des Tauchkurses und danach sollten die wichtigsten Sicherheitsübungen regelmäßig wiederholt werden, so dass sie jederzeit ohne Probleme durchgeführt werden können.

Einatmen von Wasser

Bei Durchführung von Wechselatmung und Atmung aus einer alternativen Luftversorgung oder bei schadhaften Ein- und Ausatem-Membranen und eingerissenen Mundstücken kommt es bei ungeübten Tauchern oft zum Eindringen von Wasser in die Atemwege. Hustenanfälle und scheinbare Atemnot führen in vielen Fällen zu Panik und schnellem Aufstieg an die Wasseroberfläche bei angehaltenem Atem.

Wird während eines Hustenanfalles aufgestiegen, kann es durch den zeitweiligen Verschluss der Atemwege zu Lungenüberdehnungen oder sogar zum Lungenriss kommen.

Asthmaanfall

Durch Anstrengung und Atmen von extrem trockener, kalter Luft kann es zur Auslösung eines Asthmaanfalles kommen, zumal die Luft aus dem Pressluftauchgerät ja nicht über den Nasengang angefeuchtet wird. Der Betroffene kann nur noch schwerlich ausatmen, empfindet Atemnot und wird instinktiv sofort versuchen, schnellstmöglich die Oberfläche zu erreichen. Da die Atemwege jedoch teilweise krampfartig geschlossen sind, kann die sich ausdehnende Luft nicht entweichen, es kommt zur Schädigung der Lunge.

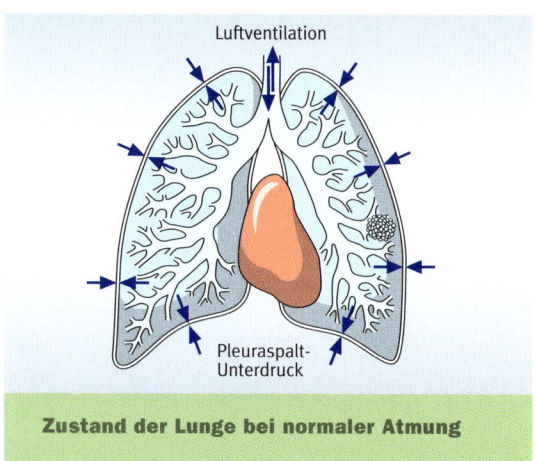

Zustand der Lunge bei normaler Atmung

Bei Asthmatikern, die regelmäßig cortisonhaltige Sprays benützt haben, ist das Lungengewebe vorgeschädigt und kann wesentlich schneller einreißen. Des Weiteren muss von einem Nachlassen der medikamentösen Wirkung beim Tauchen ausgegangen werden. Die meisten Formen von Asthma sind deshalb als Kontraindikation für die Tauchtauglichkeit zu sehen.

Stimmritzenkrampf

Bei Aufstiegen, die durch Panik oder durch Einatmen von kaltem Wasser verursacht werden, kann es zum Verschluss der Stimmritze kommen. Die Atmung ist komplett blockiert. Ein Stimmritzenkrampf löst sich meist selbst bei Bewusstlosigkeit nicht. Durch medizinisches Personal muss intubiert oder ein Luftröhrenschnitt angelegt werden.

Vormoidung:

Durch Verwendung von funktionierender gewarteter Tauchausrüstung und regelmäßige Ausrüstungschecks. Einhaltung des Partnersystems während des Tauchgangs erhöht nicht nur den Spaß, sondern auch die Sicherheit.
Partner- und Sicherheitsübungen, wie zum Beispiel das Atmen aus alternativer Luftversorgung, das Wiedererlangen des Atemreglers und das Fluten und Ausblasen der Tauchmaske, müssen auch nach dem Tauchkurs immer wieder geübt und wiederholt werden.Tauchgänge, für die der Taucher nicht ausgebildet oder fit ist, sollten generell nicht durchgeführt werden.

Nachlassen der Elastizität der Lunge

Bei älteren Menschen, Tauchern mit Vernarbungen in der Lunge, zum Beispiel durch abgeheilte Bronchitis oder alte Verletzungen sowie bei Asthmatikern und Rauchern kann die Elastizität der Lunge erheblich herabgesetzt sein.
Durch ein Anhalten des Atems kann es bei den Betroffenen sehr schnell zu einer Lungenüberdehnung oder einem Lungenriss kommen.

Lungenüberdehnung

Bei einer Lungenüberdehnung kommt es durch die Druckeinwirkung auf das Herz-Kreislauf-System zu Störungen, die sich in Schwindelanfällen äußern können. Die Problematik besteht hauptsächlich darin, dass eine Lungenüberdehnung so lange schmerzfrei ist, bis die Lunge reißt.

Lungenriss

Abhängig davon, wo die Lunge reißt, kommt es zu verschiedenen Erscheinungsformen. Befindet sich der Riss an der Lungenoberfläche, kann ein (Spannungs-)Pneumothorax entstehen. Bei einem zentralen Riss kommt es zu einem Luftübertritt in das Mediastinum, dem Raum zwischen Herz, Lunge und großen Gefäßen.

Pneumothorax

Wie auf Seite 33 beschrieben, ist die Lunge außen vom Lungenfell ausgekleidet, die Rippen innen vom Rippenfell. Zwischen diesen beiden aneinander gleitenden Gewebsschichten befindet sich der Pleuraspalt.
Durch einen Unterdruck in diesem Pleuraspalt wird im ausgeatmeten, entspannten Zustand ver-

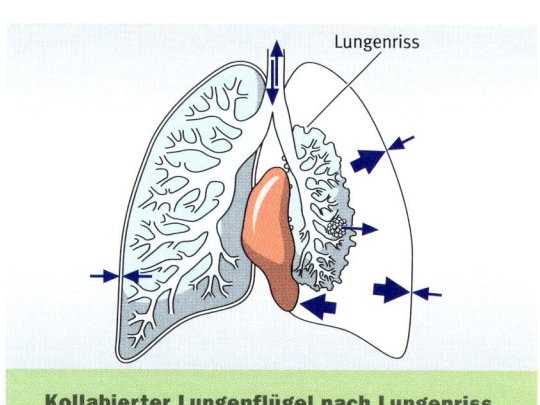

Kollabierter Lungenflügel nach Lungenriss

hindert, dass die Lunge zusammenfällt. Kommt es jedoch zum Lufteintritt in den Pleuraspalt und zur Aufhebung des Unterdrucks, fällt der Lungenflügel aufgrund seiner Elastizität zu einem faustgroßen Klumpen zusammen.

Sollte es an der Riss-Stelle zum Pleuraspalt zu einem ventilartigen Verschluss kommen, dringt bei jedem Atemzug weitere Luft in den Pleuraspalt ein, was zu einer Ausdehnung des Pleuraspaltes und einer Verdrängung des Herzens sowie zur Beeinträchtigung der großen Blutgefäße kommen kann.

Bei diesem als Spannungspneumothorax bezeichneten Verlauf besteht akute Lebensgefahr.

Symptome beim Pneumothorax sind Schmerzen und Atemschwierigkeiten; beim Spannungspneumothorax kommen Kreislaufprobleme oder Kreislaufzusammenbruch und möglicher Herzstillstand hinzu.

Erste Hilfe und Lagerung

Ist der Verunfallte bei Lungenriss oder Lungenüberdehnung ohne Gasembolie bei Bewusstsein, wird eine sitzende bzw. leicht aufgerichtete Haltung oft angenehmer empfunden als eine liegende.

Bei Bewusstlosigkeit und Gefahr von Erbrechen ist die stabile Seitenlage sinnvoller. Die Gabe von reinem Sauerstoff unterstützt die Atmung, medizinische Hilfe muss angefordert werden.

Bei Ausfall von Vitalfunktionen wie Atmung und Kreislauf muss sofort mit Atemspenden und Herzmassage begonnen sowie ein Arzt benachrichtigt werden.

Arterielle Gasembolie (AGE)

Unter Arterieller Gasembolie versteht man eine örtliche Blockade durch Gasblasen im arteriellen System des Kreislaufes. Diese Blockaden können bei einem offenen Foramen Ovale (siehe Seite 93) durch Stickstoffblasen, bei Lungenüberdehnungen oder Lungenriss durch Luftblasen verursacht werden.

Bei Lungenüberdehnung oder -riss kann Luft durch die überdehnten bzw. gerissenen Alveolen (Lungenbläschen) in den Blutkreislauf gelangen. Luftblasen im Herzen können zum Verschluss der Herzkranzgefäße und zum Versagen der Herzfunktion führen. Ein Luftbläschen blockiert, abhängig

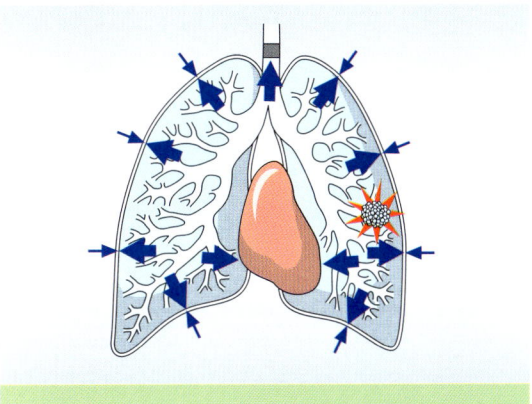

Arterielle Gasembolie, Luftembolie durch Eintritt von Luft in das arterielle System nach Lungenriss

von seiner Größe, früher oder später eine Arterie, was dann zur Unterversorgung des umliegenden Gewebes führt.

Risikofaktoren

Bei Rauchern, Asthmatikern und Menschen, die unter Bronchitis oder Erkältungskrankheiten leiden, kommt es in der Lunge zu erhöhtem Schleimfluss. Dadurch können Luftblasen eingeschlossen werden (Air Trapping), die sich beim Aufstieg ausdehnen und zu lokalen Überdehnungen oder Rissen an den Alveolen führen.

Taucher, die an Erkältungen oder Erkrankungen der Lunge leiden, sollten für die Dauer der Erkrankung auf das Tauchen verzichten. Raucher sollten zumindest eine Stunde vor dem Tauchen nicht rauchen, um das Risiko an einer Arteriellen Gasembolie zu erkranken zu minimieren.

Symptome

Abhängig von der Größe der Gasblase und dem Bereich, der blockiert ist, können verschiedene Symptome, wie der Ausfall von Sinnesorganen (Sehen, Hören, Fühlen, Wahrnehmung von Temperatur), auftreten. Sie sind oft identisch mit den Symptomen eines Dekompressionsunfalles (siehe Seite 95), treten jedoch in der Regel sofort nach dem Tauchgang auf.

Sollte der Taucher nach einem Unfall das Bewusstsein verlieren, kann dies durchaus andere Gründe haben. Ein Verdacht auf eine AGE besteht jedoch in diesem Fall immer.

Erste Hilfe und Behandlung
Siehe Dekompressionskrankheit, Seite 97 ff.

Lagerung und Transport
Siehe Dekompressionskrankheit, Seite 99 f.

Mediastinales Hautemphysem
Luftblasen können an der Riss-Stelle in einen Bereich der Brustmitte austreten, der als Medastinum bezeichnet wird. Luftansammlungen in der Brustmitte führen abhängig von ihrer Menge zu Atembeschwerden, dumpfen Schmerzen und Engegefühlen. Sammelt sich mehr Luft an, so kann dies die Funktion des Herzens beeinträchtigen.
Die Luft kann jedoch am Brustbein nach oben durch das Körpergewebe aufsteigen und sich im Halsbereich sammeln. Dort ist sie dann meist als Schwellung bzw. Verdickung des Halses oder Nackens sichtbar.
Luftblasen, die sich im Untergewebe der Haut sammeln, können mit den Fingern erfühlt werden. Je nach Menge der Luftansammlung kann es zur Veränderung der Stimme und zu Störungen des Blutrückstromes im Hals- und Kopfbereich kommen.
Diese Störungen führen zur Beeinträchtigung der Blutversorgung in Kopf, Hals und Schultern sowie zu Kreislaufproblemen.

Behandlung und erste Hilfe
Medizinische Hilfe verständigen und auf Vitalfunktionen achten. Bei Ausfall der Atmung oder des Kreislaufs muss sofort mit Herz-Lungen-Wiederbelebung (siehe Seite 106) begonnen werden. Eine Gabe von reinem Sauerstoff kann unterstützend erfolgen.

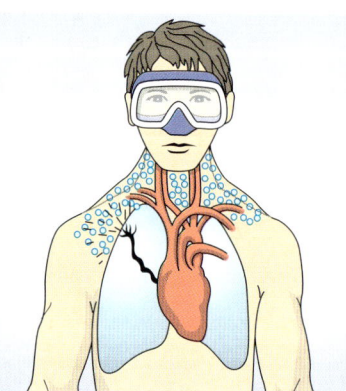

Luftaustritt in das Gewebe nach Lungenriss und Bildung eines Hautemphysems

Erkrankungen und Vergiftungen durch Atemgemische und deren Bestandteile

Kohlenmonoxyd
Kohlenmonoxyd (CO) entsteht bei unzureichenden Verbrennungsvorgängen, wie zum Beispiel in Verbrennungsmotoren. Es kann beim Befüllen eines Tauchgerätes über einen Kompressor an stark befahrenen Straßen, einem heruntergebrannten Lagerfeuer oder durch einen mit Verbrennungsmotor betriebenen Atemluftkompressor versehentlich angesaugt werden.
Bei der Aufstellung des Atemluftkompressors sind alle Vorsichtsmaßnahmen zu ergreifen, die ein Ansaugen von unerwünschten Gasen verhindern.
Kohlenmonoxyd ist zwar farb- und geruchlos, es tritt jedoch meistens in Verbindung mit rauchig oder ölig schmeckenden Verbrennungsrückständen auf.
Verwenden Sie ein Tauchgerät nicht, wenn die Luft beim Gerätecheck ölig oder rauchig schmeckt.
Eingeatmetes Kohlenmonoxyd bindet sich ca. 300fach schneller und besser als Sauerstoff an den für den Sauerstofftransport wichtigen Farbstoff der roten Blutkörperchen, das Hämoglobin. Es blockiert diesen somit für den Sauerstofftransport.
Äußere Anzeichen für eine Kohlenmonoxydvergiftung sind kirschrote Lippen sowie purpur verfärbte Nagelbetten der Hand- und Fußnägel.
Beim Tauchgang ist diese Verfärbung durch die Farbabsorption unter Wasser sehr schwer zu erkennen.
Die einzige wirkungsvolle Behandlungsmethode ist eine sofortige Frischluftzufuhr und die Gabe von reinem Sauerstoff unter erhöhtem Umgebungsdruck in einer Druckkammer.

Kohlendioxyd
Vergiftungen durch Kohlendioxyd können auf vielfältige Weise entstehen.

> Ein sauberes Atemgasgemisch ist die Voraussetzung für ungetrübtes Tauchvergnügen.

CO_2 und Atemluftkompressoren

Kohlendioxyd entsteht wie Kohlenmonoxyd bei der Verbrennung fossiler Brennstoffe wie Holz, Öl etc. Durch Ansaugen von CO_2 über einen Atemluftkompressor kann der maximal zulässige Grenzwert von 3 Prozent in der Atemluft weit überschritten werden. Eine CO_2-Konzentration von 4 Prozent im Tauchgerät, die in einer Tiefe von 20 Meter geatmet wird, hat durch den Druck von 3 bar dieselbe Wirkung auf den menschlichen Organismus wie das Atmen der dreifachen Menge, also 12 Prozent, an der Wasseroberfläche.

CO_2 in Kreislaufgeräten

Beim Tauchen mit Kreislaufgeräten wird im Normalfall das abgeatmete Kohlendioxyd in einer Atemkalkpatrone herausgefiltert. Ist diese Patrone schadhaft oder verbraucht, kann es zu einer hohen Kohlendioxydkonzentration im Atemgemisch kommen, die sich mit jedem Atemzug erhöht.

CO_2 durch Essoufflement

Der Begriff kommt aus dem Französischen und bedeutet in etwa »außer Atem geraten«. Durch die Dichte des Atemgemisches in der Tiefe und die höhere Anstrengung beim Ein- und Ausatmen, speziell bei körperlicher Arbeit zum Beispiel durch Strömung etc., kann die Atemmuskulatur ermüden. Der Atem wird durch die Überanstrengung flacher. Es kommt zu Kurzatmigkeit und Atemnot. Die Lunge wird nicht ausreichend ventiliert, das im Körper durch stille Verbrennung entstandene CO_2 wird nicht ausreichend abgeatmet.

Durch Zunahme des CO_2-Spiegels im Blut kommt es zu vermehrtem Lufthunger, der jedoch durch den flachen schnellen Atem nicht gedeckt werden kann. Es entsteht ein Teufelskreis, der meistens nur durchbrochen werden kann durch eiserne Konzentration auf tiefes, ruhiges Atmen und Aufsuchen einer geringeren Tiefe.

Kohlendioxydvergiftung beim Schnorcheln

Bei der Verwendung von nicht zugelassenen, überlangen Schnorcheln oder kurzen flachen Atemtechniken wird die im Schnorchel verbleibende Restluft immer wieder eingeatmet und nicht ausreichend durch Frischluft ersetzt. Es kommt mit jedem Atemzug zur weiteren Anreicherung mit Kohlendioxyd, verbunden mit dem Drang mehr und mehr zu atmen.

Durch Verwendung moderner Schnorchel und durch tiefes ruhiges Atmen kann dies verhindert werden.

Hyperventilation beim Schwimmen und Schnorcheln

Unter Hyperventilieren versteht man ein rasches, tiefes Atmen, ohne dass Bedarf dafür bestehen würde. Menschen hyperventilieren oft unbewusst in Gefahrensituationen.

Bewusstes Hyperventilieren lässt sich sehr häufig bei Schwimmern und Schnorchlern beobachten. Sie pumpen sich regelrecht voll, in der irrigen Annahme, das rasche tiefe Atmen würde ihnen einen höheren Sauerstoffgehalt im Blut bescheren und sie könnten deshalb die Luft länger anhalten. Unser Hämoglobin ist jedoch bei normaler Atmung zu 99 Prozent mit Sauerstoff gesättigt und kann nicht mehr aufnehmen.

Durch das schnelle, tiefe Atmen wird Kohlendioxyd vermehrt abgeatmet und der CO_2-Spiegel im Blut gesenkt. Unser Atemzentrum misst ständig diesen Spiegel und bei Erreichen einer kritischen Grenze wird der Atemreiz ausgelöst.

Wird jedoch diese Atemreizschwelle durch Hyperventilieren so weit herabgesetzt, dass der Sauerstoffgehalt im Blut unter einen bestimmten Wert fällt, reagiert das Gehirn mit einer Notschaltung. Der Mensch wird schlagartig und ohne vorherige Anzeichen bewusstlos, um Sauerstoff zu sparen. Der Sauerstoff wird weiter durch stille Verbrennung in Kohlendioxyd umgewandelt und so erreicht der CO_2-Spiegel irgendwann seine kritische Grenze, der Atemreiz setzt ein.

Befindet sich der Bewusstlose zu diesem Zeitpunkt unter Wasser, atmet er Wasser ein und ertrinkt. Da diese Art Unfall häufig in Schwimmbädern auftritt, nennt man sie auch Schwimmbadblackout.

Hyperventilation beim Gerätetauchen

Durch starke körperliche Anstrengung, Strömung, Gefahr aber vor allem durch Angstzustände kann es nicht nur beim Schnorchler, sondern auch beim Gerätetaucher zur Bewusstlosigkeit durch Hyperventilation kommen.

Das Abfallen des CO_2-Spiegels im Blut führt zu einer verringerten Sauerstoffversorgung und schlechterer Durchblutung, da die Blutgefäße verengt werden. Diese Sauerstoffunterversorgung wird noch dadurch verstärkt, dass es bei vermehrter Abatmung des Kohlendioxyds zu einer Veränderung des Säurecharakters im Blut kommt. Der veränderte Säurecharakter bewirkt eine engere Verbindung des Sauerstoffs an die roten Blutkörperchen, der Sauerstoff kann nicht mehr ausreichend an die Gehirnzellen abgegeben werden.

Anzeichen sind zunehmende Kopfschmerzen, die bis zur Bewusstlosigkeit führen können.

Beim Tauchen sollte deshalb immer auf eine ruhige, gleichmäßige Atmung und somit ausreichende Ventilierung der Lunge geachtet werden. Bei Anstrengung gilt es erst einmal langsamer zu schwimmen und eventuell anzuhalten, um wieder zu Atem zu kommen.

Sauerstoff

Beim Atmen von Sauerstoff unter erhöhtem Umgebungsdruck kann es durch zwei verschiedene Effekte zur Schädigung des menschlichen Organismus kommen. Eine Sauerstoffüberversorgung wird als Hyperoxie, eine Unterversorgung als Hypoxie bezeichnet.

Flachwasserblackout durch Hypoxie

Beim Schnorcheln kann es kurz vor Erreichen der Wasseroberfläche zu Bewusstlosigkeit kommen. In der Tiefe ist ein höherer Umgebungsdruck für ein Ansteigen des Sauerstoffpartialdrucks in der Lunge verantwortlich. Dieser führt dazu, dass mehr Sauerstoff aufgenommen wird als unter normalen Druckverhältnissen an der Wasseroberfläche. Beim Auftauchen fällt der Partialdruck des Sauerstoffs durch die Verringerung des Umgebungsdrucks unter einen kritischen Wert, das Gehirn reagiert auf eine drohende Sauerstoffunterversorgung mit plötzlicher Bewusstlosigkeit. Tieftauchversuche mit Schnorchelausrüstung sollten deshalb nur unter Aufsicht eines gleich trainierten Partners geschehen, der in der Lage ist, bei auftretender Bewusstlosigkeit qualifiziert zu reagieren.

Vergiftungen durch Sauerstoff
Lorraine-Smith-Effekt

Wird ein geringfügig erhöhter Sauerstoffpartialdruck von 0,6 bar oder mehr über einen sehr langen Zeitraum geatmet, kann es nach vielen Stunden oder auch Wochen zu Lungenschädigungen kommen.

Das aggressive Gas Sauerstoff greift die hauchdünne Oberfläche der Alveolen an, diese verdicken sich und fallen teilweise zusammen.

Flüssigkeit lagert sich in den Lungenbläschen ein. Symptome sind Schmerzen im Brustkorb sowie eine mögliche Atemnot.

Wird ein erhöhter Sauerstoffpartialdruck über einen langen Zeitraum geatmet, was bei Berufstauchern oder Personal von Druckkammern der Fall ist, kann es möglicherweise zu massiven, dauerhaften Schädigungen der Lunge kommen.

Paul-Bert-Effekt

Bei diesem von Paul Bert entdeckten Effekt spielt eher der hohe Partialdruck als die Einwirkzeit eine Rolle.

Bei einem Überangebot durch das Atmen unter hohem Partialdruck geht der reaktionsfreudige Sauerstoff Verbindungen im menschlichen Körper ein, die für uns schädlich sein können. Unter Umständen bilden sich jede Menge so genannte freie Radikale. Betroffen davon sind die menschlichen

Gehirnzellen, die bei einem Sauerstoffüberdruck mit unkontrollierten Entladungen von Nervenimpulsen reagieren. Diese Nervenimpulse steuern hauptsächlich die Muskelbewegungen und können durch die unkontrollierten Entladungen zu Krampfanfällen führen, die einem epileptischen Anfall ähnlich sind.

Anzeichen für eine Sauerstoffvergiftung können Schwindel und Sehstörungen, Halluzinationen, Übelkeit und Zittern sein.

Es traten jedoch auch schon oft Sauerstoffkrämpfe ohne vorherige Warnsignale auf. Sehr häufig kommt es dabei zu krampfartigem Zucken der Gesichtsmuskulatur. Der Taucher kann den Atemregler nicht im Mund halten und es besteht die Gefahr des Ertrinkens.

Um dem vorzubeugen, werden von Berufstauchern Vollgesichtsmasken mit eingearbeiteten Atemreglern oder Taucherhelme verwendet.

Sollte beim Tauchen die kritische Obergrenze des Sauerstoffpartialdrucks von 1,6 bar erreicht werden, können Vergiftungssymptome bereits nach sehr kurzer Zeit auftreten.

Verschiedene Faktoren wie psychischer und physischer Stress, körperliche Arbeit und Kälte begünstigen das Auftreten einer Sauerstoffvergiftung.

Im Rahmen des Mischgas-Tauchens wird eine Grenze für den Sauerstoff-Partialdruck von 1,4 bar empfohlen: Wie auch bei der Tauchtiefe ist jedoch immer von einer individuellen Belastbarkeit auszugehen.

Durch Reduzieren des maximal zulässigen Sauerstoffpartialdrucks von 1,6 bar auf 1,4 bar schließen Sie jedoch eine Sauerstoffüberversorgung (Hyperoxie) im Normalfall so gut wie aus.

Stickstoff

Beim Tauchen wird über die Atmung unter erhöhtem Umgebungsdruck Stickstoff über die Lunge aufgenommen. Der erhöhte Partialdruck im eingeatmeten Luftgemisch steht einem niedrigen Stickstoffpartialdruck im Körper gegenüber.

Durch die von Henry entdeckte physikalische Gesetzmäßigkeit wird Stickstoff im Körpergewebe ge-

löst. Dieser Vorgang wird als Sättigung bezeichnet. Je höher der Unterschied zwischen dem Partialdruck von Stickstoff im Körpergewebe und dem Druck in der eingeatmeten Luft ist, umso schneller und umso mehr Stickstoff wird in unserem Körper gelöst.

Stickstoffnarkose oder Tiefenrausch

Bereits im Jahre 1835 stellte der französische Wissenschaftler J. Junot fest, dass Taucher, die komprimierte Luft unter Druck atmen, ein verändertes Verhalten aufzeigen. Symptome von Berauschtheit, aktivierter Gehirnfunktion, lebhaften Fantasien traten ebenso auf wie Benommenheit und Inaktivität.

Es dauerte jedoch noch fast ein Jahrhundert, bis die auftretenden Symptome mit dem Inertgas Stickstoff in Verbindung gebracht werden konnten. Die Ärzte A. R. Behnke, E. P. Motley und R. M. Thomson waren die ersten, die 1935 den Tiefenrausch dem erhöhten Partialdruck des Stickstoffs in der komprimierten Luft zuschrieben. Ihre Forschungen zeigten, dass bei Atmung von komprimierter Luft bereits in einer Tiefe von über

Das Auftreten von Symptomen einer Stickstoffnarkose kann abhängig von Person zu Person, Tiefe, Tagesform, Medikamenten und Restalkohol sehr stark variieren.

Wasseroberfläche

— 10 m

Die Motorik ändert sich, das Denken ist bereits leicht verlangsamt.

— 20 m

Selbst leichte Aufgaben werden mit deutlicher Verzögerung ausgeführt.
Das Erkennen und Analysieren von Problemen ist deutlich verlangsamt.

— 30 m

Der Taucher bringt sich und seinen Tauchpartner in Gefahr, da seine Handlungs- und Reaktionsfähigkeit durch die fortgeschrittene Stickstoffnarkose sehr eingeschränkt ist. Probleme werden oft nicht mehr als solche erkannt.

— 40 m

Die narkotisierende Wirkung des Stickstoffs nimmt mit steigender Tiefe rasch zu.

Der Taucher ist durch die Stickstoffnarkose mehr oder weniger völlig hilflos.

— 50 m

20 Meter bei manchen Testpersonen Symptome wie Euphorie, Verlangsamung der höheren mentalen Prozesse und eine Beeinträchtigung der neuromuskulären Koordination hervorgerufen wurden. Durch den zunehmenden Stickstoffpartialdruck auf 30 Meter wurden die Anzeichen und Symptome noch deutlicher. Die Taucher erlebten Gefühle der Stimulation, Erregung und Euphorie, teilweise begleitet von Gelächter und Redseligkeit. Das sind Anzeichen und Symptome, die den Wirkungen von Alkohol, Sauerstoffmangel (Hypoxie) und dem Beginn einer Narkose ähneln.

Symptome

Die untersuchten Taucher zeigten nicht nur ein verlangsamtes Denkvermögen, sie reagierten auch verzögert auf visuelle und akustische Reize sowie Geruchs- und Tastreize. Sie hatten Schwierigkeiten sich zu konzentrieren, das Gedächtnis wurde lückenhaft. Manche der getesteten Personen zeigten eine Tendenz, sich auf Ideen zu fixieren. Die Vorstellungs- und Assoziationsfähigkeit waren eingeschränkt. Bei der Aufzeichnung von Daten wurden Fehler gemacht und Rechenaufgaben konnten nur unter großen Schwierigkeiten bewältigt werden. Eine leichte Beeinträchtigung der Feinmotorik wurde zwar festgestellt, die intellektuellen Fähigkeiten waren jedoch weitaus stärker eingeschränkt als die Motorik. Die Bewegungen waren nicht so sehr das Problem, aber das Denken. Das Erkennen von Situationen und Lösen von Aufgaben bzw. Problemen wurde sehr viel schwieriger.

Auslösende und verstärkende Faktoren

Stickstoff dringt durch die erhöhte Bindungsfähigkeit an Fette in die fetthaltigen Gehirnstrukturen ein und beeinträchtigt die Übertragung von Reizimpulsen. Die dabei entstehende Wirkung ähnelt eher der einer halluzinogenen Droge wie LSD als der von Alkohol. Die Wirkung der Stickstoffnarkose nimmt proportional zum steigenden Stickstoffpartialdruck in der Tiefe zu und ist abhängig von der Verweildauer in der Tiefe. Sie ist bei der Verwendung von Nitrox stark reduziert, da sich weniger Stickstoff im Atemgemisch befindet. Bei der Wirkung der Stickstoffnarkose treten von Person zu Person und von Tag zu Tag sehr große Unterschiede auf.

Neueste Untersuchungen belegen, dass Taucher, die arbeiten und sich anstrengen, anfälliger für eine Inertgasnarkose sind, als eine ruhig in der Druckkammer sitzende Person. Ein durch erhöhte Aktivitäten steigender Kohlendioxydspiegel im Blut verstärkt also die Wirkung der Inertgasnarkose. Die Wirkung der Inertgasnarkose wird außerdem durch die folgenden Faktoren erhöht:

- schnelle Kompression beim Abtauchen führt dazu, dass die beginnende Narkotisierung nicht rechtzeitig bemerkt wird und sich der Taucher weiter in größere Tiefe bewegt
- Alkohol, Restalkohol vom Vorabend
- Schlafmangel
- Kälte
- Angst
- Medikamente und Drogen, u.a. Mittel gegen Seekrankheit, die dämpfend auf das Nervensystem wirken

Die genauen Mechanismen, warum Angst die Wirkung der Stickstoffnarkose verstärkt, sind nicht genau bekannt. Man weiß jedoch, dass Stickstoff am selben Ort im Gehirn wie Angst auf die Neurotransmitter wirkt.

Kälte wirkt betäubend und schmerzstillend und dämpft die Reizübertragung. Eine Stickstoffnarkose kann in kalten Gewässern ohne Vorzeichen auftreten. Die Wirkungen summieren sich, sie wirken synergetisch.

Ein leichter Restalkoholgehalt, Anstrengungen durch Strömung und Schlafmangel können schon in geringen Tiefen zu Anzeichen einer Inertgasnarkose führen.

Vermeidung

Sobald wir uns unter Wasser begeben, werden wir mit der Tatsache einer möglichen Stickstoffnarkose konfrontiert.

Das Risiko einer Inertgasnarkose kann jedoch durch Vermeidung von Faktoren, die ein Auftreten der Stickstoffnarkose begünstigen, stark eingeschränkt werden.

Behandlung

Sollte es bei einem Tauchgang zu Symptomen wie unlogischem Verhalten, Inaktivität, metallischem Geschmack im Mund, Röhrensehen oder Ähnlichem kommen, muss sofort in eine geringere Tiefe aufgetaucht werden. Die Wirkung lässt mit der Reduzierung des Stickstoffpartialdruckes sofort nach.

Empfehlenswert ist, nach dem Aufsuchen der geringen Wassertiefe einen ausgiebigen Sicherheitsstopp zu machen, um weiter Stickstoff abzubauen. Manche Symptome klingen erst eine Weile nach Verlassen des Wassers ab.

Dekompressionskrankheit (DCS)

Dekompressionstheorie

Mit zunehmender Tiefe steigt der Stickstoffpartialdruck in der Atemluft (siehe Gesetz von Dalton, Seite 19). Diese Gasmenge steht unter Druck dem Körpergewebe und den Körperflüssigkeiten in der Lunge gegenüber. Wird der Druck über einer Flüssigkeit erhöht, kommt es nach der physikalischen Gesetzmäßigkeit von Henry (siehe Seite 20) zur Lösung von Gasmolekühlen in der Flüssigkeit. Dies wird als Sättigung bezeichnet. Wird der Druck über der Flüssigkeit reduziert, treten Gasmolekühle aus der Flüssigkeit aus, es findet eine Entsättigung statt.

Findet die Druckreduzierung jedoch zu schnell statt, kommt es zu Blasenbildung und möglicherweise zur Dekompressionskrankheit (DCS).

Sättigung

Stickstoff wird durch den Druck physikalisch gelöst und tritt bei Druckzunahme vom Ort des höheren Drucks (aus der Atemluft in der Lunge) durch Diffusion zum Ort des niedrigeren Drucks (in das Blut und die Körpergewebe) über. Je länger ein Gasgemisch unter Druck geatmet wird und umso größer der Partialdruck des Gases ist, desto mehr Gas wird in das Körpergewebe aufgenommen. In der Praxis bedeutet dies: Je tiefer getaucht und je länger in der Tiefe verweilt wird, umso größer sind die aufgenommenen Stickstoffmengen.

Diesen Stickstoffmengen sind enge Grenzen gesetzt, deren Überschreitung zu ernsthaften Beeinträchtigungen oder sogar zum Tod führen kann. Je länger der Tauchgang andauert, umso langsa-

Tipp

Bei Untersuchungen stellte man fest, dass unter Stickstoffnarkose oft automatisch und unbewusst Handzeichen gegeben werden. Bei tiefen Tauchgängen kann das übliche OK-Zeichen in Absprache mit dem Tauchpartner durch ein anderes ersetzt werden. Beide Taucher können ausmachen, dass eine willkürliche Anzahl von gezeigten Fingern immer um 2 erhöht werden muss. Taucher 1 zeigt zum Beispiel vier Finger, Taucher 2 antwortet mit dem Zeigen von sechs Fingern. Bei Tauchgängen mit dicken Drei-Finger-Handschuhen oder Trockenhandschuhen ist es der Fantasie der Taucher überlassen, ein zuverlässiges System zu finden.

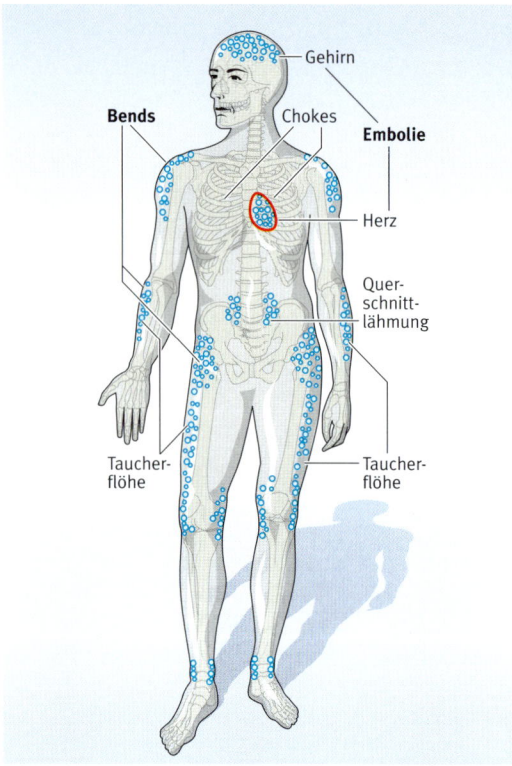

Gehirn

Bends

Chokes

Embolie

Herz

Quer-
schnitt-
lähmung

Taucher-
flöhe

Taucher-
flöhe

Mögliche Blasenbildung und Auswirkungen eines Dekompressionsunfalls im menschlichen Körper

sich langsam und brauchen längere Zeit, um den aufgenommenen Stickstoff wieder abzugeben. Eine Ausnahme bildet das Fettgewebe, das zwar schwach durchblutet ist, aber eine hohe Bindungsfähigkeit an Stickstoff besitzt (siehe Seite 94, »Fettgewebe«).

Stickstoffabgabe, Entsättigung

Bei Druckentlastung, also beim Auftauchen, nimmt der Partialdruck des Stickstoffes in der Atemluft, im Verhältnis zum Partialdruck des aufgenommenen Stickstoffes im Körpergewebe ab. Stickstoff wird durch Diffusion von den Körpergeweben an das Blut und weiter zur Lunge transportiert, wo er über die Atmung abgegeben wird. Bei der Stickstoffabgabe sind die maßgebenden Faktoren die Zeit, die unter Druck verbracht wurde, und somit die Menge des aufgenommenen Stickstoffes sowie der Grad der Druckentlastung. Je höher die Druckentlastung, umso schneller diffundiert Stickstoff aus den Geweben. Durch das unterschiedliche Sättigungs- und Entsättigungsverhalten der Gewebearten und die Dickflüssigkeit des Blutes (Viskosität) sind der Entsättigung des menschlichen Körpers enge zeitliche Grenzen gesetzt. Der zulässige Grenzwert zwischen der maximal verträglichen Differenz zwischen Umgebungsdruck und Partialdruck des gelösten Stickstoffes wird als Druck-Gradient bezeichnet. Maßgebend ist immer der Zeitfaktor. Es muss jedem Gewebe beim Auftauchen genügend Zeit gegeben werden, Stickstoff innerhalb der tolerablen Grenzen abzugeben, ohne dass dabei Blasen entstehen. Kommt es im menschlichen Körper durch schnelle Druckreduzierung zu Blasenbildung, kann dies zu Krankheitssymptomen führen, die als Dekompressionskrankheit DCS (aus dem engl. Decompressionsickness) bezeichnet werden. Die auftretenden Blasen verursachen einen Verschluss von Blutgefäßen im Gewebe und eine Sauerstoffunterversorgung des dahinter liegenden Gewebes.

mer findet eine weitere Stickstoffaufnahme statt, da sich der Partialdruck im Gewebe schon teilweise dem höheren Partialdruck in der Lunge angeglichen hat.

Lässt man dem Körper genügend Zeit, ist unabhängig von der Tauchtiefe nach ca. 40 bis 50 Stunden ein Gleichgewicht zwischen dem hohen Stickstoffpartialdruck in der Atemluft und dem Partialdruck des Stickstoffs im Körpergewebe erreicht. Im Körpergewebe findet keine Aufnahme von Stickstoff mehr statt. Solche Sättigungstauchgänge werden in der Berufstaucherei durchgeführt, nicht jedoch beim Sporttauchen.

Unterschiedliche Gewebe

Die Aufnahme in den Geweben ist nicht nur von Zeit und Tiefe abhängig, sondern auch von der Gewebeart und deren Durchblutung. Die beim Tauchen bewegte Muskulatur wird verstärkt mit Stickstoff gesättigt, während sich schwach durchblutete Körpergewebe wie Gelenke eher gering sättigen. Als schnelle Gewebe werden diejenigen Gewebegruppen bezeichnet, bei denen der Stickstoff schnell aufgenommen, aber auch wieder abgegeben wird. Langsame Gewebe hingegen sättigen

Die Blase selbst löst im Körper eine Fremdkörperreaktion aus, der Sauerstoffmangel führt zu Flüssigkeitsaustritten im Gewebe und örtlichen Schwellungen, die wiederum zu einer Komprimierung der benachbarten Blutgefäße und einer weiteren Verschlechterung der Sauerstoffversorgung führen. Da die Blasen meist im venösen System des Körpers auftreten, spricht man auch von einer venösen Gasembolie (VGE).

Risikofaktoren

In einer Studie, die sich mit der Auswertung der in den Jahren 1987 bis 1997 gemeldeten 4889 DCS-Fälle beschäftigt, stellte Dr. Bennett, Präsident von DAN International und Leiter von DAN America, fest, dass die relative Anzahl der Tauchunfälle bezogen auf die Zahl der Tauchgänge sank. Statistisch liegt die Wahrscheinlichkeit, einen Dekompressionsunfall zu erleiden, bei ca. 0,4 Prozent. Durch die Vermeidung der nachfolgend aufgeführten Risikofaktoren kann jeder Taucher Unfälle verhindern und somit seine Gesundheit wirksam schützen.

Tauchgänge über 30 Meter

Die Auswertungen weltweiter Beobachtungen lassen darauf schließen, dass die Anzahl von DCS-Fällen in Gebieten, in denen tiefer als 30 Meter getaucht wird, unverhältnismäßig höher ist, als in Gebieten, in denen die maximale Tiefe auf 30 Meter begrenzt ist.
Bedingt wird dies durch die erhöhte Stickstoffaufnahme in der Tiefe.

1 entsättigter Taucher vor dem ersten Tauchgang
2 Reststickstoff nach dem ersten Tauchgang
3 reduzierter Reststickstoff nach kurzer Oberflächenpause
4 erhöhter Reststickstoff nach Wiederholungstauchgang
5 reduzierter Reststickstoff nach längerer Oberflächenpause
6 hoher Reststickstoff nach dem dritten Tauchgang

Dekompressionstauchgänge

Tauchgänge, bei denen sich der Taucher so mit Stickstoff aufsättigt, dass beim Auftauchen vorgeschriebene Stopps in bestimmten Tiefen eingehalten werden müssen, werden als Dekompressionstauchgänge bezeichnet.
Durch die massive Anreicherung von Stickstoff, die sich in den notwendigen Dekompressionsstopps zeigt, setzt sich der Taucher einem erhöhten DCS-Risiko aus.
Sporttaucher sollten Dekompressionstauchgänge vermeiden und nur Nullzeittauchgänge durchführen. Das sind Tauchgänge, bei denen unter Einhaltung der Aufstiegsgeschwindigkeit ohne Stopps direkt zur Oberfläche aufgestiegen werden kann. Am Ende jedes Tauchgangs sollte der Taucher einen fünfminütigen Sicherheitsstopp in 3 bis 6 Meter Wassertiefe einlegen, damit der Körper Zeit hat überschüssigen Stickstoff abzugeben.

Jojo-Tauchgänge

Tauchanfänger mit Tarierungsproblemen wie auch erfahrenere, leichtsinnige Taucher, die häufig die Tiefe wechseln, sowie Unterwasserfotografen und -filmer ohne Taucherfahrung, die auf der Jagd nach den begehrten Bildern oft mehrfach die Tiefe wechseln, setzen sich einem erhöhten Risiko aus. Das entsteht durch die ständige Komprimierung und Rekomprimierung, oft verbunden mit Überschreitungen der Aufstiegsgeschwindigkeit.

Wiederholungstauchgänge mit kurzen Pausen

Bei mehreren Tauchgängen am Tag summiert sich die Menge des Stickstoffs im Gewebe. Die von DAN über 10 Jahre ausgewerteten Daten von knapp 5000 Tauchunfällen zeigen, dass die Betroffenen im Schnitt 1,4 bis 4 Tauchgänge pro Tag unternahmen. Vermehrtes Tauchen am gleichen

> Wird ein Tauchgang durchgeführt, bevor sich der Körper komplett entsättigt hat, muss der im Körper verbliebene Stickstoff (Reststickstoff) bei der Tauchgangsplanung berücksichtigt werden: Je länger die Oberflächenpause, umso geringer ist der Anteil des Reststickstoffs.

Tag erhöht das Risiko für die Dekompressionskrankheit. Eine besondere Gefahr besteht beim Non-limit-Tauchen, zum Beispiel im Rahmen von Tauchsafaris mit mehr als zwei Tauchgängen pro Tag, da nie eine annähernde Entsättigung stattfindet.

Je mehr Zeit dem Körper gegeben wird, den angesammelten Stickstoff vor dem nächsten Tauchgang abzugeben, umso geringer ist die Aufsättigung während des nachfolgenden Tauchgangs.

Überschreitung der Aufstiegsgeschwindigkeit

Die beim Sporttauchen gültige Aufstiegsgeschwindigkeit von maximal 10 Meter pro Minute gibt dem Gewebe die nötige Zeit durch langsame Anpassung an die veränderten Druckbedingungen Stickstoff ohne Blasenbildung abzugeben. Diese Angabe ist keine Richtgeschwindigkeit, sondern ein Maximalwert, der niemals überschritten werden sollte.

Untersuchungen zeigen, dass beim Aufstieg aus flacheren Tiefen noch langsamer aufgetaucht werden sollte (7 Meter pro Minute).

Atmung und Anstrengungen

Jede Anstrengung vor dem Tauchen führt zu einer Mehrdurchblutung des Körpers und einem Anstieg der Atemfrequenz, dadurch wird Stickstoff vermehrt aufgenommen.

Alles, was den Taucher während des Tauchgangs schneller atmen lässt wie Anstrengung durch Arbeit, Strömung oder Angst führt ebenfalls zu einer Mehraufnahme an Stickstoff.

Anstrengung nach dem Tauchen hat zur Folge, dass der angesammelte Stickstoff durch die plötzlich gesteigerte Durchblutung vermehrt aus dem Gewebe austritt. Viele mikroskopisch kleine Bläschen können den Gasaustausch in der Lunge an den Alveolen behindern oder sich zu größeren Blasen zusammenfinden, die wiederum zur Blockade von Blutgefäßen führen können.

Wärme

Heißes Duschen oder ein Saunabesuch nach dem Tauchen hat den gleichen Effekt wie Anstrengung. Es tritt vermehrt Stickstoff aus dem Gewebe aus, es kann zur Blasenbildung kommen.

Dehydrierung

Eine Unterversorgung des Körpers tritt auf, wenn der Flüssigkeitsverlust nicht durch ausreichende Zufuhr ausgeglichen wird. Beim Tauchen kommt es zum Flüssigkeitsverlust durch:

- Schwitzen vor dem Tauchgang im Tauchanzug, durch lange Wartezeit oder Anmarsch in voller Montur.
- Aufnahme von harntreibenden Getränken wie Kaffee und Alkohol, die zur Ausscheidung von mehr Flüssigkeit führen, als aufgenommen wurde.
- Die eingeatmete trockene Luft wird in den Atemwegen mit Feuchtigkeit angereichert und abgeatmet. Über die Atmung kann dem Körper während eines Tauchgangs unter Umständen bis zu einem Liter Flüssigkeit entzogen werden.
- Vermehrte Flüssigkeitsscheidung, durch Kälte und Schwerelosigkeit verursachter Harndrang
- Durch Seekrankheit mit Erbrechen kommt es zu einem weiteren Flüssigkeitsverlust.

Durch den Verlust von Flüssigkeit ändert sich die Viskosität des Blutes, es wird zähflüssiger, kann Stickstoff nicht mehr so schnell abtransportieren es besteht Gefahr von Embolien.

Medikamente wie die Pille beeinflussen die Viskosität des Blutes. In den Tagen vor der Menstruation kommt es außerdem zu erhöhter Flüssigkeitseinlagerung im Gewebe, was die Viskosität des Blutes weiter herabsetzt.

Durchfallerkrankungen durch Nahrungsumstellung oder bakterielle Infektionen führen auch zu erhöhtem Flüssigkeitsverlust. Menschen aus gemäßigten Klimazonen sind es nicht gewohnt fünf bis sechs Liter Wasser am Tag zu sich zu nehmen, um den Flüssigkeitshaushalt in tropischen Gebieten auszugleichen.

In tropischen Gebieten ist deshalb die Dehydrierung in Verbindung mit Missachtung der Dekompressionsregeln, eine häufige Ursache für Dekompressionsunfälle.

Vorbeugung

Achten Sie vor und nach dem Tauchgang auf ausreichende Flüssigkeitszufuhr. Bevorzugen Sie alkoholfreie, nicht harntreibende Getränke, am besten Wasser.

Verzichten Sie auf große Mengen zuckerhaltiger Getränke, die die Aufnahme von Flüssigkeit im Gewebe fördern.

Nehmen Sie die Getränke schluckweise über den gesamten Tag verteilt zu sich. Trinken von großen Mengen Flüssigkeit direkt vor dem Tauchen erhöht nur den Harndrang, da sie nicht auf einmal vom Körper aufgenommen werden kann.

Offenes Foramen Ovale

Die Herzscheidewand trennt den linken und rechten Teil des Herzens. Beim Ungeborenen und beim Kleinkind befindet sich eine Öffnung in dieser Herzscheidewand, die als Foramen Ovale bezeichnet wird.

Man nimmt an, dass diese Öffnung sich bei jedem dritten Menschen nicht oder nur unvollständig schließt.

Berufstaucher werden bei ihrer Tauglichkeitsuntersuchung dahingehend untersucht, ob ein offenes Foramen Ovale vorliegt.

Speziell bei Belastungen durch Pressatmung wie Heben von Gegenständen und/oder Druckausgleich nach der Valsalva-Methode kann beim Tauchen stickstoffreiches Blut und Mikrobläschen vom venösen in das arterielle Blutsystem übertreten und zur DCI (Decompressionillness) führen. Unter diesem Begriff sind Krankheitssymptome der Dekompressionskrankheit (DCS) und Arteriellen Gasembolie zusammengefasst.

Kälte

Es gibt Theorien die besagen, dass sich bei Kälte mehr Stickstoff im Gewebe löst als bei Wärme. Beim Tauchen im kalten Wasser reduziert der Körper jedoch als Sparmechanismus die Blutzirkulation in den Extremitäten und in der Haut, um den Wärmeverlust möglichst gering zu halten.

Im Gewebe gelöster Sauerstoff kann eventuell nicht mehr ausreichend abtransportiert werden.

Alkohol

Der Genuss von Alkohol vor oder direkt nach dem Tauchgang führt zu einer Weitstellung der Blutgefäße und einer Veränderung der Blutzirkulation. Alkohol vor dem Tauchgang wirkt harntreibend und fördert eine Dehydrierung.

Tipp

Um eine Dehydrierung zu vermeiden, bedarf es der Zufuhr von ausreichender Flüssigkeit (drei bis fünf Liter täglich). Bevorzugen Sie nicht harntreibende Getränke wie Wasser. Der Genuss von Alkohol am Abend vor dem Tauchgang führt ebenso zu verstärktem Harndrang und Flüssigkeitsverlust wie der Genuss von Tee und Kaffee vor dem Tauchen. Achten Sie vor dem Tauchgang unbedingt auf einen ausgeglichenen Flüssigkeitshaushalt, um die Risiken für einen Dekompressionsunfall zu minimieren.

Taucher unter Alkoholeinfluss (auch Restalkohol) kühlen schneller aus, da durch die Weitstellung der Blutgefäße in der Haut und den äußeren Extremitäten mehr Wärme abgegeben wird.

Alter

Ein Programm, das von DAN (Divers Alert Network) ins Leben gerufen wurde, beschäftigt sich ausschließlich mit dem Sammeln von Daten von Tauchern über 50 Jahre. Einige interessante Daten liegen bereits aus einer Studie vor, die bei sechs Tauchkreuzfahrten durchgeführt wurde. Mit einem über den großen Venen der Taucher angesetzten Dopplergerät wurden nach dem Tauchen venöse Gasembolien (VGE) gemessen.

Es wurden 281 Tauchgänge durchgeführt, aufgeteilt auf 46 Männer und 21 Frauen. Es kam zwar zu keinem DCI-Fall, Blasen konnten jedoch festgestellt werden. Erstaunlicherweise wurden bei 57-jährigen Tauchern 30 Prozent mehr Blasen im venösen System nachgewiesen als bei 33-jährigen.

Diese Untersuchung ist jedoch nicht repräsentativ, weitere Untersuchungen sind notwendig. Der Abbau von Muskelmasse sowie die proportionale Zunahme des körpereigenen Fettgewebes scheinen eine Rolle zu spielen.

Medikamente

Auch durch die Einnahme von harntreibenden Medikamenten kann es durch vermehrten Flüssigkeitsverlust zu einem höheren Dekompressionsrisiko kommen.

Antikonzeptiva (die Pille) führen ebenso zu einer vermehrten Gerinnungsneigung des Blutes, also geringerer Viskosität (das Blut wird dicker, Stickstoff wird nicht mehr so gut abtransportiert).

Fettgewebe

Fett bindet Stickstoff etwa fünfmal besser als andere Gewebe. Die Ummantelung der Stränge des zentralen Nervensystems und das Gehirngewebe bestehen zu einem großen Teil aus fetthaltiger Substanz.

Bei schweren Dekompressionsunfällen ist deshalb oft das Zentrale Nervensystem betroffen. Durch die hohe Bindungsfähigkeit von Stickstoff an Fettgewebe ist Übergewicht ein nicht zu unterschätzender Risikofaktor.

Die Rechenmodelle von Tauchtabellen und -computern basieren auf theoretischen Durchschnittswerten von Größe und Gewicht, berücksichtigen jedoch meistens keine Abweichungen.

In der Berufstaucherei ist deshalb ein Übergewicht von 30 Prozent ein Ausschlusskriterium.

Die Gabelschwanzseekuh (Dugong) kann man mit viel Glück auf Seegraswiesen antreffen, zum Beispiel wie auf dem Foto im südlichen Roten Meer.

Verletzungen und Erkrankungen

Wird das Gleichgewicht im menschlichen Körper durch Erkrankungen oder Verletzungen gestört, verläuft die Stickstoffsättigung und Entsättigung in den betroffenen Bereichen meist anders als im gesunden Gewebe.

Nach Operationen und Erkrankungen sollte deshalb vor dem Tauchen in jedem Fall eine gewisse Zeit gewartet werden. Die Art und Schwere der Verletzung bzw. Erkrankung ist ausschlaggebend für die Dauer der Tauchpause, sie kann ein paar Wochen, aber auch Monate betragen.

Informationen können bei jedem Taucherarzt nach GTÜM-Richtlinien eingeholt werden. Ein Verzeichnis dieser speziell ausgebildeten Ärzte finden Sie auf der Website der GTÜM (www.gtuem.org).

Fliegen nach dem Tauchen, Aufsuchen größerer Höhe bei Passfahrten

Der in einem modernen Verkehrsflugzeug herrschende Kabinendruck von 0,75 bar entspricht in etwa dem Umgebungsdruck auf 2500 Metern über Meereshöhe.

Durch die Druckentlastung beim Fliegen oder Überqueren eines Bergpasses kommt es zur vermehrten Stickstoffentsättigung in den Geweben und eventuell zu Blasenansammlungen. Weiterhin können sich unauffällige stille Blasen so vergrößern, dass es zur Dekompressionskrankheit kommen kann.

In einer mehrjährigen Studie von DAN (Divers Alert Network) wurde speziell die Reaktion des menschlichen Körpers nach dem Tauchen bei Druckentlastungen durch Fliegen und Aufsuchen größerer Höhen untersucht. Die Forschungsergebnisse zeigen, dass nach einem einzelnen Nullzeittauchgang mindestens 16 Stunden vor dem Fliegen pausiert werden sollte, bei zwei Nullzeittauchgängen pro Tag mindestens 24 Stunden, bei wiederholten mehrfachen Nullzeittauchgängen über mehrere Tage oder einem dekompressionspflichtigen Tauchgang mindestens 36 Stunden oder länger.

Symptome der DCI

Unerheblich ist, ob die Blase von einem Lungenüberdruckunfall oder einer Gasembolie durch Lungenüberdruckunfall stammt. Es kommt zu einer Sauerstoffunterversorgung und einem Funktions-

ausfall des Gewebes »hinter« dem blockierten Gefäßbereich.

Die auftretenden Symptome von der Dekompressionskrankheit (DCS) und der Arteriellen Gasembolie (AGE) werden als Dekompressionsickness (DCI) bezeichnet.

Stille Blasen

Die meisten Taucher unterliegen dem Irrtum, dass alles in bester Ordnung ist, wenn nach dem Tauchgang keine Symptome einer DCI auftreten.

Bei fast jedem Tauchgang werden im Körper so genannte »stille Blasen« gebildet, die zu keinerlei sofortigen Symptomen, jedoch zu Langzeitschäden führen können. Neueste Untersuchungen weisen darauf hin, dass es nicht nur bei Berufstauchern, sondern auch bei Sporttauchern zu Schädigungen des Augenhintergrundes, im Gehirn und Rückenmark kommen kann.

Bei Kindern können die stillen Blasen unter Umständen zu einer Einschränkung des Knochenwachstums, speziell der langen Röhrenknochen an den Wachstumszonen, den Epiphysen, führen.

Erkennbare Symptome

Je nach Schwere der DCI und Ort der Blasenbildung treten Symptome unmittelbar nach dem Tauchgang bis zu 48 Stunden, in Extremfällen auch über 60 Stunden danach auf. Beim normalen Sporttauchbereich zeigen sich die Symptome jedoch in den meisten Fällen innerhalb der ersten 12 Stunden nach dem Tauchen.

> **Achtung:** Sollten Symptome schon in der Austauchphase auftreten, deutet dies mit großer Wahrscheinlichkeit auf einen schweren Unfall hin.

Bei nicht neurologischen Symptomen bleibt Schmerz das einzige auftretende Symptom. Handelt es sich um neurologische Symptome, ist das zentrale Nervensystem betroffen und es kommt zum Ausfall von Sinnesorganen, zu Funktionsstörungen der Organe und Muskulatur sowie zu Lähmungen.

Die Auswertung von ca. 5000 Tauchunfällen zwischen 1987 und 1997 durch DAN zeigt, dass bei ca. zwei Drittel der Taucher neurologische Symptome auftraten, beim Rest war es »nur Schmerz«. Ein DCS-Fall läuft so gut wie nie »lehrbuchmäßig« ab, es kommen zwar oft mehrere Symptome zusammen, die sich im Laufe der Zeit verstärken, es kann jedoch in einigen Fällen bei einem einzigen Symptom bleiben.

Das folgende Beispiel zeigt, wie der Verlauf einer DCS aussehen kann und wie schwierig es oft ist, Symptome richtig zuzuordnen:

Nach dem Tauchgang klagt der Taucher über extreme Müdigkeit und Schwäche, er kann sich kaum noch auf den Beinen halten und legt sich hin. Die Tauchpartner sind sich einig, dass dies nur auf die halb durchgemachte Nacht und den Klimaunterschied zurückzuführen ist.

Nach ca. einer halben Stunde bilden sich rötliche juckende Flecken auf dem Rücken und Bauch, die sich langsam ausbreiten. Der Juckreiz wird auf die Sonnenallergie zurückgeführt, unter der der Taucher leidet.

Eine weitere Stunde später beginnt der Taucher ein Kribbeln in Armen und Beinen zu verspüren, das sich zu einem leichten Taubheitsgefühl an Oberarmen und Oberschenkeln entwickelt.

Erst jetzt kommen beide Taucher auf die Idee, es könne sich um einen DCS-Fall handeln und begeben sich sofort zur Tauchbasis.

Sie schildern dem Tauchlehrer die Symptome, es wird mit Sauerstoffatmung begonnen und ein Transport in die Druckkammer organisiert.

Zwei Stunden nach dem ersten Auftreten der Symptome wird der Taucher in der Druckkammer behandelt.

Ohne qualifizierte Behandlung in einer Druckkammer können irreparable Langzeitschäden zurückbleiben. Jedes Anzeichen einer Dekompressionskrankheit muss ernst genommen werden und erfordert qualifizierte Erste Hilfe (sofortige Gabe von normobarem Sauerstoff) sowie – falls sich der Verdacht auf eine DCI bestätigt –, die Behandlung in einer Druckkammer unter erhöhtem Sauerstoffpartialdruck. Dies wird als HBO-Therapie (Hyperbaric Oxygen) bezeichnet.

Extreme Müdigkeit und Schwäche

Extreme Müdigkeit und Schwäche nach dem Tauchen, hervorgerufen durch einen Überschuss des narkotisch wirkenden Stickstoffs in den Geweben, kann ein erstes Symptom für eine DCS sein. Da Tauchen aber bekannterweise müde macht, ist es sehr schwer die normale Müdigkeit und von der extremen Müdigkeit und Schwäche zu unterscheiden. Im Zweifelsfall sollte man immer davon ausgehen, dass eventuell ein DCS-Fall vorliegen könnte und mit Sauerstoffatmung beginnen.

Marmorierter Hautausschlag

Friert der Taucher, so wird die Durchblutung der äußeren Hautschichten gedrosselt, um eine weitere Auskühlung zu verhindern. Gelöster Stickstoff kann beim Auftauchen nicht mehr ausreichend abtransportiert werden, es kommt zur teilweisen Blockade der peripheren Blutgefäße durch ungelöste Stickstoffbläschen. Diese Blockierung der Durchblutung zeigt sich in einem marmorierten Hautausschlag.

Taucherflöhe

Ebenfalls durch ungelöste Stickstoffblasen in der äußeren Hautschicht durch ungenügende Dekompression kommt es zu lokalem Juckreiz und Hautkribbeln, dem so genannten »Ameisenlaufen«. Optisch äußert sich diese Krankheit in lokalen roten Hautflecken, die wie Flohstiche aussehen.

Schwellungen und Rötungen

Bei Blockade der Lymphbahnen durch Stickstoffblasen kann es durch aufgestaute Lymphflüssigkeit zu örtlichen Schwellungen und Rötungen der Haut kommen, zum Beispiel in der Leiste oder im Bereich der Achselhöhle. Dabei muss es sich keineswegs um große Bereiche handeln.

Dehnungsschmerz

Durch die erhöhte Bindungsfähigkeit von Stickstoff an Fette kommt es bei fettleibigen Tauchern manchmal zu Dehnungsschmerzen im Bauch oder in der Hüfte. Ursache sind ungelöste Stickstoffblasen im Fettgewebe, die sich durch die Druckreduzierung ausdehnen.

Muskel- und Gelenkschmerzen

Die beim Tauchen bewegten Muskeln und Gelenke sind hiervon betroffen. Kommt es zu einer Blasenbildung im Muskelgewebe, das sich durch die gute

Durchblutung schnell aufsättigt, können Funktionsstörungen auftreten, die bis zum völligen Ausfall der Muskelgruppe führen. Dies ist meist von starken Schmerzen begleitet.

Gelenkgewebe sättigt sich durch die schlechtere Durchblutung eher langsam auf und entsättigt sich dementsprechend auch langsam.

Im Fall von Blasenbildung und auftretenden rheumaartigen Schmerzen wird meist eine unbewusste Schonhaltung des betroffenen Knie-, Sprung-, Schulter- und Ellbogengelenkes eingenommen. Bei dieser Schonhaltung wird das betroffene Gelenk meist abgewinkelt, daher werden diese Symptome nach dem aus dem englischen kommenden Begriff BEND (beugen) bezeichnet.

Beeinträchtigungen des zentralen Nervensystems

Durch den relativ hohen Anteil von fetthaltiger Substanz im Rückenmark und Gehirn und der Eigenschaft des Stickstoffes, sich besonders gut an diese zu binden, kommt es häufig zur Beeinträchtigung des Zentralen Nervensystems und neurologischen Ausfällen.

Schwindel oder Drehschwindel (Vertigo)

Kommt es zur Blasenbildung des mit Flüssigkeit gefüllten Bereiches des Innenohres in den Bogengängen des Gleichgewichtsorganes und der Gehörschnecke, so führt dies zu einem Verlust des Gleichgewichtsinnes, zu Ohrgeräuschen, Schwindel, Übelkeit und Erbrechen.

Empfindungsstörungen der Haut, Verlust von Tast und Temperatursinn, Muskelschwäche und Lähmungserscheinungen

Ganze Nervenstränge können durch Stickstoffbläschen im Gehirn und Rückenmark blockiert werden und ausfallen. Ein Verlust der Kontrolle über Muskeln und Organe ist möglich.

Lähmungserscheinungen können sich relativ harmlos als örtlich begrenztes Taubheitsgefühl bzw. Gefühllosigkeit in einem Finger manifestieren, je nach Größe und Ort der Stickstoffblase treten jedoch auch Querschnittslähmungen auf. Im Gehirn festsitzende Stickstoff- oder Luftblasen können lebenswichtige Zentren blockieren, es besteht Lebensgefahr.

Zu schlaganfallähnlichen Symptomen wie Hör-, Seh- und Sprachstörungen kann es bei Blasenbildung im Gehirn kommen.

Verlust der Blasen- und Mastdarmfunktion

Bei DCI-Fällen tritt häufig als Begleitsymptom ein Verlust der Blasen- und /oder Mastdarmfunktion auf. Der Verunfallte kann seinem Harn bzw. Stuhldrang nicht nachgeben. Das Anlegen eines Katheders durch medizinisch ausgebildetes Personal ist in diesem Fall notwendig.

Hustenanfälle, Kurzatmigkeit und Atembeschwerden

Bei plötzlicher Druckentlastung durch grobe Missachtung der Dekompressionsregeln wie Einhaltung der Aufstiegsgeschwindigkeit kann es zu einer vermehrten Blasenansammlung im Blutkreislauf kommen. Diese werden über das Herz zur Lunge transportiert und können im Herzen zum Verschluss der Herzkranzgefäße und zum Herzinfarkt bzw. völligen Erliegen des Kreislaufes führen.

Die angesammelten Stickstoffblasen behindern den Gasaustausch in den Lungenbläschen, es kommt zur Atemnot mit Beklemmungsgefühlen und Hustenreiz. Diese krampfartigen Gefühle in der Lunge werden als »Chokes« bezeichnet.

Bei diesen Symptomen sollte jedoch immer auch die Möglichkeit eines Lungenbarotraumas in Betracht gezogen werden.

Behandlung einer DCI

Die sich ähnelnden Symptome eines Dekompressionsunfalles und einer arteriellen Gasembolie werden gleich behandelt.

Für den Ersthelfer ist es unerheblich, ob die Blockierung eines Gefäßes von einem Lungenüberdruckunfall oder einem Dekompressionsunfall hervorgerufen wurde. Bei Verdacht auf einen Dekompressionsunfall oder einer arteriellen Gasembolie sollten folgende Maßnahmen zur Ersten Hilfe ergriffen werden:

• Versorgung mit reinem Sauerstoff
• Flachlagerung bei Bewusstsein
• stabile Seitenlage bei Bewusstlosigkeit
• Versorgung mit einer Flüssigkeit, die weder Kohlensäure noch Alkohol enthält oder harntreibende Wirkung hat

- Beruhigung und Betreuung des Verunfallten
- Transport zur nächsten Druckkammer

Die Versorgung mit reinem Sauerstoff

Sollte es zu einer Blockierung der Blutzirkulation und einer Sauerstoffunterversorgung kommen, ist Eile angesagt. Gelingt es nicht den Verschluss durch eine Druckkammerbehandlung zu beseitigen, können Langzeit- und Folgeschäden auftreten, deren Ausmaß von der schnellen Versorgung mit Sauerstoff abhängt. Die Stärke der Schäden ist laut Statistik davon abhängig, wie schnell der verunfallte Taucher Sauerstoff bekommt.

Der für den Sauerstofftransport zuständige rote Blutfarbstoff ist unter normalen atmosphärischen Bedingungen zu ca. 98 Prozent mit O_2 gesättigt. Durch die Gabe von reinem Sauerstoff wird zusätzlich O_2 in der Blutflüssigkeit gelöst, und zwar umso mehr, je höher die Sauerstoffkonzentration und der Umgebungsdruck ist, in dem diese Sauerstoffkonzentration geatmet wird.

Steht also nur ein begrenzter Vorrat an Sauerstoff zu Verfügung, der bei der Gabe von 100 Prozent O_2 nur 30 Minuten, bei 50 Prozent jedoch eine Stunde reichen würde, ist in jedem Fall die 30-Minuten-Variante vorzuziehen.

Wird reiner Sauerstoff geatmet, kommt es wegen des völligen Fehlens von Stickstoff bei der Einatmung zu einem hohen Druckgefälle zwischen dem Atemgemisch in der Lunge (reiner Sauerstoff) und dem Stickstoffpartialdruck in den Geweben sowie im Weiteren zwischen Blutflüssigkeit und Stickstoffblasen.

Stickstoff tritt bedingt durch das hohe Druckgefälle viel schneller aus den Geweben aus.

Eine Beatmung mit reinem Sauerstoff führt in vielen Fällen zur schnellen Linderung der DCI-Symptome, die jedoch nach Absetzen des Sauerstoffes wieder auftreten.

Das Atmen von erhöhten Sauerstoffkonzentrationen bewirkt ein Zusammenziehen von Gefäßen im Gehirn. Wird der Sauerstoff plötzlich abgesetzt, sinkt der Partialdruck im Blut schneller, als sich die Gefäße weiten können, es kann zur kurzfristigen Bewusstlosigkeit kommen.

Die Hersteller von Sauerstoffsystemen bieten spezielle Kurse für den Gebrauch der von ihnen hergestellten und vertriebenen Systeme an.

Es gibt verschiedene Möglichkeiten einen verunfallten Taucher mit Sauerstoff zu versorgen.

Das bedarfsgesteuerte System

Bei diesem System wird der verunfallte Taucher über einen speziellen Atemregler mit Sauerstoff versorgt. Wie bei einem normalen Atemregler öffnet sich bei der Einatmung über ein Hebel-Membran-System das Ventil und Sauerstoff strömt nach.

Vorteile: Nur die tatsächlich gebrauchte Menge Sauerstoff wird abgegeben.

Das Atmen aus einem von der Taucherei bekannten Gerät, dem Atemregler, wird vom Verunfallten oft als nicht so belastend empfunden wie das Atmen über eine Sauerstoffmaske. Die mit Sauerstoffmaske, Klinik, Krankheit und Unfall verbundenen Assoziationen können die Psyche der Betroffenen zusätzlich belasten.

Das Mitführen eines Sauerstoff-Notfallkoffers, hier DAN Oxygen Kit, gehört zum Standard jeder seriösen Tauchschule bzw. -basis.

Nachteile: 96 Prozent Sauerstoff in der Ausatemluft strömen ungenutzt ab. Bei erhöhter Atemfrequenz reicht eine Zwei-Liter-Sauerstoffflasche nur ca. 20 Minuten

Dieses System kann nur bei Verunfallten verwendet werden, die bei Bewusstsein sind und keine Atemprobleme haben.

Das frei abströmende System

Bei diesem System ist die Flußmenge des Sauerstoffs (FLOW) entweder fest vorgegeben oder kann individuell eingestellt werden. Der Sauerstoff strömt kontinuierlich in eine Atemmaske.

Diese Methode ist vor allem bei Verunfallten mit Atemproblemen und bei Verlust des Bewusstseins anzuwenden, sie setzt jedoch einen größeren Vorrat an Sauerstoff voraus.

Nachteil des Systems ist, dass eine große Menge Sauerstoff ungenutzt abströmt.

Moderne Sauerstoffsysteme

Die von Divers Alert Network angebotenen Systeme können durch verschiedene Druckminderer sowohl als bedarfsgesteuerte als auch als frei abströmende Systeme eingesetzt werden.

Das Wenoll-System

Es handelt sich um ein geschlossenes Atemsystem, bei dem ähnlich wie beim Kreislauftauchgerät 100 Prozent Sauerstoff eingeatmet werden.

4 Prozent des eingeatmeten Sauerstoffes werden im Körper durch stille Verbrennung in Kohlendioxyd umgewandelt. Die Ausatemluft besteht jetzt aus 96 Prozent Sauerstoff und 4 Prozent Kohlendioxyd.

Die mit 4 Prozent Kohlendioxyd angereicherte Ausatemluft wird durch eine spezielle Filterpatrone geführt, die das CO_2 aufnimmt. Über eine Flushtaste am Druckminderer der Sauerstoffflasche kann das System bei Bedarf mit frischem O_2 durchgespült werden.

Vorteile: Durch Zuführung einer minimalen Menge frischen Sauerstoffs bleibt die Konzentration nahezu konstant 100 Prozent. Durch Nutzung des gesamten Sauerstoffs reicht ein geringer Vorrat, um einen Verunfallten über längere Zeit mit 100 Prozent Sauerstoff zu versorgen.

Nachteile: Da der aus dem Körpergewebe ausgespülte Stickstoff auch mit der Ausatemluft in das geschlossenen System abgegeben wird und nicht entweichen kann, muss dieses regelmäßig über eine spezielle Flushtaste (Spültaste) mit reinem Sauerstoff durchgespült werden. Bei zu kleiner Sauerstoffflasche kann der Vorrat schnell zur Neige gehen.

Die relativ teuren Filterpatronen haben eine beschränkte Haltbarkeit und können nur einmal verwendet werden.

Die Aufsättigung mit CO_2 wird durch eine Verfärbung angezeigt, die Färbung verschwindet jedoch anschließend langsam wieder.

Ist die umschließende Kunststoffhülle beschädigt, kann die Patrone bei längerer Lagerung unbrauchbar werden, da sie sich bei Kontakt mit der Umgebungsluft langsam mit CO_2 sättigt. Eine nicht vakuumverpackte, offen gelagerte Patrone kann nicht mehr verwendet werden.

Das Kohlendioxyd in der Ausatemluft wird bei einer bereits gesättigten Patrone nicht mehr ausgefiltert. Es kommt daher zur Anreicherung von CO_2 im geschlossenen System und zu Anzeichen einer CO_2-Vergiftung.

Durch den relativ hohen Atemwiderstand ist das System nur für verunfallte Taucher geeignet, die bei Bewusstsein sind und keine Atemprobleme haben.

Wird der Verunfallte mit der Filterpatrone auf dem Körper gelagert oder transportiert, kann die sich bei Gebrauch erhitzende Kalkpatrone unangenehme Hitzewallungen hervorrufen.

Ruhigstellung und Lagerung

Der Verunfallte sollte entsprechend seinem Zustand gelagert werden. Tritt eine arterielle Gasembolie in Verbindung mit einem Lungenriss auf, wird eine Lagerung mit leicht erhöhtem Oberkörper vom Verunfallten als angenehmer empfunden als zu liegen.

Bei Bewusstlosigkeit ist die stabile Seitenlage anzuwenden.

Ist der Taucher nach einem Dekompressionsunfall bei Bewusstsein, ist eine Flachlagerung sinnvoll. Unnötige Bewegung und Anstrengung des verunfallten Tauchers sollten auf jeden Fall vermieden werden.

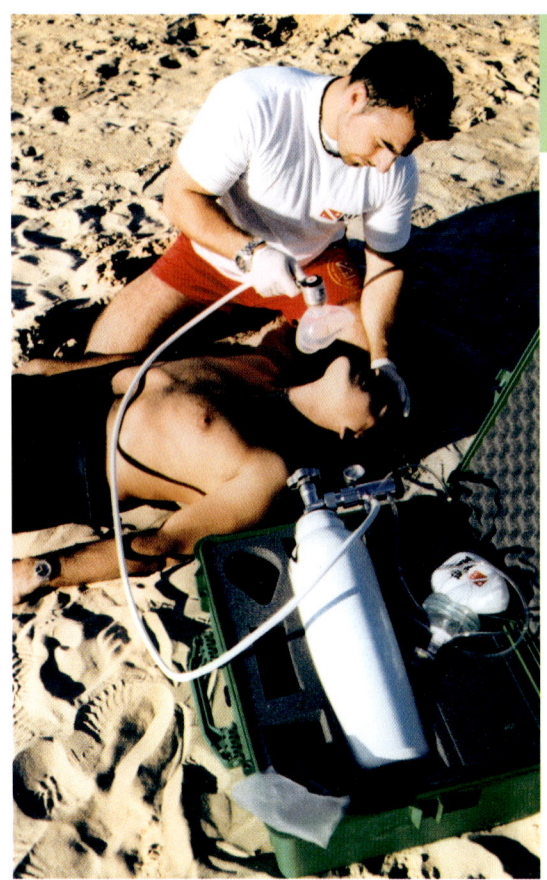

Transport zur nächstgelegenen Druckkammer und HBO-Therapie

Bei jedem Auftreten von DCI-Symptomen, und erscheinen sie noch so geringfügig, muss sich der Verunfallte einer Hyperbaric-Oxygene-Therapie (HBO) unterziehen.

Transport

Ist es notwendig einen verunfallten Taucher mit DCI (venöser oder arterieller Gasembolie) über einen Bergpass oder mit einem Fluggerät (Hubschrauber, Rettungsflugzeug) zu transportieren, verstärken sich die Symptome durch den reduzierten Umgebungsdruck, da sich die Bläschen ausdehnen.

Bei Rettungsflugzeugen kann der Kabinendruck individuell angepasst werden. Mit dem Hubschrauber sollte nicht höher als 300 Meter geflogen werden, außer der Verunfallte befindet sich in einer transportablen Druckkammer.

Flüssigkeitszufuhr

Durch schluckweise Zufuhr von nicht kohlensäurehaltigen Getränken wird die Viskosität des Blutes gesenkt und Stickstoff schneller und besser abtransportiert. Sollte der Verunfallte ohne Bewusstsein sein, kann die Flüssigkeitszufuhr über eine Infusion mit Kochsalzlösung erfolgen. Bei drohender Bewusstlosigkeit sollte keine orale Flüssigkeitszufuhr erfolgen, da die Gefahr des Erbrechens besteht, Flüssigkeit kann in die Lunge gelangen (Aspiration)!

Bei DCI-Fällen tritt oft ein Verlust der Blasenfunktion auf. Medizinisch geschultes Personal wird in solchen Fällen einen Blasenkatheder legen.

Schmerzmittel

Die in vergangenen Jahrzehnten verbreitete Praxis acetylsalicylsäurehaltige Medikamente (Aspirin) zur Blutverdünnung zu geben, sind lange überholt. Schmerzmittel können die Schmerzsymptome verschleiern und dadurch den Verunfallten unnötig gefährden.

Behandlung in der Druckkammer

In einer Druckkammer wird der Verunfallte rekomprimiert und durch medizinisches Personal betreut.

Die für die Blockade verantwortlichen Gasblasen im Blut und Gewebe werden durch Erhöhung des Umgebungsdrucks verkleinert. Die gleichzeitige Atmung von Sauerstoff unter erhöhtem Druck bewirkt eine schnellere Auswaschung des Stickstoffes aus den Körpergeweben, als dies unter normalem atmosphärischen Druck möglich wäre.

Gleichzeitig diffundiert Sauerstoff durch den erhöhten Druck in die Gewebe und kann so blockiertes, mit Sauerstoff unterversorgtes Gewebe erreichen und versorgen, um Gewebeschädigungen vorzubeugen.

Je nach Schwere und Art der DCI kann sich eine notwendige Behandlung über einige Stunden, aber auch über Wochen und Monate hinziehen und sehr viel Geld kosten.

Große Druckkammern, die oft vom Militär verwendet werden, haben eine Anschlussmöglichkeit für transportable Kammern, so kann der Verunfallte ohne Druckreduzierung in die große Kammer übernommen werden. Moderne Druckkammern verfügen außerdem über eine Schleuse über die medizinisches Personal Medikamente während der Behandlung verabreichen kann.

Einmannkammern bieten meist keine Möglichkeit den Verunfallten mit Sauerstoff zu versorgen und Hilfe bei Komplikationen zu leisten.

Nasse Rekompression

Wenn keine Druckkammer zur Verfügung steht, ist die so genannte Nasse Rekompression eine Möglichkeit zur Behandlung des Opfers nach einem Tauchunfall. Dabei bringt man den Taucher auf eine Tiefe von etwa 50 Metern, damit die Wirkung der Stickstoffblasen oder der Luftembolie reduziert wird. Dieser Tauchgang birgt jedoch enorme Gefahren für den verunfallten Taucher und den oder die Retter, zum Beispiel eine fortschreitende Unterkühlung, die zusätzliche Stickstoffaufnahme sowie physischen und psychischen Stress.

Kommt es zum Ausfall von Vitalfunktionen wie Atmung oder Kreislauf, so ist dies das Todesurteil für den Verunfallten, da weder er noch die Retter schnell auftauchen und reagieren können.

In einigen Gebieten der Erde wie in manchen Teilen Australiens, die oft tausende Kilometer von der nächsten Druckkammer entfernt sind, wird oft beim ersten Auftreten von DCS-Symptomen unter reiner Sauerstoffatmung in geringe Tiefen (max. 7 Meter) abgetaucht und anhand modifizierter Tabellen, die in Druckkammern verwendet werden, nass rekomprimiert. Hierbei ist der erhöhte Sauerstoffpartialdruck von 1,7 bar zu beachten, der zu Sauerstoffvergiftung und Krämpfen mit fatalen Folgen führen kann.

Temperaturschäden

Der Mensch hat im Normalfall eine Kerntemperatur von ca. 37 Grad, in den äußeren Körperregionen kann sie jedoch deutlich darunter oder darüber liegen. Die lebenswichtigen zentralen Bereiche werden jedoch nahezu konstant bei 37 Grad gehalten.

Wärme entsteht hauptsächlich durch Stoffwechselvorgänge und Muskelbewegung. Wie bei allen gleichwarmen Lebewesen reguliert unser Gehirn den Wärmehaushalt des Körpers. Wenn die Kerntemperatur zu stark absinkt, erleiden wir eine Unterkühlung, steigt sie zu sehr an, kann das zu Überhitzung führen.

Unterkühlung (Hypothermie)

Dem menschlichen Körper wird beim Schwimmen und Tauchen durch die gute Wärmeleitfähigkeit des Wassers sehr schnell Wärme entzogen. Dies geschieht durch Konduktion, Konvektion (siehe Seite 26) oder Abstrahlung, wobei die Wärmeleitung (Konduktion) auf das umgebende Wasser mit anschließendem Austausch durch kaltes Wasser (Konvektion) bei einem schlecht sitzendem Anzug den überragenden Anteil einnimmt.

Weitere Faktoren wie das Atmen von kalter Luft, verstärkte Bewegung und Urinausscheidung erhöhen den Wärmeverlust. Beim Atmen durch die Zweite Stufe des Atemreglers entspannt sich die Luft von Mitteldruck auf Umgebungsdruck und kühlt sich stark ab. Durch die Erwärmung in den Atemwegen beim Einatmen wird dem Körper so zusätzlich Wärme entzogen.

Im unbekleideten Zustand wird bei Windstille eine Lufttemperatur von 24 Grad Celsius noch als sehr angenehm empfunden. Bei gleicher Wassertemperatur kommt es jedoch sehr schnell zu Unterkühlungssymptomen.

Je größer der Temperaturunterschied zwischen Körper und Wasser ist, umso schneller findet die Unterkühlung statt.

Die Überlebenszeit eines Schiffbrüchigen mit Bekleidung beträgt bei 20 Grad Celsius Wassertemperatur ca. 12 Stunden, bei 4 Grad Celsius Wassertemperatur nur ca. 1 Stunde.

Man sollte sich als Schnorchler und Taucher grundsätzlich nicht ohne ausreichenden Kälteschutz im Wasser aufhalten.

Die Erregungsphase

Sinkt die Kerntemperatur in einen Bereich von etwa 34 Grad Celsius, reagiert der Körper mit unwillkürlichem Muskelzittern bei gleichzeitigem Ansteigen der Atemfrequenz, um die Wärmeproduktion zu erhöhen.

Die Blutgefäße verengen sich, damit ein weiterer Wärmeverlust verhindert wird. Der im Körpergewebe gelöste Stickstoff wird durch die gedrosselte Durchblutung schlecht abtransportiert, es kann je nach Stadium der Unterkühlung eine erhöhte Gefahr für einen Dekompressionsunfall bestehen.
Der Taucher wird mit zunehmender Unterkühlung unkonzentriert, die Haut sieht blass aus. Es kann zu leichten Schmerzen in den Ohren, Fingern und Zehen kommen.
Spätestens jetzt sollte jeder Taucher seinen Tauchgang beenden und das Wasser verlassen. Bewegt sich der Taucher verstärkt, um durch willkürliche Muskelarbeit Wärme zu erzeugen, wird vermehrt Blut in die Muskulatur und die Extremitäten geleitet. Die Stickstoffsättigung steigt, es wird mehr Wärme abgegeben.

Phase der Erregungsabnahme
Die Kerntemperatur sinkt auf 34 bis 30 Grad Celsius. Ist der im Blut vorhandene »Brennstoff« durch Muskelzittern aufgebraucht, kommt es bei weiterem Abfallen der Kerntemperatur zu Gefäßkrämpfen. Der Körperkern soll durch krampfartiges Verschließen der in die Arme und Beine führenden Blutgefäße vor weiterer Unterkühlung geschützt werden.
Wird ein stark unterkühlter Taucher in diesem Stadium durch Massieren der unterkühlten Glied-

maßen oder durch die Bergung stark bewegt, bekommt er Alkohol oder wird er in eine heiße Wanne gelegt, kann es zum »Bergetod« kommen. Der Gefäßkrampf löst sich durch Wärme, Alkohol oder die Bewegung und das kalte Blut gelangt plötzlich aus den Extremitäten in den bis dahin geschützten zentralen Bereich von Herz, Lunge und Gehirn. Dadurch kann es zum plötzlichen Herzstillstand kommen, zum Beispiel durch Rhythmus-Störungen.
Allgemeine Symptome dieser Phase sind Teilnahmslosigkeit, Eintrübung des Bewusstseins, Schläfrigkeit und Muskelstarre. Der Puls und die Atmung verlangsamen sich.

Lähmungsphase
Sinkt die Kerntemperatur in einen Bereich zwischen 30 und 27 Grad Celsius, kommt es zu extremer Bewusstseinstrübung mit Bewusstlosigkeit, Puls und Atmung werden nochmals verlangsamt und können kaum noch wahrgenommen werden. Es besteht die Gefahr von Herzkammerflimmern.

Scheintod und Tod
Bei einer niedrigeren Kerntemperatur als 27 Grad Celsius ist meist kein tastbarer Puls und keine sichtbare Atembewegung mehr vorhanden.

Vorbeugung
Der beste Schutz vor Unterkühlung beim Tauchen ist ein perfekt passender Tauchanzug, der an die vorherrschenden Wassertemperaturen angepasst sein muss.
Die Dicke des Nasstauchanzuges variiert von 3 Millimeter bis 7 Millimeter. Beim Tauchen in kaltem Gewässer können Sie auch einen Trockentauchanzug tragen. Zusätzlich kann man über einen Nasstauchanzug noch eine Jacke ziehen oder eine Kopfhaube tragen. Über den Kopf werden ca. 40 Prozent der Körperwärme abgegeben. Sorgen Sie deshalb rechtzeitig vor dem Tauchen durch ausreichende Nahrungsaufnahme für den benötigten »Brennstoff«. Dabei sollten mindestens zwei Stunden zwischen der Mahlzeit und

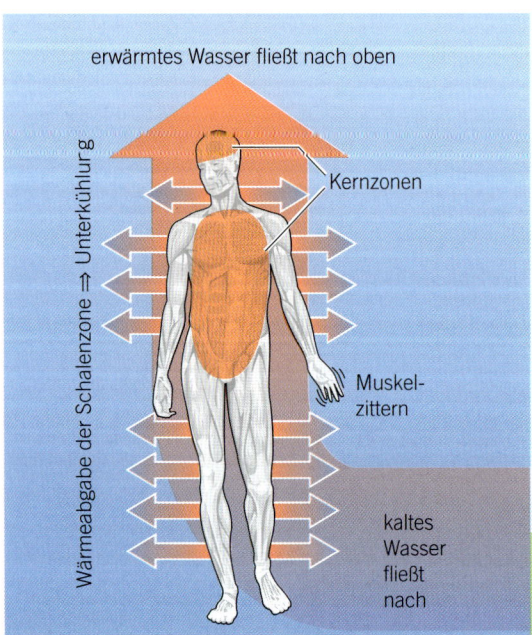

erwärmtes Wasser fließt nach oben

Wärmeabgabe der Schalenzone ⇒ Unterkühlurg

Kernzonen

Muskelzittern

kaltes Wasser fließt nach

Temperaturregelung des menschlichen Körpers in der Kern- und Schalenzone

dem Tauchgang liegen, um dem Körper das Verdauen und die Aufnahme der Nährstoffe zu ermöglichen.

Behandlung

Ein Aufwärmen nach dem Tauchgang durch Wechseln der nassen gegen trockene Kleidung und die Einnahme von mit Honig oder Zucker versetzten warmen Getränken ist empfehlenswert. Diese Getränke sollten jedoch wegen der gefäßerweiternden Wirkung auf keinen Fall Alkohol oder Koffein enthalten!

Bei schweren Unterkühlungen kann eine aktive Wiedererwärmung durch ein Bad in warmem Wasser erforderlich sein, diese darf aber nur von medizinisch ausgebildetem Personal durchgeführt werden, da die zuvor genannte Gefahr des Bergetodes besteht. Der Zeitraum, in dem ein unterkühlter Taucher wiederbelebt werden kann, verlängert sich. Die Devise heißt: »Aufgeben gilt nicht!«

Überhitzung (Hyperthermie)

Nicht nur in tropischen Ländern kann es während der Vorbereitungen zum Tauchen zur Überhitzung kommen. Wenn man zuerst den Tauchanzug anzieht, dann sein Tauchgerät zusammenbaut und eventuell noch auf Taucher der Gruppe warten muss, um anschließend eine Tauchgangsbesprechung (Briefing) durchzuführen, ist man schnell überhitzt.

Der Körper reagiert auf die Erhöhung der Körpertemperatur mit Schweißproduktion, um durch die Verdunstungskälte die Körpertemperatur wieder zu senken. Durch den Tauchanzug kann jedoch kein Schweiß verdunsten, der Körper versucht aber weiter durch erhöhte Schweißproduktion einen Kühleffekt zu erreichen.

Die ersten Symptome für eine Überhitzung sind feuchte kalte Haut, blasses Aussehen und Erschöpfungszustände. Der Puls ist schnell und kräftig. Falls Sie jetzt keine Gegenmaßnahmen durch Abkühlen, Lagerung im Schatten und Flüssigkeitszufuhr ergreifen und die Körpertemperatur weiter ansteigt, kann es zum Verlust der Wärmeschutzmechanismen kommen. Das heißt, es besteht die Gefahr einen Hitzschlag zu bekommen, der zu einem Kreislaufkollaps oder zu Bewusstlosigkeit führen kann.

Bei einem Hitzschlag ist die Haut gerötet, heiß und trocken, der Puls stark und schnell, er fällt jedoch ab, wenn der Patient das Bewusstsein verliert. Krämpfe oder Bewusstlosigkeit können plötzlich auftreten. Sofortmaßnahmen: Kühlung durch Schatten, Abdecken mit kühlen feuchten Tüchern, Besprenkeln mit Wasser, weitere medizinische Hilfe anfordern. Je nach Bewusstseinszustand Rücken- oder stabile Seitenlage. Dem Verunfallten dürfen bei einem fortgeschrittenen Hitzschlag mit drohender Bewusstlosigkeit keine Getränke oder Nahrungsmittel verabreicht werden.

Ein Hitzeschaden kann sehr leicht vermieden werden, indem man den Tauchanzug nicht so lange vor oder nach dem Tauchgang trägt, ihn ausgiebig befeuchtet und sich im Schatten aufhält. Gewaltmärsche in voller Ausrüstung sollten ebenso vermieden werden wie lange Wartezeiten auf den Rest der Tauchgruppe auf Tauchbooten oder am Strand.

Karotis-Sinus-Syndrom

Der Blutdruck im Körper wird ständig von Druckrezeptoren in den Halsschlagadern gemessen. Bei übermäßigem Druck auf diese Rezeptoren während körperlicher Anstrengung, durch zu eng sitzende Halsmanschetten bzw. Kopfhauben des Tauchanzuges kann es zu einer Verlangsamung des Herzschlages kommen. Um den erhöhten Sauerstoffbedarf des Körpers zu decken, muss das Herz aber eigentlich kräftiger schlagen. Durch den Druck auf die Gefäße wird zu wenig Blut durch das Herz in den Kreislauf transportiert, der dadurch entstehende Sauerstoffmangel im Gehirn kann zur Bewusstlosigkeit führen.

Quetschungen und Prellungen

Besonders beim Bootstauchen kommt es immer wieder zu Verletzungen wie Quetschungen der Finger an beweglichen Bootsleitern oder Prellungen, weil der Taucher durch starken Wellengang an Leiter oder Boot prallt.

Verliert ein Taucher beim Ausstieg auf der Leiter das Gleichgewicht und rutscht ab, so fällt er seinem nachfolgenden Kameraden direkt auf den Kopf. Das kann vermieden werden, indem der Taucher so lange Abstand von der Leiter hält, bis der Taucher komplett im Boot verschwunden und der Ausstieg frei ist. Sehr häufig wird auch die Gewalt des Wassers unterschätzt. Auf Tauchbooten sollte man sich zu jeder Zeit festhalten (immer »eine Hand am Schiff«) oder hinsetzen, um nicht das Gleichgewicht zu verlieren.

Ein »Über-Kopf-Anziehen« der Tauchausrüstung auf schaukelnden Booten ist nicht nur ausgesprochen gefährlich für alle Mittaucher, sondern belastet auch die Wirbelsäule unnötig.

Das Briefing vor dem Tauchen sollte deshalb genaue Hinweise über das Verhalten auf dem Boot während der Fahrt, beim Ein- und Ausstieg sowie am Tauchplatz enthalten.

Notfallmanagement

Bei Trennung vom Tauchpartner

Wird ein Taucher oder ein Teil der Gruppe von den anderen getrennt, so ist die **vor** dem Tauchgang abgesprochene Handlungsabfolge einzuhalten. International hat sich die folgende Verfahrensweise durchgesetzt: Eine Minute die nähere Umgebung absuchen, dabei um 360 Grad drehen. Ist der Tauchpartner nicht zu sehen, wird unter Einhaltung der Aufstiegsgeschwindigkeit der Aufstieg eingeleitet.

Wenn der Taucher mit seinem Tauchpartner allein am Tauchplatz ist, kann bei ruhiger Wasseroberfläche nach Luftblasen Ausschau gehalten und in der Blasenspur zum Partner abgetaucht werden.

Sind jedoch mehrere Taucher und Gruppen unterwegs, muss der vorher abgesprochene Notfallplan eingeleitet werden. Zur Wahrung der eigenen Sicherheit sollten Sie ein wiederholtes Abtauchen und alleiniges Suchen nach dem Tauchpartner unterlassen.

Bei Verlust der Tarierungskontrolle

Sollte ein Tauchpartner den Ein- und Auslassknopf beim Inflator verwechseln oder sich das Tarier-

jacket aufgrund eines defekten oder verschmutzten Inflators selbst aufblasen, muss sofort der Schnellablass betätigt und die Inflatorkupplung vom Inflator getrennt werden, um ein Durchschießen zur Oberfläche zu verhindern.

Der Tauchgang kann auch mit abgekoppeltem Inflator durch Benutzung der Mundaufblaseinrichtung fortgesetzt werden (siehe Seite 144).

Kommt es zum Verlust des Auftriebs durch ein defektes Tarierjacket oder Abreißen des Inflatorschlauches, kann der Taucher durch Flossenschlagen oder Festhalten am Ankerseil bzw. an einer Felswand ein Absinken verhindern. Durch Kontakt zum Tauchpartner und vermehrtes Befüllen seines Jackets kann für Auftrieb gesorgt und der Tauchgang sicher beendet werden (vorausgesetzt das Volumen des Tarierjackets ist ausreichend groß).

Ist kein Tauchpartner in Reichweite und ein Aufstieg durch Flossenschlagen nicht möglich, muss sofort Gewicht abgeworfen werden.

Können die Gewichte einzeln abgeworfen werden, muss zumindest so viel abgegeben werden, dass der Taucher keinen Abtrieb mehr hat. Nun wird der Aufstieg eingeleitet.

Achtung: Durch die Ausdehnung der Luftbläschen im Tauchanzug bei Druckentlastung und der durch Aufregung verstärkten Atmung wird der Aufstieg immer schneller. Um ein Überschreiten der Aufstiegsgeschwindigkeit und die Möglichkeit eines Dekompressionsunfalles zu vermeiden, muss der Aufstieg mit allen Mitteln durch Festhalten an Felsen, Ankerleinen und Querlegen des Körpers etc. abgebremst werden.

Atemregler bläst ab

Moderne Atemregler sind so konzipiert, dass sie bei Versagen nicht blockieren, sondern vermehrt Luft abgeben (siehe Seite 143). Ist der Ventilsitz beschädigt oder kommt es im kalten Wasser zum Vereisen des Atemreglers, »bläst der Automat ab«, das heißt, er gibt zu viel Luft ab.

Vereisung der ersten Stufe

Die aus der Flasche kommende Luft entspannt sich in der ersten Stufe und kühlt stark ab. Wenn durch hohe Atemfrequenz oder bei gleichzeitigem Atmen aus dem Hauptautomaten oder der alternativen

Luftversorgung und Bedienung des Inflators viel Luft durch die Erste Stufe strömt, kann es in allen Gewässern, deren Temperatur 15 Grad Celsius oder weniger beträgt, zu einer Vereisung kommen. Die durch Entspannung abgekühlte Luft kann Temperaturen von unter -50 Grad Celsius erreichen. Durch die starke Abkühlung oder Restfeuchtigkeit in der Atemluft ist eine Bildung von Eiskristallen möglich, die ein Schließen des Ventilsitzes verhindern. Luft strömt weiter nach, es bildet sich mehr Eis und die Erste Stufe bläst unkontrolliert ab.

Vereisung der Zweiten Stufe

Bedingt durch die Kunststoffkonstruktion der meisten Zweiten Stufen erwärmt sich die durch Entspannung abgekühlte Luft nicht so schnell auf die Umgebungstemperatur. Es kann zur Bildung von Eiskristallen am Ventilsitz kommen, der dann nicht mehr schließt. Durch das offen gehaltene Ventil strömt weiter Luft nach, die Vereisung wird immer schlimmer.

Abhilfe

Ventilabgang zudrehen, Wechsel auf alternative Luftversorgung (eigene oder Partner), die sich vorzugsweise an einem eigenen, separat absperrbaren Ventilabgang befinden muss.
Höher tauchen in wärmere Wasserschichten.
Nach 2 bis 5 Minuten können Sie das Ventil wieder vorsichtig öffnen.

Vermeidung

Verwenden Sie nur eine Ausrüstung, die für das Tauchen in kalten Gewässern geeignet ist.
Getrennte Ventilabgänge, die separat absperrbar sind, sind ein Muss für Kaltwassertauchgänge, ebenso die regelmäßige Wartung und Überprüfung des Tauchgerätes auf eingedrungene Feuchtigkeit.

Aufstieg mit alternativer Luftversorgung oder Wechselatmung

Sollte der Taucher und sein Tauchpartner fahrlässigerweise versäumt haben, gegenseitig den Luftverbrauch zu kontrollieren, kann dies zu einer »ohne-Luft-Situation« führen.
Dem Partner wird das Notfallsignal »Ich habe keine Luft mehr« gezeigt und mit Hilfe seiner oder einer mitgeführten separaten alternativen Luftversorgung der Tauchgang beendet.
Ist der Tauchpartner nur mit einem einzigen Atemregler ausgestattet, muss unter Wechseln eines einzigen Atemreglers aufgestiegen werden.

Kontrolliert schwimmender Notaufstieg

Sollte aufgrund grober Fahrlässigkeit der Tauchpartner außer Sicht sein und sich der Taucher in einer ohne-Luft-Situation befinden, kann ein kontrollierter schwimmender Notaufstieg durchgeführt werden (siehe Seite 145). Dabei dehnt sich die in der Lunge befindliche Restluft aus und unterdrückt den Atemreiz. Die überschüssige Luft wird unter kontinuierlichem, leichtem Ausatmen abgegeben.

Ausfall des Tauchcomputers

Fällt ein Tauchcomputer aus, muss unter Einhaltung der Aufstiegsgeschwindigkeit sofort in eine Tiefe, die flacher als 9 Meter ist, aufgetaucht und dort so lange wie möglich verweilt werden, um überschüssigen Stickstoff abzugeben.
Wenn keine Ersatzinstrumente wie Uhr und Tiefenmesser zur Verfügung stehen, muss der Taucher langsamer aufsteigen als die allerfeinsten Luftbläschen. An einem Referenzseil oder einer Riffwand kann mit den Armen eine Spanne abgemessen werden, die etwa einem Meter entspricht. Diese Spanne darf vom Taucher entsprechend einer Aufstiegsgeschwindigkeit von 10 Meter pro Minute maximal in 6 Sekunden überwunden werden.

Nichteinhaltung eines Dekompressionsstops

Sollte es durch Instrumentenausfall oder falsche Planung und Durchführung eines Tauchgangs dazu kommen, dass ein Dekompressionsstopp nicht durchgeführt werden konnte, sollte der Taucher nach Verlassen des Wassers:
- reinen Sauerstoff atmen,
- mindestens 2 Liter kohlensäurefreie Flüssigkeit zu sich nehmen,
- auf Symptome einer DCS achten,
- mindestens 24 Stunden nicht wieder in das Wasser gehen.

Der Taucher reagiert nicht mehr unter Wasser

Durch vorsichtiges Anfassen sofort Kontakt zum Verunfallten herstellen und versuchen, die Ursache herauszufinden. Reagiert der Tauchpartner jetzt, kann das Problem gemeinsam gelöst werden. Bei Bewusstlosigkeit muss der verunfallte Taucher umgehend zur Wasseroberfläche gebracht werden. Die Atemwege müssen dabei durch Überstreckung des Kopfes offen gehalten werden, um Lungenüberdruckverletzungen zu vermeiden.

Durch Erschlaffen der Gesichtsmuskulatur kann dem Bewusstlosen unter Umständen der Atemregler aus dem Mund fallen. Der Atemregler muss deshalb beim Aufstieg durch Festhalten gesichert werden. Einen herausgefallenen Atemregler wieder in den Mund zu stecken, ist jedoch Zeitverschwendung. Zur eigenen Sicherheit muss die Aufstiegsgeschwindigkeit in jedem Fall eingehalten werden.

Der Taucher reagiert nicht mehr an der Wasseroberfläche

Taucher in Rückenlage bringen. Falls andere Taucher in der Nähe sind, Hilfe durch Schlagen auf die Wasseroberfläche oder Rufen holen. Das Tarierjacket des Verunfallten aufblasen und Gewichtssysteme abnehmen. Die Atmung überprüfen: Bewegt sich der Brustkorb, gibt es Atemgeräusche?

Bei Atemstillstand muss die Beatmung nach dem Überstrecken der Atemwege und Freiräumen des Mundes mit zwei Atemstößen begonnen werden. Danach wird alle 5 Sekunden ein weiterer Atemstoß gegeben. Während der Beatmung muss der Bewusstlose schnellstmöglich zum Ufer oder Boot gebraucht werden

Es gibt folgende Beatmungsmöglichkeiten: Mund zu Mund, Mund zu Nase, über einen ventillosen Schnorchel oder eine Beatmungsmaske.

Ein Eindringen von Wasser in die Atemwege während der Beatmung vermeiden Sie am besten durch die richtige Verwendung einer Beatmungsmaske. Mund und Nase sind umschlossen, die Maske verfügt über ein Ein- und Auslassventil sowie über einen Sauerstoffanschluss. Spezielle Taschenmasken sind im Handel erhältlich.

Die Tauchausrüstung wird während des Transportes durch Schieben oder Ziehen und gleichzeitiger Beatmung im Fünf-Sekunden-Rhythmus abgelegt, um eine Bergung an das Ufer oder ins Boot zu erleichtern.

Unmittelbar vor der schnellstmöglichen Bergung an Land oder auf das Boot muss der Verunfallte nochmals mit mehreren Beatmungen versorgt werden.

Der Taucher reagiert nicht mehr an Land oder im Boot

Bei Atemstillstand weitere Beatmung und Kontrolle von Puls und Kreislauf. Sind Atmung und Puls vorhanden, müssen eventuell aufgetretene Verletzungen versorgt werden, der Verletzte wird entsprechend seinem Zustand gelagert.

Es sollte keine Zeit durch unsinnige Versuche vergeudet werden einen Stimmritzenkrampf zu lösen oder eventuell eingedrungenes Wasser aus den Lungen zu entleeren.

Ist kein Puls vorhanden, muss mit Herzdruckmassage begonnen werden.

Herz-Lungen-Wiederbelebung

Die Herz-Lungen-Wiederbelebung, auch kurz HLW genannt, basiert auf zwei Tatsachen.

1. In der Ausatemluft des Menschen befindet sich genügend Restsauerstoff für eine Atemspende.
2. Stimuliert man das Herz von außen durch Druck, wird Blut ausgeworfen und nach Reduzierung des Drucks saugt es wieder Blut an.

Diese beiden Maßnahmen kombiniert ergeben die HLW.

Die Herzdruckmassage muss auf hartem Untergrund durchgeführt werden. Dabei ist darauf zu achten, dass der Kopf des Verunfallten nicht höher als auf Herzniveau liegt.

Bei schrägen Ufern muss der Verunfallte so gelagert werden, dass der Kopf im Zweifelsfall etwas tiefer liegt.

Eile ist angesagt, da es bereits nach 4 Minuten ohne Sauerstoffversorgung zu dauerhaften Gehirnschäden kommen kann.

Dauer der Wiederbelebung

Beatmung und Herzdruckmassage müssen so lange fortgeführt werden, bis der Ersthelfer durch medizinisches Fachpersonal abgelöst wird oder ein Arzt den Tod feststellt.

Ansteckungsgefahr

Nach derzeitigem Wissensstand ist die Gefahr einer HIV-Übertragung bei HLW äußerst unwahrscheinlich. Das Risiko kann jedoch durch die Verwendung einer Taschenbeatmungsmaske weiter reduziert werden.

Druckpunkt für die Herzdruckmassage

Der Druckpunkt für die Herzdruckmassage befindet sich drei Finger breit über dem Ansatz des Brustbeines. Der Helfer kniet neben dem Opfer und drückt nach Auflegen des Handballens mit gestreckten Armen senkrecht von oben nach unten am Druckpunkt auf den Brustkorb und kann so sein eigenes Körpergewicht wirkungsvoll einsetzen.

Ein-Helfer-Methode

Ist nur ein Helfer am Unfallort, muss dieser allein die notwendigen Maßnahmen zur Wiederbelebung einleiten und weiterführen, bis er von qualifiziertem, medizinischem Personal abgelöst wird. Nach Rücklagerung, Überstrecken des Kopfes und Freiräumen der Mundhöhle von eventuell Erbrochenem, Fremdkörpern oder Gebiss wird mit zwei bis drei Atemstößen begonnen.
Die Beatmung kann über Mund zu Mund, Mund zu Nase sowie über eine Atemmaske oder einen Beatmungsbeutel erfolgen. Die Menge der eingeblasenen Luft sollte einem normalen ruhigen Atemzug entsprechen.
Beatmung und Herzdruckmassage werden bei der Ein-Helfer-Methode im Rhythmus 15 Herzdruckmassagen zu zwei Beatmungen durchgeführt.

Die Zwei-Helfer-Methode

Sind zwei Helfer vorhanden, kann einer mit den Wiederbelebungsmaßnahmen beginnen, während der andere medizinische Hilfe verständigt.
Nach Überstreckung des Kopfes und Freimachen der Atemwege wird wie bei der Ein-Helfer-Methode 15-mal Herzdruckmassage durchgeführt und zweimal beatmet. Bei Ermüdung können die beiden Helfer die Rollen tauschen.

Schock

Ein Schock ist immer ein lebensbedrohlicher Zustand, bei dem der Körper die »Notbremse« zieht. Es kommt zur Zentralisierung des Blutes in den inneren Organen, schnellem flachen Puls und flacher Atmung. Die Haut ist durch Drosselung der Blutzirkulation in den Extremitäten kühl und feucht.
Auslöser für Schockzustände können sowohl psychischer als auch physischer Natur sein. Wird ein Schock durch Verletzungen und Blutverlust ausgelöst, muss neben der richtigen Lagerung auch eine bestmögliche Versorgung der Verletzung erfolgen.

Lagerung und Versorgung

Der Verunfallte sollte bei Bewusstsein flach auf dem Boden mit leicht erhöht liegenden Beinen und eventuell auch Armen gelagert werden. Sauerstoffatmung unterstützt die flache schnelle Atmung und beugt einer Sauerstoffunterversorgung (Hypoxie) vor. Bei Schock muss in jedem Fall medizinische Hilfe angefordert werden.

Verletzungen durch Meerestiere

In seltenen Fällen kann es beim Tauchen zu Verletzungen durch Meerestiere kommen. Im Allgemeinen geschieht dies jedoch durch Fehlverhalten oder Unachtsamkeit des Tauchers und nicht durch aggressives Verhalten der Tiere.
Taucher mit Handschuhen fassen in der Annahme, dass sie geschützt sind, öfter Dinge an, ohne sie vorher genau zu betrachten. Handschuhe schützen vor kleinen Verletzungen und Vernesselungen, jedoch nicht vor den wirklich gefährlichen Giftfischen und Bissverletzungen.
Die Stacheln von Skorpionsfischen, Steinfischen, Stachelrochen etc. sind wesentlich länger als die dicksten erhältlichen Handschuhe und können diese leicht durchdringen. Durch die widerhakenähnliche oder nach hinten gerichtete Struktur mancher Stacheln oder bei Raubfischzähnen (Muräne) kommt es außerdem zum Verhaken im Handschuh. Beim Versuch sich zu lösen wird die Verletzung meist vergrößert, die Gifteinwirkung kann schlimmer ausfallen, da der Stachel durch das Verhaken im Handschuh länger in der Wunde verbleibt. Die meisten Meeresbewohner verhalten sich defensiv, Verletzungen resultieren nur aus den Vertei-

digungsreaktionen der Tiere, wenn sie sich durch den Taucher bedroht fühlen.

Ausnahmen sind angefütterte Tiere, die durch den ständigen Kontakt mit den Menschen und der Assoziation, dass Taucher sie füttern werden ihre natürliche Verhaltensweisen und die Scheu gegenüber dem Menschen ablegen. In vielen Tauchgebieten werden auch heute noch Riffhaie, Muränen, Rochen oder andere Fische angefüttert, einerseits um den Unterwasserfotografen besonders tolle Fotomotive zu bieten und andererseits, um den Tauchern zu zeigen, dass der Hai nicht der gefährliche Räuber ist, für den er von vielen gehalten wird. Fütterungen werden auf der einen Seite verteufelt, sind aber seltsamerweise meistens auf Tage und Wochen hinaus ausgebucht.

In manchen Gebieten der Erde haben Fütterungen dazu geführt, dass Regierungen den Wert der Tiere für den Tourismus erkannt haben und sich zum Beispiel für den Schutz der Haie einsetzen.

Ein schwimmender Hai ist durch die Tauchtouristen letztendlich wesentlich mehr Geld wert als ein paar verkaufte Haifischflossen.

Nachteil dabei ist, dass sich die Tiere relativ schnell an die Fütterungen gewöhnen und ihre natürliche Scheu ablegen. In einigen Gebieten wurden die Tiere jedoch regelrecht aggressiv, wenn Taucher kein Futter dabei hatten. So umkreisen die Riffhaie die Taucher neugierig in geringer werdendem Abstand, Muränen oder Rochen gehen regelrecht auf Tuchfühlung mit den Tauchern und suchen die Taschen der Tarierjackets nach Futter ab. Es kommt immer wieder vor, dass solche Tiere bei einer hektischen Bewegung eines verängstigten Tauchers zubeißen.

Biss- und Schnittverletzungen

In den tropischen Meeren ist wohl die häufigste Verletzung ein Schnitt an Korallen. Dies kann relativ einfach vermieden werden, indem man sich als Taucher immer gut austariert schwebend im Wasser bewegt, einen Tauchanzug trägt und als Schnorchler genug Abstand zum Riff hält.

Durch Tausende von Mikroorganismen, die bei einem Kratzer oder Schnitt in die Haut eindringen, kann es zu sehr heftigen Infektionen kommen. Jeder kleine Schnitt bzw. Kratzer ist deshalb sofort zu desinfizieren: Bei Vernesselungen helfen antiallergische Salben, die auch bei Sonnenbrand verwendet werden.

Durch Fortbildung wie zum Beispiel Meeresbiologische Kurse lernt der Taucher und Schnorchler die Besonderheiten der vorgefundenen Fauna und Flora besser kennen und kann dadurch Gefahren vermeiden.

Doktor- und Kaninchenfische

Beim Streit um das Futter kann es schnell passieren, dass ein Doktorfisch seine an der Schwanzwurzel sitzenden skalpellscharfen Knochenplatten ausklappt, um die Futterkonkurrenten auf Abstand zu halten. Dabei kommt es bei Kontakt mit der menschlichen Haut zu tiefen Schnittwunden. Die giftigen Rückenstacheln des Kaninchenfisches führen bei Kontakt zu sehr schmerzhaften Schwellungen, die stundenlang anhalten können.

Um überflüssige »Unfälle« dieser Art zu vermeiden und um die Tiere zu schützen, die häufig mit nicht für sie geeigneter Nahrung gefüttert werden, ist in den meisten Tauchgebieten das Füttern von Fischen untersagt.

Drückerfische

Gelegentlich kommt es in tropischen Gewässern zu Attacken von Drückerfischen auf Taucher oder Schnorchler.

In der Brutzeit greifen diese Fische alles und jeden an, was dem Gelege zu nah kommt, sie beißen dabei auch schon mal kräftig zu. Ausgewachsene Drückerfische knacken mit ihrem Gebiss die dicken Schalen von kleineren Mördermuscheln! Das erste Alarmzeichen ist ein hektisches Umherschwimmen mit aufgestelltem Rückenstachel. Nähert sich der Taucher weiter, so ist der nächste Schritt meist ein Scheinangriff, dem der Angriff folgt, egal wie groß sein Gegenüber ist. Man sollte daher einem Drückerfisch mit Gelege nicht zu nahe kommen. Passiert es dennoch, sollten Sie so schnell wie möglich wegschwimmen, um aus der Gefahrenzone zu gelangen, die meist im Umkreis von zwei bis drei Metern um das Gelege besteht.

Haie

Der Hai ist nicht nur ein sehr eleganter Schwimmer, sondern auch der größte Räuber der Meere. Man unterscheidet Riff- und Hochseehaie.

Eine Begegnung mit einem Grauen Riffhai
(Carcharhinus amblyrhinchus) ist in vielen
Gewässern leider zur Seltenheit geworden.

Die **Riffhaie** sind in vielen Tauchgebieten verbreitet.
Es gibt viele verschiedene Arten von Riffhaien, die
gängigsten sind der Schwarzspitzen-, der Weißspit-
zen- und der Graue Riffhai. Diese Arten kommen
häufig in tropischen Gewässern vor und sind als
ziemlich ungefährlich einzustufen.
Sie stellen aufgrund ihrer relativ kleinen Größe (etwa
2 Meter) keine Gefahr für den Taucher dar. Da ihre
Beutefische nur ungefähr 50 Zentimeter groß sind,
passt der Mensch nicht ins Beuteschema.
In manchen Gewässern, zum Beispiel im australi-
schen Barriereriff, kommt es gelegentlich zu terri-
torialem Verhalten der Riffhaie. Das heißt, sie betrachten einen Taucher als Rivalen in ihrem Revier
und versuchen ihn anzurempeln, um ihn zu ver-
treiben. Dies kündigt sich meist an durch sehr
unruhiges Schwimmen und ein so genanntes
»Buckeln« des Haies. Er drückt seine beiden
Brustflossen zusammen und führt sie wieder
auseinander, dadurch entsteht eine buckelnde
Bewegung.
Zieht sich der Taucher vorsichtig vor dem Hai zurück, so schwimmt dieser schnell wieder friedlich
seine Bahnen.
Hochseehaie halten sich normalerweise nicht so oft
in Riffnähe auf. Sie sind in allen Weltmeeren verbreitet und umfassen viele verschiedene Arten.
Die in der Literatur als große Räuber beschriebe-
nen Arten sind der Weiße Hai, der Mako-, der
Tiger- und der Weißspitzenhochseehai.
Man sagt diesen Spezies auch die meisten Haiun-
fälle mit Menschen nach, wobei es sich eher um
Schwimmer, Schnorchler, Surfer und Schiffbrüchige
handelt. Beim Tauchen ist die Chance einem Hoch-
seehai zu begegnen je nach Tauchgebiet relativ selten. Sollte es trotzdem einmal passieren, ist es rat-
sam sich möglichst ruhig zu verhalten, nahe beim
Tauchpartner zu bleiben, die Nähe des Riffes zu
suchen und den Hai im Auge zu behalten. In den
meisten Fällen wird er einfach vorbeischwimmen
und in der blauen Tiefe verschwinden. Für den Taucher wird das ein unvergessliches Erlebnis sein.
Sollte der Hai jedoch anfangen die Taucher zu

umkreisen, so ist nach Möglichkeit der Aufstieg
und vorsichtige Rückzug am Riff zu beginnen.
Mit einer Lampe oder Kamera kann man dem Hai
auf die Schnauze hauen, wenn er wirklich zu nahe
kommen sollte. Da der Hai dieses Verhalten von
anderen Meeresbewohnern nicht gewöhnt ist, wird
er sich hoffentlich zurückziehen.

Barrakudas
Große Barrakudas durchstreifen meist ein festes
Revier, das sie auch gegen Eindringlinge verteidi-
gen. In Gebieten, in denen der Nahrungsdruck
wegen Überfischung so groß ist, dass Raubfische
ihr natürliches Verhalten ablegen, kommt es gelegentlich zu Bissverletzungen an Schwimmern und
Tauchern. Die Fische reagieren sehr sensibel auf
alles, was sich in ihrer Umgebung bewegt und
blinkt und beißen in trübem Wasser aufgrund der
großen Nahrungskonkurrenz durch andere Raubfische sehr schnell zu. Die Bisswunde eines Barrakudas ist meist groß und tief, die Wundränder sind
ausgefranst. Regelmäßig werden solche Attacken
in der Karibik verzeichnet.

Stachelrochen
Abgesehen von den aufgeführten Giftverletzungen
kommt es an Tauchplätzen mit angefütterten Stachelrochen gelegentlich zu Quetschungen der
Haut. Das Maul des Rochens hat zwar keine äußeren Zähne, ist aber sehr muskulös.
Wird im Futterrausch ein unbedecktes Bein oder
ein Arm mit Futter verwechselt, kann dies äußerst
schmerzhafte Quetschungen des Gewebes nach
sich ziehen.

Muränen

Muränen sind normalerweise sehr friedliche Riff-
bewohner. Durch das ständige Öffnen und Schließen des Maules entsteht schnell der Eindruck,
dass es sich um ein aggressives Tier handelt, dabei
hat die Maulbewegung eine ganz andere Bedeutung. Die Muräne besitzt keine Kiemendeckel wie
andere Fische, sie muss daher, um atmen zu können, das Wasser durch das Maul hereinsaugen
und durch die runde Kiemenöffnung an der Seite
wieder herausdrücken. Die Maulbewegungen sind
also nichts anderes als die Atmung der Muräne.
Muränen beißen nur, wenn sie sich angegriffen
oder eingeengt fühlen. Daher sollte man vermeiden in irgendwelche Spalten zu fassen oder der
Muräne zu nah zu kommen.

Eine Bisswunde sollten Sie gründlich reinigen und
desinfizieren. Die Muräne hat nicht, wie früher einmal angenommen, einen giftigen Mundschleim,
aber da sie ein Fisch- und Aasfresser ist, kann es
durch Bakterien in ihrem Maul schnell zu Infektionen der Wunde kommen.

Seeigel

Sehr unangenehm können auch Verletzungen
durch Seeigel werden. Sie sind sehr weit verbreitet,
es gibt viele verschiedene Arten, die unterschiedlich gefärbt sind und unterschiedlich lange und
dicke Stacheln haben. Einige Arten sind giftig. Vermeiden kann man diese Seeigelverletzungen, indem man beim Tauchen immer gut austariert ist
und Riffkontakt vermeidet. Sollte es doch einmal
zum Kontakt mit einem Seeigel kommen, sollten
Sie den betroffenen Körperteil möglichst schnell
in Essig halten. Der Essig hat die Eigenschaft, die
aus Kalk bestehenden Stacheln aufzulösen, sofern
die Einstichöffnungen noch geöffnet sind. Wenn
kein Essig zur Hand ist, sollten Sie mit Splitter-
pinzette und Nadel versuchen, die Stacheln einzeln zu entfernen und danach die Fläche zu
desinfizieren.

Erste Hilfe und Behandlung

Versorgen Sie die Wunde je nach Schwere der Verletzung: Bedecken Sie sie nach dem Desinfizieren
mit sterilem Verbandmaterial.
Bei großen Verletzungen kann es zu lebensbedroh-
lichen Zuständen durch Blutverlust und Schock
kommen, das Anbringen eines Druckverbandes
oder sogar ein Abbinden des betroffenen Körper-
teiles kann erforderlich sein.
Medizinische Hilfe muss sofort verständigt und die
Vitalfunktionen überwacht werden.

Giftbedingte Verletzungen

Die meisten Verletzungen werden durch Unachtsamkeit des Tauchers oder Schnorchlers verursacht, der Dinge anfasst, die er nicht als potenzielle Gefahrenquelle erkennt.

Muränen lassen sich tagsüber oft an Putzer-
stationen aus der Nähe betrachten wie hier
die Netzmuräne (*Gymnothorax favagineus*).

Unachtsame Taucher können leicht Kontakt mit einem stachelbewehrten Seeigel bekommen.

Die Konus- oder Kegelschnecke

Mit ihrem kegelförmigen Gehäuse ist sie nicht nur schön anzusehen, sondern auch giftig. Je nach Dosis kann ein Biss zum Tode führen. Sie besitzt einen langen Rüssel mit einem giftführenden Harpunenzahn, der so genannten Radula.

Diesen kann sie bei Bedarf blitzschnell aus der schmalen Öffnung schießen lassen, um ihre Opfer, meist Fische oder andere Mollusken, zu betäuben und anschließend zu verspeisen.

Die Kegelschnecke ist in den flachen, sandigen Lagunen der Tropen weit verbreitet. Man sollte sie auf keinen Fall anfassen oder in die Hand nehmen. Im Falle einer Verletzung durch eine Kegelschnecke sollte der betroffene Körperteil umgehend mit einer trockenen, heißen Kompresse behandelt werden, um die Wirkung der Eiweißgifte zu vermindern. Verständigen Sie schnellstmöglich einen Arzt, da es durch das starke Gift schnell zu Bewusstlosigkeit mit Atemstillstand kommen kann. Im Falle von Atem- bzw. Herzstillstand muss sofort mit Wiederbelebungsmaßnamen begonnen werden.

Stachelrochen

Sehr schmerzhafte und unangenehme Verletzungen können auch durch Stachelrochen verursacht werden. Meist kommt es in flachem Gewässer zu Unfällen, wenn ein Stachelrochen sich im Sand eingegraben hat und versehentlich jemand auf den Fisch tritt.

Es ist zu empfehlen, sich in sandigen Lagunen nur langsam schlurfend vorwärts zu bewegen.

Auch manche Taucher mussten schon dafür büßen, wenn sie einen Stachelrochen in die Enge getrieben oder am vermeintlich sicheren Kopfende angefasst haben. Als knochenlose Knorpelfische sind Stachelrochen so beweglich, dass sie in Sekundenbruchteilen mit dem stachelbewehrten Schwanz über Kopf nach vorne zuschlagen können.

Die Wunden sind meist sehr tief gerissen und ausgefranst. Durch den injizierten Giftcocktail heilen sie äußerst schlecht, so dass die Wundränder häufig operativ nachbehandelt werden müssen.

Petermännchen, Skorpions- und Steinfische

Die im Mittelmeer beheimateten Petermännchen, Skorpions- und Steinfische haben giftige Stacheln auf den Kiemendeckeln und giftige Rückenstacheln, ebenso die in tropischen Meeren verbreiteten Skorpions- und Steinfische.

Verletzungen durch Petermännchen und Skorpionfischartige wie Rotfeuerfisch und Drachenkopf verursachen zwar auch Schmerzen, sind aber lange nicht so gefährlich und schmerzhaft wie die Verletzung durch den Steinfisch.

Der Stich von einem Steinfisch kann sogar tödlich sein. Dieses Tier ist ein Meister der Tarnung. Wie der Name schon sagt, sitzt er bewegungslos wie ein Stein bevorzugt auf Riffdächern oder am

eventuell im Sand liegende Giftfische auf die Seite
und tritt nicht von oben in einen der Giftstachel.

Behandlung

Injizierte Eiweißgifte werden bei Temperaturen von
über 40 Grad Celsius zerstört und verlieren ihre
Wirkung.

In manchen Gebieten ist ein spezielles Antiserum
bei Steinfischverletzungen erhältlich.

Die in fast allen Lehrbüchern zu findende Heiß-
wassermethode ist heute mit großer Skepsis zu betrachten. Um das meist tief im Gewebe sitzende
Gift zu zerstören, bedarf es sehr hoher Oberflä-
chentemperaturen, die unweigerlich zu einer zusätzlichen Schädigung des Gewebes führen.
Temperaturen von über 40 Grad Celsius führen bereits zu thermischen Schäden am Gewebe, ein
Eintauchen in heißes Wasser, das Übergießen der
Wunde mit kochendem Wasser oder gar die früher
so gerne erwähnte brennende Zigarette führen zu
schweren Verbrennungen und Verbrühungen, sie
sollten deshalb nicht angewendet werden.

Eine lokale Erhitzung des Wundbereiches kann im
äußersten Notfall durch trockene heiße Kompres-
sen erfolgen. Dabei wird zum Beispiel eine mit hei-
ßem Wasser getränkte Mullbinde in einen wasser-
dichten Kunststoffbeutel gesteckt und nach
Umwickeln mit sterilem Material vorsichtig auf die
Stichwunde gelegt.

Bei auftretenden Giftfischverletzungen sollte sich
der Ersthelfer darauf konzentrieren den Verunfallten so schnell wie möglich aus dem Wasser zu bekommen, ärztliche Hilfe zu verständigen, die Vitalfunktionen (Atmung, Kreislauf) zu überwachen und
ggf. Wiederbelebungsmaßnahmen zu ergreifen.
Eventuell kann eine vorsichtige Wundreinigung erfolgen. Ein Arzt sollte jedoch in jedem Fall aufgesucht werden.

Rande von Sandflächen. Er lauert reglos auf vor-
beischwimmende Fische, die ihn auf Grund seiner
guten Tarnung nicht erkennen. Durch blitzartiges
Öffnen des Mauls und Erzeugen eines Unterdruckes wird die Beute verschlungen, die fast genauso groß sein kann wie der Steinfisch selbst.

Vermeidung

Um Verletzungen durch die genannten Giftfische
zu vermeiden, sollte man beim Tauchen aufpas-
sen, wo man hingreift und am besten gar nichts
anfassen. Wenn man vom Ufer aus mit einem
schlurfenden Gang ins Wasser geht, schiebt man

Seeschlangen

Sie sind zwar äußerst giftig, aber überhaupt nicht aggressiv. Seeschlangen besitzen ein sehr kleines Maul, das sie nicht sehr weit öffnen können. Deshalb sind Bissverletzung fast ausgeschlossen. Sollte es trotzdem dazu kommen, so ist dcr betroffene Körperteil ruhig zu stellen und schnellstmöglich medizinische Hilfe anzufordern. Bei einem Ausfall der Vitalfunktionen wie Herz und Kreislauf ist eine Herz-Lungen-Wiederbelebung durchzuführen. Eine Behandlung mit Heißwasser ist bei Verletzungen durch Giftschlangen wirkungslos.

Vernesselungen

Nesseltiere wie Quallen oder Hydrozoen lösen bei Berührung äußerst schmerzhafte Vernesselungen aus. Bestimmte Quallenarten, wie eine in Australien verbreitete Würfelqualle, können bei großflächigem Kontakt sogar zum Tode führen. Deshalb sollte man auch in warmen Gewässern mit Tauchanzug tauchen.

An den öffentlichen Stränden des Großen Barriere Riffs befinden sich große Fässer mit Methylalkohol für die Erste Hilfe bei Verletzungen der teilweise massenhaft auftretenden Würfelquallen.

Notfalls kann versucht werden die Nesselfäden sehr vorsichtig mit einem Messerrücken zu entfernen. Vorsicht, bei jeder Berührung werden weitere Nesselfäden abgeschossen. Deshalb sollte man ein Reiben des betroffenen Bereiches auf alle Fälle unterlassen. Danach wird die Stelle mit Antihistaminsalbe behandelt bzw. bei großflächigen Vernesselungen der Arzt aufgesucht.

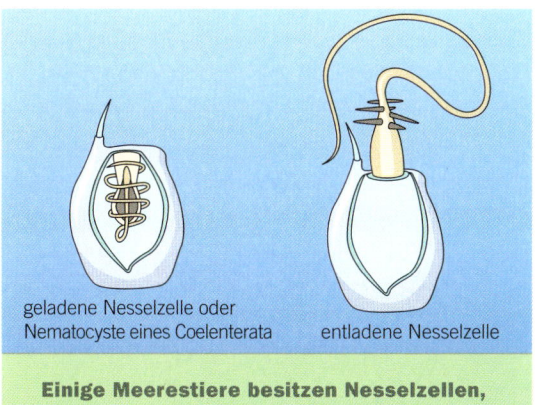

geladene Nesselzelle oder Nematocyste eines Coelenterata entladene Nesselzelle

Einige Meerestiere besitzen Nesselzellen, die bei Berührung zu schmerzhaften Verletzungen führen können.

Tipp

Nach Kontakt mit nesselnden Meerestieren befinden sich meist noch Nesselkapseln auf der Haut, die bei Berührung aktiviert werden. Ein Reiben des betroffenen Bereiches sollte deshalb unter allen Umständen unterlassen werden. Durch Beträufeln der entsprechenden Stelle mit Alkohol oder Essig werden diese Nesselkapseln neutralisiert, die Kapseln können nicht mehr »abgefeuert« werden. Die zerstörten und deaktivierten Nesselkapseln kann man nun abwaschen ohne Schaden anzurichten.

Beide Flüssigkeiten desinfizieren den betroffenen Bereich zusätzlich und wirken antibakteriell.

Wiederholungsfragen Kapitel 5

Anfänger

1. Was muss man beachten, um Unterkühlung zu vermeiden?

a) Niemals in Gewässern unter 15 Grad Celsius tauchen.

b) Niemals im Winter tauchen.

c) Man sollte vor dem Tauchgang alkoholische Getränke zu sich nehmen.

d) Man braucht gar nichts zu beachten, denn die Isolierwirkung des Tauchanzuges ist so gut, dass es nicht zu einer Unterkühlung kommen kann.

e) Falls ein Tauchpartner friert, muss der Tauchgang beendet werden.

2. Was ist bei einer Verletzung durch einen Skorpionsfisch zu tun?

a) Der betroffene Körperteil ist abzubinden.

b) Man klebt ein Pflaster auf die Verletzung.

c) Ärztliche Hilfe verständigen und die Vitalfunktionen überwachen.

d) Man saugt die Wunde aus.

3. Was unternimmt man bei einer Vernesselung?

a) Man desinfiziert die Stelle.

b) Man neutralisiert die Nesselkapseln mit Essig oder Alkohol.

c) Man wäscht die Nesselkapseln mit Süßwasser ab.

d) Man wäscht die Nesselkapseln mit Meerwasser ab.

4. Welche Erste-Hilfe-Maßnahmen müssen bei einem Dekompressionsunfall getroffen werden?

a) Nasse Rekompression.

b) Gabe von reinem Sauerstoff und Transport zur nächsten Druckkammer.

c) Gabe von Aspirin und Flachlagerung.

d) Nur beobachten, ob die Symptome schlimmer werden.

5. Wenn ein Taucher die Aufstiegsgeschwindigkeit überschreitet riskiert er …

a) ein Unterdruckbarotrauma.

b) eine Lungenüberdehnung.

c) einen Dekompressionsunfall.

d) einen Krampf durch zu schnelles Schwimmen.

6. Wird kein Druckausgleich in der Maske beim Abtauchen durchgeführt, so kommt es zu einem …

a) Überdruckbarotrauma der Nebenhöhlen.

b) Unterdruckbarotrauma der Nebenhöhlen.

c) Überdruckbarotrauma der Augen.

d) Unterdruckbarotrauma der Augen.

7. Befindet sich der Atemregler bei der Wechselatmung oder anderen Übungen gerade nicht im Mund, muss der Taucher …

a) die Luft anhalten, um die Zeit bis zum nächsten Atemzug überbrücken zu können.

b) die Atemwege durch ständige Abgabe von kleinen Bläschen offen halten.

c) erst Druckausgleich machen, wenn er seinen Atemregler wieder im Mund hat.

d) unter ständigen Ausatmen zur Oberfläche aufsteigen.

8. Risikofaktoren, die das Auftreten einer Dekompressionskrankheit begünstigen sind:

a) angeschwollene Schleimhäute durch Erkältungen.

b) unterlassene Ausatmung beim Aufstieg.

c) Druckausgleich beim Aufstieg nicht durchgeführt.

d) Anstrengung vor, während und nach dem Tauchgang.

9. Die Beatmung und Herzdruckmassage erfolgt bei der Zwei-Helfer-Methode im Rhythmus:

a) 1 Beatmung zu 5 Herzdruckmassagen.

b) 5 Beatmungen zu 1 Herzdruckmassage.

c) 2 Beatmungen zu 15 Herzdruckmassagen.

d) 15 Beatmungen zu 2 Herzdruckmassagen.

10. Wird die zulässige Maximaltiefe beim Tauchen mit Nitrox überschritten, besteht die Gefahr …

a) eines Tiefenrausches.

b) eines Dekompressionsunfalles.

c) einer Sauerstoffvergiftung.

d) Es besteht keine Gefahr, da Nitrox alle Nachteile vom Tauchen mit Luft ausgleicht.

Fortgeschrittene

1. Welche der nachfolgenden Symptome gehören nicht zur DCI?

a) Müdigkeit, Schlappheit, Schwindel und Übelkeit.

b) Einblutungen im Mittelohr.

c) Fleckige marmorierte Haut.

2. Die richtige Lagerung eines bewusstlosen unter Schock leidenden Tauchers ist …

a) flach auf dem Rücken mit Sauerstoffzufuhr.

b) leicht aufgerichtet mit Sauerstoffzufuhr.

c) stabile Seitenlage mit überstrecktem Kopf.

3. Wie kann der Taucher einen Tiefenrausch beim Partner erkennen?

a) Das Erkennen von Tiefenrauschsymptomen ist unmöglich.

b) Der Tauchpartner gibt übertriebene oder gar keine Zeichen mehr, reagiert unlogisch.

c) Der Tauchpartner gibt das Zeichen »irgendetwas stimmt nicht« und deutet auf sein Ohr.

4. Die Beatmung und Herzdruckmassage erfolgt bei der Ein-Helfer-Methode im Rhythmus:

a) 1 Beatmung zu 5 Herzdruckmassagen.

b) 5 Beatmungen zu 1 Herzdruckmassage.

c) 2 Beatmungen zu 15 Herzdruckmassagen.

d) 15 Beatmungen zu 2 Herzdruckmassagen.

5. Wann treten die Symptome eines Lungenüberdruckunfalles auf?

a) Bis zu 48 Stunden nach dem Tauchen.

b) Sofort bei Erreichen der Wasseroberfläche.

c) Sofort, wenn es zu einer Schädigung der Lunge gekommen ist.

6. Wie verläuft die Stickstoffsättigung im Körper unter normalen atmosphärischen Bedingungen?

a) Stickstoff wird in allen Geweben gleich aufgenommen.

b) Stickstoff wird unterschiedlich in den Geweben aufgenommen.

c) Es wird gar kein Stickstoff aufgenommen.

d) Abhängig von der Zeit wird unterschiedlich viel Stickstoff aufgenommen.

7. Wie kann eine Unterkühlung beim Tauchen am besten vermieden werden?

a) Niemals im Winter mit Nasstauchanzug tauchen.

b) Vor dem Tauchen gesüßte alkoholhaltige Getränke zu sich nehmen.

c) Bei Verwendung eines Trockentauchanzuges kommt es zu keiner Unterkühlung.

d) Kälteschutz der jeweiligen Wassertemperatur anpassen durch Verwendung von gut sitzenden Kopfhauben, Handschuhen, Füßlingen und Tauchanzügen. Bei Frösteln den Tauchgang beenden.

8. Heftig stechende Schmerzen in den Nebenhöhlen beim Auftauchen deuten darauf hin …

a) dass der Druckausgleich beim Abtauchen nicht richtig durchgeführt wurde.

b) dass es zur Schwellung von Schleimhäuten sowie zum Verschluss der Nebenhöhlen gekommen ist und eine Umkehrblockierung vorliegt.

c) dass eine Entzündung der Nasennebenhöhlen vorliegt.

9. Was ist der Unterschied zwischen neurologischen Symptomen und nicht neurologischen Symptomen bei einem Dekompressionsunfall?

a) Neurologische Symptome treten erst nach den nicht neurologischen auf.

b) Nicht neurologische Symptome treten nur bei einem Tauchunfall im flachen Wasser auf.

c) Bei neurologischen Symptomen kommt es zum Ausfall der Funktion von Sinnesorganen, Muskeln und zu Organfunktionsstörungen, während bei nicht neurologischen Symptomen der Schmerz das einzige Leitsymptom bleibt.

d) Neurologische Symptome treten nur bei einem Unfall nach mehrfachen Tauchgängen auf.

10. Bei der Rettung eines bewusstlosen Tauchers unter Wasser …

a) wird dieser durch Aufblasen des Jackets nach oben geschickt.

b) werden die Atemwege beim Aufstieg durch Überstrecken des Kopfes offen gehalten.

c) wird beim Aufstieg nur mit dem Tarierjacket des Retters tariert.

Antworten siehe Seite 173

Die Praxis

Nach viel trockener Theorie geht es nun endlich ab ins Wasser. Unabhängig davon, ob Sie sich für ABC- oder komplette Tauchausrüstung entschieden haben, sorgfältige Planung, Vorbereitung und Übung sind Voraussetzungen für ungetrübtes Tauchvergnügen. Die richtige Tauchgangsplanung reicht von der Vorbereitung der Ausrüstung über die Luftverbrauchsberechnung bis hin zur Gruppeneinteilung und zum Umweltschutz. Sie hilft dem Taucher den Tauchgang von Anfang bis Ende sicher durchzuführen.

Umweltschutz

Bereits bei der Planung des Tauchgangs sollte sich jeder Gedanken darüber machen, welche Vorgehensweise zur geringfügigsten Beeinträchtigung der Umwelt führt. Man sollte sich so am und im Gewässer verhalten, dass dieses nach Verlassen im gleichen oder besseren Zustand ist, als vor dem Besuch.

Durch das Fehlverhalten einiger weniger wurden Tauchverbote verhängt, unter denen die breite Masse der Taucher zu leiden hat. Angler, Kanufahrer, Badegäste usw. haben die gleichen Rechte wie die Taucher, das Gewässer zu nützen.

Vor dem Tauchgang

Durch Bildung von Fahrgemeinschaften und Nutzung von befestigten Zufahrten kann jeder Taucher schon vor dem Tauchgang einen kleinen Beitrag zum Umweltschutz leisten. Die Fahrzeuge sollten selbstverständlich nur auf ausgewiesenen Parkplätzen und nicht direkt am Gewässerufer (Austreten von Öl und Schmierstoffen) abgestellt werden.

Mitnahme von bereits gefüllten Tauchgeräten

Die Aufstellung eines mit Verbrennungsmotor betriebenen Atemluftkompressors ist bei dem großen Netz von Füllstationen in Europa meistens unnötig. Menschen, Tiere und Pflanzen werden durch Lärm, Abgase, austretendes Öl und Schmierstoffe belastet. Das bei jedem Kompressor anfallende ölhaltige Kondensat muss so aufgefangen und entsorgt werden, dass zu keinem Zeitpunkt eine Gefahr für die Umwelt besteht.

Der Einstieg

Nutzen Sie vorhandene Einstiege wie Badestege und Badestrände. Ausgewiesene Biotope, Naturschutz- und Laichschutzgebiete sind großräumig zu meiden, da Tiere sehr empfindlich auf Störungen reagieren. Brütende Vögel verlassen bei Lärm ihre Nester und schleudern dabei in ihrer Panik eventuell Jungvögel und Eier aus dem Nest.

Beim Tauchgang

Nicht nur während des Tauchgangs, auch beim Ein- und Ausstieg sollte möglichst wenig Sediment aufgewirbelt werden. Aufgewirbeltes Sediment bedeckt Pflanzen und Korallen, diese benötigen jedoch Licht, um zu überleben. Wird die Belastung durch Sedimentation zu groß, kann keine Photosynthese mehr stattfinden, es kommt zum Absterben.

Schlafende oder winterstarre Fische dürfen nicht gestört werden. Beim Anfassen, speziell mit Handschuhen, wird die empfindliche Schleimschicht verletzt, Infektionen und Pilzerkrankungen können auftreten. Schlafende Fische reagieren mit panikartigen Fluchtreaktionen auf Anfassen und Störungen, dabei können sie sich leicht verletzen.

Bei winterstarren Fischen läuft der Stoffwechsel in der nahrungsarmen, kalten Jahreszeit extrem langsam ab, um Energie zu sparen. Werden Fische gestört, so bedeutet dies einen erhöhten Energieverbrauch, der Fisch kann dann unter Umständen verhungern.

Fische nicht füttern, da dies zu einer Veränderung der natürlichen Gewohnheiten führt, die bei Großfischen wie zum Beispiel Hai, Barrakuda, Muräne und Rochen für den Taucher gefährlich werden könnte.

Kein Sammeln von Muscheln, Schnecken, Korallenstückchen. Kaufen Sie auch keine Souvenirs wie mit Muschelschalen und Korallen verzierte Bilderrahmen, Ketten mit Haifischzähnen, Kämmen aus Schildpatt, Schildkrötenpanzer oder Korallen. Beim Kauf von geschützten Tieren, Pflanzen und Produkten daraus drohen drakonische Strafen, nicht nur bei der Einfuhr nach Europa, sondern oft schon bei der Ausfuhr aus dem Land, in dem diese gekauft wurden.

In warmen tropischen Gewässern keine Handschuhe benutzen, da diese zu einem unnötigen Anfassen von Tieren verleiten und vor gefährlichen Meerestieren trotzdem nicht schützen (siehe Seite 107 ff., Verletzungen durch Meerestiere). Durch den Besuch Meeresbiologischer Kurse und Studieren einschlägiger Literatur lernen Taucher lebende von toten abgestorbenen Bereichen im Riff zu unterscheiden.

Sollte es im Notfall nötig sein sich festzuhalten, weiß der Taucher, was er anfassen kann, ohne sich zu verletzen oder Korallen zu schädigen. Unsichere Taucher neigen dazu, sich im Riff hinzuknien oder auf die Flossen zu stellen, um die Hände zu schützen. Dabei ist die Beschädigung durch das Gewicht und die Auflagefläche der Knie und Beine wesentlich größer als beim vorsichtigen Festhalten mit zwei oder drei Fingern.

Abfälle, die das Gewässer schädigen wie Batterien, Öl und Farbbehälter müssen entfernt und sachgemäß entsorgt werden.

Nach dem Tauchgang

Abfälle wieder mitnehmen oder in bereitgestellten Mülltonnen fachgerecht entsorgen.

Wiederverwendbare Rohstoffe wie Glas, Papier etc. sollten bei Wertstoffsammelstellen abgegeben werden. Grillen oder Lagerfeuer sollte ausschließlich an den dafür ausgewiesenen Plätzen erfolgen. Es empfiehlt sich ausreichendes Brennmaterial selbst mitzubringen und andere Gewässernutzer nicht durch Lärm, Schmutz und Rauch zu belästigen. Auch das Reinigen von Tellern, Besteck und des mitgebrachten Grills sollte zu Hause und nicht am Seeufer erfolgen.

Praxis ABC

Bei den meisten Tauchsportorganisationen beginnt die Tauchausbildung mit dem spielerischen Umgang der ABC-Ausrüstung als optimale Vorbereitung für das Gerätetauchen. Die Grundlagen für richtiges Ab- und Auftauchen, Ein- und Ausstiege, Maske ausblasen und sogar die Wechselatmung lassen sich leicht mit der ABC-Ausrüstung erlernen.

Vorbereiten der Tauchmaske

Prüfen Sie den Maskenkörper auf Undichtigkeiten und das Maskenband auf Beschädigungen. Vor dem Aufsetzen sollte die Tauschmaske noch im trockenen Zustand mit einem Antibeschlagmittel (Sea Drops, Spülmittel oder einfach Spucke) behandelt werden, um ein Anlaufen und damit ein äußerst »getrübtes« Tauchvergnügen zu verhindern. Das Mittel wird innen auf die noch trockenen Gläser aufgetragen und mit sauberen, fettfreien Finger verrieben.

Neue und länger gelagerte Tauchmasken aus Silikon bedürfen einer speziellen Behandlung, um ein Anlaufen zu verhindern.

Vor dem Aufsetzen der Tauchmaske sollte man das Gesicht etwas anfeuchten, um Reste von Sonnencremes und Hautfett zu entfernen sowie die Maske gründlich ausspülen.

Achtung: Ein erneutes Reiben an den Gläsern eventuell mit Sonnencreme an den Fingern macht alle Antibeschlagversuche zunichte!

Der Bart kann mit Vaseline oder anderer Creme bestrichen werden, um ein Eindringen von Wasser in die Tauchmaske so gut wie ausschließen. Eine 100prozentige Abdichtung wird jedoch nicht erreicht, etwas Wasser kommt immer in die Tauchmaske.

Ausblasen der Tauchmaske

Eingedrungenes Wasser kann an der Wasseroberfläche durch Abheben des unteren Dichtrandes leicht entfernt werden, da es durch sein Eigengewicht einfach abläuft. Das ständige Verändern der Schwimmlage und das Herausheben des Kopfes ist jedoch sehr Kräfte raubend. Wird die Tauchmaske mit einer Hand am oberen Dichtrand an die Stirn gepresst und bei gleichzeitigem Nach-oben-schauen durch die Nase ausgeatmet, verdrängt die einströmende Luft das Wasser in der Maske. Durch Abheben des Dichtrandes würde nur zusätzlich Wasser in die Maske eindringen, deshalb ist dies nicht erforderlich. Bei Tauchmasken mit Ausblasventil muss der Kopf entsprechend gesenkt werden, um das Wasser am Auslassventil zu sammeln.

Vor dem Aufsetzen der Tauchmaske wird der Schnorchel am Maskenband befestigt.

Nach dem Aufsetzen nochmals überprüfen, dass keine Haare unter dem Dichtrand sind und ob sich das Maskenband knapp über den Ohren am Hinterkopf anliegend befindet.

Schnorchel

Der Schnorchel wird so am Maskenband befestigt, dass er sich ungefähr an der Schläfe bzw. zwischen Maskenkörper und Ohrmuschel befindet. Vor der Montage sollte das Mundstück auf Risse und abgebissene Beißwarzen kontrolliert werden.

Tauchen im Team macht Spaß und erhöht die Sicherheit.

Beim Gerätetauchen gibt es unterschiedliche Befestigungsmöglichkeiten des Schnorchels am Tauchgerät. Außerdem gibt es Schnorchel, die man einrollen oder auseinander klappen kann, so dass sie bequem im Jacket mitgeführt werden können.

Wird der Schnorchel dazu benützt, um zum Tauchplatz zu schwimmen, wird er vorzugsweise auf der linken Kopfseite befestigt. So verhakt sich der Schnorchel nicht in dem von rechts kommenden Atemregler.

Flossen

Die Flossen müssen auf Beschädigungen wie Risse, Schnitte, poröse Flossenbänder oder beschädigte Verschlüsse geprüft werden.

Das Anlegen der Flossen sollte im hüfttiefen Wasser stehend oder am Beckenrand sitzend erfolgen. Wird vom Boot aus getaucht, werden abhängig vom Bootstyp die Flossen sitzend oder im Stehen angezogen. Beim Stehen ist ein Abstützen beim Partner oft sehr hilfreich, um nicht umzukippen. Müssen die Flossen vor dem Einstieg ins Wasser angezogen werden, erleichtert Anfeuchten das Anziehen.

Herumlaufen mit Flossen ist gefährlich (Sturzgefahr) und belastet das Material unnötig. Auf Booten und beweglichen Stegen sollten Sie immer für ausreichend Halt sorgen.

Nur wenn es nicht anders möglich ist (Einstieg bei Brandung), sollte man sich vorsichtig rückwärts laufend bewegen.

Tauchanzug, Bleigurt, Schnorchelweste

Je nach Wassertemperatur kann es erforderlich sein, auch beim Schnorcheln einen Tauchanzug zu tragen. Dieser dient nicht nur als Kälteschutz, sondern auch als Auftriebsmittel.

Das mit feinsten Luftblasen aufgeschäumte Neopren ermöglicht durch seinen Auftrieb ein ermüdungsfreies Schnorcheln. Im Salzwasser kann durch die Verwendung eines Bleigurtes die Wasserlage so angepasst werden, dass der Auftrieb des Tauchanzuges den Schnorchler an der Wasseroberfläche hält, beim Abtauchen jedoch nicht zu viel Auftrieb entgegengesetzt wird. Da der Anzug jedoch beim Abtauchen komprimiert wird

und Auftrieb verliert, muss der Taucher beim Auftauchen gegen den Abtrieb des Bleigurtes anschwimmen.

Bei der Schnorchelweste handelt es sich um ein vereinfachtes Modell einer Tarierweste. Diese wird über den Kopf gestülpt und mittels Brust- und Schrittgurt befestigt.

Bei Erschöpfung können einfache Modelle über eine Mundaufblaseinrichtung aufgeblasen werden. Exklusivere Modelle haben noch zusätzlich eine CO_2-Patrone, die im Notfall für ein sekundenschnelles Füllen der Weste sorgt.

Signalmittel

Beim Schnorcheln in von Booten und Surfbrettern frequentierten Gebieten ist es erforderlich, eine Signalboje mit sich zu führen.

Die meist stromlinienförmigen Bojen werden an einer Leine hinterher gezogen und zeigen anderen Wassersportlern den Standort des Schwimmers bzw. Schnorchlers an.

Kommunikation unter Wasser

Unter Wasser sind wir ohne aufwendige technische Hilfsmittel unserer Sprache beraubt und müssen daher auf andere Möglichkeiten der Kommunikation zurückgreifen.

Alle Standard- und Zusatzzeichen müssen vor dem Tauchgang abgesprochen und eventuell wiederholt werden, damit es zu keinen Missverständnissen kommt.

Optische Signale
Handsignale

Beim Tauchen geschieht die Kommunikation in erster Linie durch international standardisierte Handzeichen.

Beim Nachttauchen werden die gängigen Handzeichen direkt vor dem Körper angeleuchtet, um eine Blendung des Tauchpartners zu vermeiden, oder es wird durch kreisförmige Bewegung der Lampe »O. K. – alles in Ordnung« signalisiert. Auf- und Abbewegen der Tauchlampe bedeutet »irgendetwas ist nicht in Ordnung«.

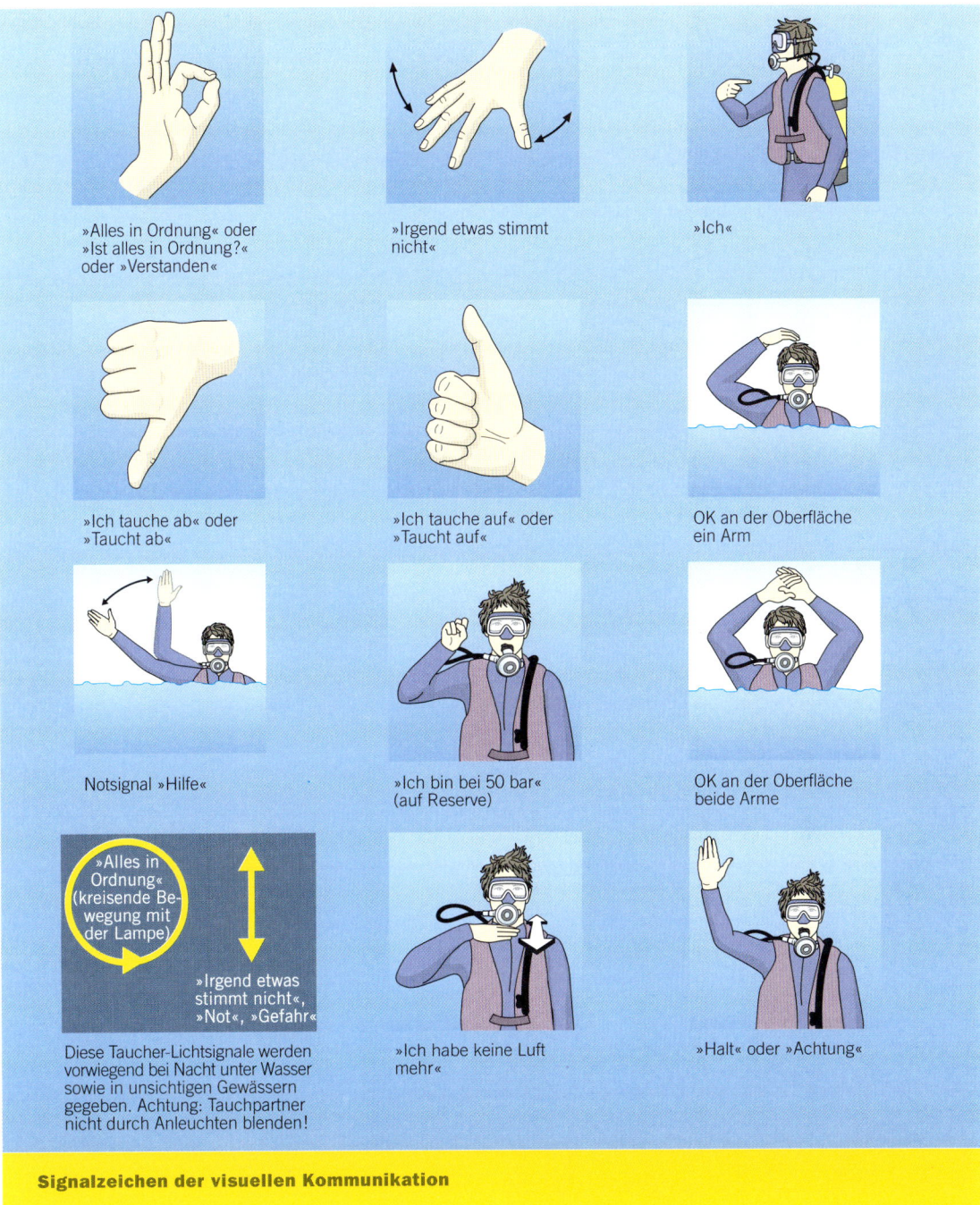

»Alles in Ordnung« oder »Ist alles in Ordnung?« oder »Verstanden«

»Irgend etwas stimmt nicht«

»Ich«

»Ich tauche ab« oder »Taucht ab«

»Ich tauche auf« oder »Taucht auf«

OK an der Oberfläche ein Arm

Notsignal »Hilfe«

»Ich bin bei 50 bar« (auf Reserve)

OK an der Oberfläche beide Arme

»Alles in Ordnung« (kreisende Bewegung mit der Lampe)

»Irgend etwas stimmt nicht«, »Not«, »Gefahr«

Diese Taucher-Lichtsignale werden vorwiegend bei Nacht unter Wasser sowie in unsichtigen Gewässern gegeben. Achtung: Tauchpartner nicht durch Anleuchten blenden!

»Ich habe keine Luft mehr«

»Halt« oder »Achtung«

Signalzeichen der visuellen Kommunikation

Akustische Signale

Durch Klopfen an die Tauchflasche, Betätigen einer über den Inflator gespeisten Pressluftpfeife oder ähnlichem Zubehör können wir aufgrund der schnellen Schallübertragung unter Wasser weit hörbare Signale abgeben. Diese Mittel sollten nur im Notfall verwendet werden, um andere Taucher nicht durch ständiges Klopfen und Hupen zu nerven.

Leinensignale

Bei extrem eingeschränkten Sichtverhältnissen, beim Eistauchen, beim Höhlentauchen und in der Berufstaucherei werden spezielle Leinensignale verwendet, um dem Tauchpartner oder bereitstehendem Hilfspersonal Zeichen und Anweisungen zu geben. Diese müssen jedoch genau abgesprochen werden, um Missverständnisse zu vermeiden.

Richtige Körperhaltung beim Schnorcheln

Die Gesamtkörperhaltung

Nach dem Anlegen der Schnorchelausrüstung liegen Sie entspannt an der Wasseroberfläche, die Beine sind locker gestreckt.

Die Arme

Beim Schwimmen mit Schnorchelausrüstung werden die Hände und Arme nur gelegentlich beim Abtauchen benützt. Im Normalfall befinden sie sich seitlich locker am Körper angelegt oder gerade ausgestreckt.

Durch Verschränken der Hände auf dem Rücken und Bildung eines Hohlkreuzes wird der Kopf leicht nach vorne gerichtet.

Der Kopf

Der Kopf liegt so weit im Wasser, dass die Wasseroberfläche gerade mit dem oberen Maskenrand abschließt. Durch diese ermüdungsfreie Kopfhaltung kann der Schnorchler sowohl den Gewässergrund als auch die Wasseroberfläche beobachten.

Oben: Abtauchen aus der Schwimmlage durch Herausheben der Beine
Unten: Abtauchen aus der Hockstellung

Anfänger heben oft ständig den Kopf aus dem Wasser, was jedoch unnötig die Nackenmuskulatur ermüdet.

Die Beine

Wie beim Kraulbeinschlag sind beide Beine locker gestreckt und werden gegeneinander bewegt, der Drehpunkt befindet sich an der Hüfte. Der Flossenschlag sollte langsam und ohne großen Kraftaufwand erfolgen.

Die Flossen sollten beim Schwimmen ohne Tauchanzug die Wasseroberfläche nicht durchbrechen.

Abtauchen mit ABC

Aus der Schwimmlage heraus wird das Kinn auf die Brust gezogen, die Arme nach vorne gestreckt, der Oberkörper im rechten Winkel nach vorne abgeknickt und die Beine angezogen. Durch Ausstrecken der Beine nach oben über die Wasseroberfläche wird der Schnorchler durch das Gewicht seiner Beine nach unten gedrückt. Die Flossen werden erst eingesetzt, wenn sie sich komplett unter Wasser befinden. Unterstützt werden kann diese Abtauchbewegung durch Durchführung eines Armzuges. Da dabei sehr schnell eine Tiefe von zwei Metern und mehr erreicht wird, muss auf frühzeitigen Druckausgleich in Maske, Ohren und Nasennebenhöhlen geachtet werden.

Auftauchen mit ABC

Nach Erreichen der gewünschten Tiefe dreht sich der Schnorchler herum und steigt unter Drehung um die eigene Körperachse zur Wasseroberfläche auf. Dabei ist der Kopf in den Nacken gelegt und es befindet sich eine Hand über dem Kopf. Durch Drehung und gleichzeitiges »Nach-oben-Sehen« wird die Wasseroberfläche nach Hindernissen abgesucht, während die ausgestreckte Hand den Kopf vor Verletzungen schützen soll.

Ausblasen des Schnorchels

Die zwei am meisten verbreiteten Methoden eingedrungenes Wasser aus dem Schnorchel zu entfernen sind die Verdrängungs- und die Ausblasmethode. Die Verdrängungsmethode wird beim Auftauchen angewendet. Der Kopf ist in den Nacken gelegt, die Schnorchelöffnung zeigt automatisch nach unten. Kurz vor Erreichen der Wasser-

Die kräftigen Farben eines Juwelenbarsches *(Cephalopholis miniata)* werden erst mit Lampe oder Blitz sichtbar.

oberfläche wird normal in den Schnorchel ausgeatmet, dabei muss die Ausatmung fast genau mit dem Erreichen und Durchbrechen der Wasseroberfläche erfolgen.

Das Wasser verdrängt die Ausatemluft. Bei der Ausblasmethode wird das Restwasser in Schwimmlage durch kräftiges Ausatmen in den Schnorchel heraus geblasen.

Übungen mit ABC-Ausrüstung

Die alte Regel, dass ein guter Schnorchler auch meistens ein guter Taucher ist, hat sich oft bewahrheitet. Regelmäßiges Üben mit Tauchmaske, Schnorchel und Flossen vermittelt Sicherheit beim Gerätetauchen.

Alle Übungen sollten anfangs im flachen, klaren Wasser durchgeführt werden, Ufer oder Beckenrand müssen schnell erreichbar sein. Achten Sie darauf, dass bei allen Abtauchübungen ein Druckausgleich so frühzeitig durchgeführt wird, damit es zu keinen Barotraumen kommen kann.

Als Vorbereitung zum Gerätetauchen oder einfach als Training können Sie die folgenden Übungen durchführen.

Konditionstraining

Um die Beinmuskulatur, Sehnen, Bänder und Gelenke auf die kommende Tauchsaison vorzubereiten, empfiehlt sich ein regelmäßiges Training im Flossenschwimmen. Dabei sollte die Belastung nach längerer Pause langsam gesteigert werden. Durch das Schwimmen in Brust-, Rücken- und Seitenlage werden die verschiedenen Bereiche des Körpers trainiert.

Zeit- und Streckentauchen

Die Fähigkeit die Luft anzuhalten können Sie sehr schnell steigern. Zuerst sollten Sie an der Wasseroberfläche ohne Bewegung den Atem anhalten,

20, dann 30 Sekunden usw.. Anschließend kann versucht werden, durch Festhalten an der Leiter oder eines versenkten Gewichtes unter Wasser die gleiche Zeit zu erreichen. Die Übung wird schwieriger, wenn Sie dabei eine vorgegebene Strecke unter Wasser zurücklegen. Hyperventilation muss vermieden werden, üben Sie auf jeden Fall unter Aufsicht.

Abtauchübungen

Üben Sie das wiederholte Abtauchen mit und ohne Armbenutzung, wobei die Verweildauer in der Tiefe sowie die Wassertiefe langsam gesteigert werden. Dabei trainieren Sie nicht nur die Abtauchtechnik, sondern auch das Luftanhalten.

Geschicklichkeitstraining

Durchtauchen von aufgestellten Ringen in verschiedenen Körperlagen, Saltos, Drehungen und

Ähnliches helfen dem Schnochler ein Gefühl dafür zu bekommen, wie er sich am besten und energiesparend unter Wasser bewegen kann.

Sicherheitstraining

Gegenseitiges Abschleppen, Ziehen und Schieben erschöpfter Partner und Krampflöseübungen bereiten den Schnorchler auf eventuell auftretende Probleme vor.

Übungen mit der Tauchmaske für Anfänger und Fortgeschrittene

Tauchmaske kurz unter der Wasseroberfläche teilweise oder ganz fluten und ausblasen ohne aufzutauchen.

Maske am Boden ablegen, auftauchen; wieder abtauchen, Maske aufsetzen und unter Wasser ausblasen. Dabei können Wassertiefe und Entfernung zur Maske vergrößert werden. Mit dem Partner abtauchen und unter Wasser die Masken tauschen, mit ausgeblasener Maske auftauchen.

Übungen mit dem Schnorchel

Das Leeren des Schnorchels mit Ausblas- und Verdrängungsmethode, in Kombination mit Ab- und Auftauchtechnik, trainiert die Koordination mehrerer Tätigkeiten auf einmal (Multi-Tasking).

Atmen ohne Maske

An der Wasseroberfläche liegend ohne Maske auf dem Gesicht durch den Schnorchel atmen.

Wechselatmung mit dem Schnorchel

Dabei schwimmen Sie unter Verwendung nur eines Schnorchels Schulter an Schulter mit einem Partner. Nach zwei Atemzügen wird der Schnorchel nach dem Einatmen unter Wasser an den Partner gereicht, der diesen ausbläst und nach zwei Atemzügen zurückgibt.

Die Ansteckung mit einer Infektionskrankheit ist bei dieser Übung äußerst unwahrscheinlich, kann aber nicht zu 100 Prozent ausgeschlossen werden.

Ablegen, antauchen und wieder anlegen der ABC-Ausrüstung

Anfangs wird mit der abgelegten ABC-Ausrüstung abgetaucht und diese unter Wasser angelegt, Maske und Schnorchel müssen an der Wasseroberfläche ausgeblasen sein. Bei verbessertem Trainingszustand wird mit angelegter ABC-Ausrüstung abgetaucht, diese wird unter Wasser komplett abgelegt. Nach dem Auftauchen und wiederholten Abtauchen wird die ABC-Ausrüstung unter Wasser wieder angelegt, nach dem Ausblasen der Maske und des Schnorchels wird aufgetaucht.

Zunehmende Wassertiefe, Entfernung zur abgelegten Ausrüstung und Reduzierung der erlaubten Atemzüge an der Wasseroberfläche erhöhen den Schwierigkeitsgrad.

Planung und Vorbereitung eines Tauchgangs

Grundsätzlich gilt: Plan your dive and dive your plan. Was so viel bedeutet wie: Plane deinen Tauchgang und tauche dann genau nach Plan. Jede Abweichung von der ursprünglichen Planung bedeutet einen Risikofaktor.

Die langfristige Planung

Wo soll getaucht werden, gibt es Alternativen? Ist es überhaupt erlaubt dort zu tauchen? Welche Voraussetzungen muss der Taucher erfüllen, um dort tauchen zu dürfen?

Sammeln Sie Informationen über den geplanten Tauchplatz, entweder durch Kontaktaufnahme zu Tauchschulen, die sich vor Ort befinden, durch das Lesen von Tauchreiseberichten oder durch Erfahrungen anderer Taucher, die das Gebiet kennen. Wichtig ist, so viele Information wie möglich zu bekommen, um die Anforderungen an Mensch und Ausrüstung abschätzen zu können.

Wann soll der Tauchgang stattfinden, müssen Ebbe und Flut berücksichtig werden?

Wie komme ich zu diesem Tauchplatz: Fahrtrouten und Alternativen, Reservierungen für Flüge, Boote, Hotels, Campingplätze etc.

Was ist das Ziel dieses Tauchgangs? Möchte ich Übungen ausführen, fotografieren, filmen oder neue Gebiete erkunden?

Wer soll an diesem Tauchgang teilnehmen? Sind alle Taucher dafür ausgebildet und fit genug?

Welche Ausrüstung wird benötigt?

Welche Art von Kälteschutzanzug, welche Zusatz-ausrüstung und wie viele Tauchflaschen in welcher Größe werden gebraucht? Kann vor Ort Ausrüstung geliehen werden, ist eine Füllstation vor Ort? Gibt es Filme, Videokassetten und Batterien vor Ort zu kaufen? Werden Lampen benötigt, muss abgeklärt werden, ob die örtliche Energieversorgung für das Laden der Akkus ausreicht oder ob Adapter be-sorgt werden müssen?

Die mittelfristige Planung

Ausrüstung und Zusatzausrüstung werden auf Vollständigkeit und Funktion überprüft und gege-benenfalls vervollständigt.

Die Ausrüstung wird so verpackt, dass sie während der Reise keinen Schaden nimmt und am An-kunftsort »aus der Tasche auf die Flasche« mon-tiert werden kann, ohne dass die Ausrüstung groß-räumig ausgebreitet werden muss. Bei Flugreisen empfiehlt es sich, Tauchcomputer, Kameras und andere empfindliche Geräte ins Handgepäck zu nehmen.

Die Bestätigung aller Reservierungen und Informa-tionen zum Tauchgebiet liegen den Tauchern vor, der aktuelle Wetterbericht wurde eingeholt.

Vergessen Sie nicht die Erstellung eines schrift-lichen Notfallplanes, der für alle erreichbar sein muss und mindestens Folgendes beinhalten sollte:

- Wo befindet sich das nächste Telefon oder Funk-gerät?
- Wie funktioniert es?
- Wo befinden sich Notfallausrüstung und Erste-Hilfe-Koffer?
- Wer ist zu verständigen (Notfallnummer)?
- Festlegen von Formulierungen (durch Vorformu-lierung einer Checkliste wird dem nervösen Hel-fer so manches erleichtert).

Die Planung direkt vor dem Tauchgang

Am Tauchplatz angekommen wird zuerst über-prüft, ob die vorgefundenen Konditionen einen Tauchgang zulassen oder ob Wind, Wetter oder örtliche Vorschriften dagegen sprechen. Wetteränderungen und dadurch bedingte Wellen, Strömungen und Eintrübung des Wassers können die Durchführung des Tauchgangs erschweren oder verhindern.

Wie sieht es am alternativ gewählten Tauchplatz aus? Sind alle Taucher für den geplanten Tauch-gang ausgebildet, physisch und psychisch fit? Hat jemand Angst vor dem Tauchgang, weil er dazu gedrängt wurde?

Die Tauchgangsplanung sollte bei jemandem hinterlassen werden, der zu einem bestimmten Zeitpunkt überprüft, ob alle zurückgekehrt sind oder ob er die Behörden verständigen muss.

Steht einem Tauchgang am Tauchplatz oder an der festgelegten Alternative nichts im Wege, kann mit dem Briefing und der Montage des Tauch-gerätes begonnen werden.

Die große Familie der Quallen umfasst auch viele Arten, deren Nesselkapseln die mensch-liche Haut nicht durchdringen können.

Briefing vor dem Tauchgang

Direkt vor der Montage der Tauchausrüstung wird vom Gruppenführer eine Tauchgangsbesprechung, ein so genanntes Briefing, durchgeführt. Dieses Briefing sollte enthalten:

- **Zweck**
  Welche Übungen sollen während des Tauchgangs durchgeführt werden? Soll zum Beispiel nach etwas gesucht werden oder möchte man ein unbekanntes Gebiet erforschen? Alle teilnehmenden Taucher müssen sich über den Zweck des Tauchgangs einig sein.
  Übungen, die während des Tauchgangs durchgeführt werden sollen, müssen vor dem Tauchgang genau erklärt und eventuell demonstriert werden.
- **Gruppeneinteilung**
  Wer taucht mit wem, auf welcher Seite soll sich der Tauchpartner befinden?

- **Tiefe und Dauer des Tauchgangs**
  Welche maximale Tiefe soll aufgesucht werden, wie lange wird getaucht?
- **Tauchgangsprofil**
  Anhand einer Skizze werden der Tauchplatz und der Ablauf dargestellt: Tiefenverlauf des Tauchgangs und einzuhaltende Sicherheitsstopps. Grundsätzlich muss von Tief nach Flach getaucht werden, Wiederholungstauchgänge müssen flacher sein als die vorherigen Tauchgänge.
- **Richtung**
  Eventuell einzuhaltende Kompasskurse, natürliche Orientierungspunkte unter Wasser, Strömungen, muss zum Einstieg zurückgetaucht werden?
- **Ein- und Austiegsmethode**
  Wie kommen die Taucher am sichersten ins Wasser und wieder heraus?
- **Notfallverfahren**
  Wo befinden sich Notfallplan und Notfallausrüstung? Was ist bei Trennung vom Tauchpartner zu beachten?
- **Signale**
  Welche Unterwasserzeichen und Sonderzeichen sollen verwendet werden?
- **Mögliche Gefahrenpunkte**
  Beachten Sie Bootsverkehr, Strömungen und andere Hindernisse.

Gruppeneinteilung und Führung

Die Gruppe sollte sich immer nach dem schwächsten Mitglied richten. Gruppen sollten klein gehalten werden, jeder Taucher hat seinen festen ihm zugeteilten Tauchpartner.
Die Festlegung der Gruppengröße sollte abhängig von Sichtverhältnissen und Taucherfahrung erfolgen, ideal sind Zweierteams.
Taucht eine ungerade Anzahl von Tauchern, zum Beispiel mit drei Gruppenmitgliedern, schwimmt der einzelne Taucher in jedem Fall vor dem ihm folgenden Partnerteam. Auf diese Weise ist die Sicherheit aller Gruppenmitglieder am besten gewährleistet. Bei größeren Gruppen übernimmt normalerweise der Taucher die Führung, der über die meiste Erfahrung verfügt.

Mit großem Schritt vorwärts ins Vergnügen

Der Gruppenführer ist verantwortlich für die Einhaltung des Tauchgangsplans. Unerfahrene Taucher schwimmen direkt hinter oder bei schlechter Sicht neben dem Gruppenführer, so dass Handkontakt möglich ist.

Am Ende der Gruppe befindet sich dann ein Partnerteam, gebildet aus den Tauchern, die nach dem Gruppenführer am meisten Taucherfahrung aufweisen.

Berechnung des Luftverbrauchs

Tiefe und Dauer des Tauchgangs sind in Verbindung mit Anstrengung, Kälte etc. die maßgebenden Faktoren für den Luftverbrauch (siehe Seite 22, Auswirkungen auf den Luftverbrauch). Zur Berechnung des Luftverbrauchs muss der Taucher zuerst feststellen, wie hoch sein normaler Luftverbrauch ist. Dies geschieht dadurch, dass er in einer bestimmten Tiefe, zum Beispiel 10 Meter (2 bar) eine bestimmte Zeit taucht und anschließend den Luftverbrauch abliest, um das Atemminutenvolumen (AMV) errechnen zu können. Es wird empfohlen, die Berechnung des Atemminutenvolumen unter verschiedenen Belastungszuständen (leicht, mittel, schwer) durchzuführen, um eine möglichst genaue Tauchgangsplanung durchführen zu können.

Beispiel 1:
Errechnung des Atemminutenvolumens (AMV)

Ein Taucher verbringt mit einer Zehn-Liter-Flasche, die mit 200 bar gefüllt ist, 20 Minuten auf einer Tiefe von 10 Meter und verbraucht dabei 60 bar.

$$AMV = \frac{(\text{Fülldruck} - \text{Restdruck}) \times \text{Flaschenvolumen}}{\text{Tauchzeit} \times \text{Gesamtdruck}}$$

$$AMV = \frac{(200 \text{ bar} - 140 \text{ bar}) \times 10 \text{ Liter}}{20 \text{ Minuten} \times 2 \text{ bar}}$$
$$= 15 \text{ Liter/Minute}$$

Beispiel 2:
Umsetzung des AMV bei der Tauchgangsplanung zur Tauchzeitberechnung

Der Taucher hat sein persönliches AMV von 15 Liter pro Minute festgestellt und plant nun einen Tauchgang mit einer Gesamttauchzeit von 30 Minuten, bei der die Tiefe von 20 Meter aufgesucht werden soll. Zur Verfügung steht eine mit 200 bar gefüllte Zehn-Liter-Flasche.

Vor Beginn der Berechnung wird die Reserve von 50 bar abgezogen. Die Reserve darf nicht in die Berechnung einbezogen werden und ist eine echte Notfallreserve, das heißt, sie steht wirklich nur für den Notfall zu Verfügung. Die übrig gebliebenen 150 bar werden mit der Flaschengröße multipliziert, um die zur Verfügung stehende Luftmenge zu erhalten:

10 Liter × 150 bar =1500 bar/Liter Luftmenge, die zur Verfügung steht.

Abstieg und Aufstieg werden so gerechnet, als wäre der Taucher die gesamte Zeit auf maximaler Tiefe. Dekompressionsstopps (siehe Tauchtabelle) müssen auf die jeweilige Tiefe umgerechnet werden. Ist zum Beispiel ein Dekompressionsstopp auf 6 Meter für 5 Minuten erforderlich, wird bei einem AMV von 20 Liter/Minute 160 bar/Liter Luft benötigt (1,6 bar × 20 Liter = 32 bar/Liter pro Minute × 5 Minuten Dekompressionsstopp).

Umrechnung des AMV auf die Tauchtiefe

AMV bei 1 bar = 15 Liter/Minute, auf 20 Meter ist der Umgebungsdruck 3 bar:

15 Liter/Minute × 3 bar = 45 bar/Liter pro Minute. Außer es sind Dekompressionsstopps einzuhalten. Für einen 30-minütigen Tauchgang bei 3 bar Umgebungsdruck, würde der Taucher eine Luftmenge von 30 Minuten × 45 bar/Liter = 1350 bar/Liter brauchen.

Da 1500 bar/Liter zur Verfügung stehen, kann der Taucher diesen Tauchgang gefahrlos durchführen.

Einfache Luftverbrauchsberechnung während des Tauchgangs

Sollte es durch Anstrengung zu einem höheren Luftverbrauch kommen als in der Tauchgangsplanung berücksichtigt, kann sehr einfach umgerechnet werden.

Voraussetzung ist, dass der Taucher ein sicheres Tauchgangsprofil taucht, indem er die größte Tiefe zuerst und dann immer flacher werdend taucht. Sollte er nach 10 Minuten feststellen, dass in seiner ursprünglich mit 200 bar gefüllten Flasche nur noch 150 bar Restdruck übrig sind, hat er in 10 Minuten 50 bar verbraucht.

Die nach Abzug der Reserve von 50 bar verbleibenden 100 bar reichen theoretisch für weitere 20 Minuten. Abhängig von der Tauchtiefe wird die für den Aufstieg und Sicherheitsstopp benötigte Zeit abgezogen.

Der Taucher befindet sich zum Beispiel auf 20 Meter innerhalb der Nullzeit, braucht mindestens 3 Minuten für den Aufstieg und möchte 5 Minuten Sicherheitsstopp machen. Diese 8 Minuten werden von den errechneten 20 abgezogen, der Taucher kann also noch 12 Minuten in der Tiefe verbleiben. In der Praxis hat der Taucher natürlich noch länger Luft, da während des Aufstiegs und beim Sicherheitsstopp, bedingt durch die geringere Tiefe, weniger Luft benötigt wird.

Zusammenbauen und Überprüfen des Tauchgerätes

Nach der Überprüfung der verwendeten ABC-Ausrüstung wird das Tauchgerät montiert und auf richtige Funktion überprüft.

Die Tauchflasche

Achten Sie bei einer Leihausrüstung darauf, dass die Pressluft-/Nitroxflasche einen gültigen TÜV-Stempel besitzt.

Die Pressluft-/Nitroxflasche wird in eine stehende Position vor dem Taucher gebracht, so dass die Ventilöffnung vom Taucher wegzeigt. Dadurch steht das Tauchgerät genauso vor einem, wie es danach auf dem Rücken sein wird. Das erleichtert die richtige Montage des Atemreglers.

Beim Zusammenbau muss immer eine Hand an der Flasche sein, um sie vor dem Umfallen zu schützen.

Das Tauchgerät darf niemals unbeaufsichtigt stehen gelassen werden, sondern muss bei Unterbrechungen des Zusammenbaus hingelegt oder vom Tauchpartner gestützt werden!

Die Ventilöffnung wird auf Verschmutzung (Sand/Wasser) überprüft und gegebenenfalls durch ein kurzes Öffnen des Ventils gereinigt. Dabei schirmt eine Hand die Ventilöffnung ab, um die Ohren der Umstehenden zu schonen.

Bei einem INT-Ventil wird der darin befindliche O-Ring auf Beschädigung untersucht und gegebenenfalls ausgewechselt.

Tarierjacket

Durch Aufblasen über das Inflator-Mundstück überprüfen Sie das Jacket auf Undichtigkeiten. Nach Überprüfung des Tarierjackets auf sichtbare Beschädigungen wird der Befestigungsgurt angefeuchtet und über die Tauchflasche gesteckt. Wird ein trockener Gurt verwendet, kann die Tauchflasche durch Ausdehnung des Gurtes im Wasser locker werden und eventuell durchrutschen.

Das Tarierjacket wird vorzugsweise auf der Seite fixiert, in die die Öffnung des Ventils zeigt. Durch Anheben des Tauchgerätes am Jacket kontrollieren Sie den festen Sitz.

Der Inflatorschlauch wird mittels Zurückziehen der Inflatorkupplung am Inflator des Tarierjackets befestigt und durch eine kurze Zugprobe auf richtige Befestigung überprüft.

Erste Stufe Atemregler

Die Schutzkappe der Ersten Stufe des Atemreglers wird abgenommen und überprüft auf das Vorhandensein des O-Ringes, von Beschädigungen und Verschmutzungen sowie der locker sitzenden Mittel- und Hochdruckschläuche. Sichtbarer Rost, eingerissene Mitteldruckschläuche etc. können ein sichtbares Zeichen für nicht eingehaltene Wartungsintervalle sein.

Falls jedoch diese erste Sichtprüfung zur Zufriedenheit ausfällt, wird beim DIN-Atemregler die Erste Stufe locker mit zwei Fingern und ohne Kraftanstrengung in das Flaschenventil eingeschraubt, so dass sich der Mitteldruckschlauch der Zweiten Stufe des Hauptatemreglers an der rechten Seite und der Inflatorschlauch auf der linken Seite befindet. Der Zweitautomat oder Oktopus sollte sich normalerweise ebenfalls auf der rechten Seite befinden, das Finimeter auf der linken. Je nach persönlichen Bedürfnissen gibt es verschiedene Montagemöglichkeiten.

Die Zweite Stufe im drucklosen Zustand

Bevor die Flasche geöffnet und damit Druck aufgebaut wird, prüft man den Atemregler bei einer Leihausrüstung auf Undichtigkeit. Dabei wird versucht, abwechselnd mit dem drucklosen Atemregler und der alternativen Luftversorgung im Mund einzuatmen. Dies ist bei einem funktionierenden Atemregler nicht möglich. Falls jedoch Luft kommt, ist der Atemregler oder dessen Mundstück, die Ein- oder Ausatemmembran schadhaft und muss ausgetauscht werden. Beim Abtauchen würde sonst bei einer schadhaften Ein- oder Ausatemmembran Wasser in die Zweite Stufe eindringen.

Finimeter

Nun wird das Finimeter mit der Glasseite gegen die Flasche, das Tarierjacket oder den Boden gehalten, um bei einer Beschädigung eine Verletzung der Umstehenden oder der eigenen Person zu verhindern.

Das Flaschenventil wird langsam und vorsichtig geöffnet und danach wieder mit einer viertel bzw. halben Umdrehung geschlossen. Dieses Zurückdrehen verhindert, dass sich die Flasche nach Beendigung des Tauchgangs nicht mehr schließen lässt.

Tritt an irgendeiner Stelle Atemgas aus, sollte das Ventil sofort wieder geschlossen und die Fehlerquelle gesucht werden (siehe mögliche Fehlerquellen Seite 131).

Nun wird überprüft, ob der angezeigte Flaschendruck mit der in der Tauchgangsplanung berücksichtigten Luftmenge übereinstimmt. Falls dies nicht der Fall ist, muss die Tauchgangsplanung dementsprechend geändert werden.

Um eine fehlerfreie Anzeige des analogen Finimeters zu garantieren, sollte es folgendermaßen überprüft werden: Nach dem Öffnen der Tauchflasche und der Druckanzeige auf dem Finimeter wird das Flaschenventil wieder geschlossen. Der verbleibende Druck bleibt nun in den Hoch- und Mitteldruckschläuchen konstant, die Druckanzeige auf dem Finimeter darf sich jetzt nicht verändern, es sei denn es befindet sich ein Leck an der Ersten bzw. Zweiten Stufe oder den Schläuchen. Nun wird mit dem Finimeter in der einen und der Zweiten Stufe des Atemreglers in der anderen Hand ganz leicht die Luftdusche betätigt und das Abfallen des Drucks auf dem Finimeter beobachtet. Bleibt die Nadel irgendwo hängen, bewegt sie sich ruckartig oder bleibt gar ganz stehen, ist dieser Druckmesser mit Sicherheit nicht zum Tauchen geeignet.

Anbringen des Tarierjackets

Einschrauben der Ersten Stufe (DIN)

Langsames Öffnen des Flaschenventils

Überprüfung von Atemregler und Oktopus

Vorbeugen hilft – Anlegen des Bleigurtes

Fertig zum Tauchgang

Das fertig montierte Tarierjacket

Beim allerersten Gebrauch, bei ungewohnter Leihausrüstung, langer Lagerung oder nach starker Verschmutzung sollte die fehlerfreie Funktion von Inflator, Schnellablass und Überdruckventil geprüft werden.

Prüfen Sie nach kurzem Drücken des Einlassknopfes, ob dieser nicht hängen bleibt und sich das Jacket dann von selber aufbläst. Geschieht das nicht, wird der Einlassknopf so lange gedrückt, bis bei prall gefülltem Jacket das Überdruckventil anspricht und Luft entweicht. Anschließend lassen Sie das Tarierjacket aufgeblasen stehen und beobachten, ob es den Druck hält oder in sich zusammenfällt.

Hält es den Druck, sollten Sie sich mit den Ein- und Ablassventilen vertraut machen und deren Funktion testen. Dazu gehören selbstverständlich auch die Mundaufblasvorrichtung und ein eventuell vorhandener Westenautomat.

Als Letztes wird die Funktion der Zweiten Stufen bzw. der Zweiten Stufe und einer anderen alternativen Luftversorgung (zum Beispiel Oktopus oder Westenautomat) überprüft. Dies geschieht durch Ein- und Ausatmen. Der Atemregler sollte leicht Luft geben, auch das Ausatmen sollte ohne spürbaren Widerstand möglich sein.

Bei manchen Atemreglern ist im trockenen Zustand ein Flattern der Ausatemmembran zu hören, das ist normal und beeinträchtigt keinesfalls die Funktion.

Achtung: Das spielerische Drücken der Luftdusche reicht nicht für eine Funktionsüberprüfung aus.

Mögliche Fehlerquellen

Die Erste Stufe bläst ab

- Der O-Ring der Ersten Stufe (DIN-Ventil) ist nicht vorhanden oder beschädigt.
- Die Erste Stufe ist nicht weit genug eingeschraubt.
- Das INT-Ventil oder der O-Ring am Flaschenventil sind beschädigt oder nicht vorhanden.
- Der Mittel- oder Hochdruckschlauch ist nicht richtig an der Ersten bzw. Zweiten Stufe verschraubt, die O-Ringe der Verbindungen sind defekt.

Abhilfe

- Die Erste Stufe richtig an dem Flaschenventil befestigen.
- Defekte oder fehlende O-Ringe durch Fachpersonal austauschen lassen.
- Verschraubungen nachziehen.

Die Zweite Stufe bläst ab

- Die Luftdusche des Atemreglers wurde betätigt und ist durch Schmutzpartikel eingeklemmt.
- Der Ventilsitz der Zweiten Stufe ist verschlissen oder defekt.

Vermeidung

Jeder Kontakt des Atemreglers mit verschmutztem oder sandigem Untergrund sollte vermieden werden. Dies kann zum Beispiel durch Verwendung von Matten oder Plastikplanen auf sandigem Grund erfolgen.

Abhilfe

Entfernen Sie alle Schmutzpartikel. Wenn der Dichtsitz der Ersten Stufe beschädigt oder verschlissen ist, funktioniert die Zweite Stufe nach dem »down-stream«-Prinzip als Überdruckventil und bläst nach Aufbau des Druckes ständig ab. Meist bläst die Zweite Stufe nach Aufbau des Mitteldrucks ab, nach dem Betätigen der Luftdusche hört dies auf und fängt nach ein paar Sekunden wieder an. Ist der Dichtsitz der zweiten Stufe defekt, kommt es ebenfalls zum Abblasen.

- Der Ventilsitz der Ersten Stufe ist defekt.

Vermeidung

Einhaltung der Wartungsintervalle.

Abhilfe

Wartung der ersten Stufe durch geschultes Fachpersonal und Austausch des Ventilsitzes.

Luftaustritt am Hochdruck- oder Mitteldruckschlauch

Abhilfe

Poröse Schläuche austauschen.

Das Finimeter bläst ab

Am Übergang zwischen Hochdruckschlauch und Finimeter ist ein Drehgelenk. Dort befindet sich ein Dichtbolzen mit zwei winzigen O-Ringen, die auf Grund der ständigen Bewegung natürlichem Verschleiß unterliegen.

Abhilfe

Neues Drehgelenk einsetzen bzw. O-Ringe am Drehgelenk austauschen.

Das Tarierjacket verliert Druck

Mögliche Ursachen: Die Hülle des Jackets bzw. der Weste ist schadhaft, der Inflatorschlauch oder der Schnellablass ist undicht, das Auslassventil ist durch Schmutz verunreinigt oder nicht richtig eingeschraubt, es ist defekt bzw. die Dichtung ist verrutscht.

Abhilfe

Inflator und Weste durch Fachpersonal überprüfen lassen, Dichtungen erneuern, Auslassventile reinigen lassen. Bei Beschädigungen der Hülle ist gegebenenfalls eine Reparatur und beim zweischaligen Jacket ein Austausch der Hülle möglich.

Das Tarierjacket bläst sich selbst auf

Durch Eindringen von Sand und Schmutzpartikel in den Inflator des Tarierjackets kann der Einlassknopf des Inflators bei Betätigung hängen bleiben, das Jacket wird aufgeblasen.

Ist das Ventil in der Inflatorkupplung des Mitteldruckschlauches defekt, kann es ebenfalls zum unkontrollierten Einströmen von Luft in das Tarierjacket kommen.

Vermeidung

Regelmäßige Ausrüstungsüberprüfung, kein Kontakt mit Schmutz und Sandpartikeln sowie regelmäßige Wartung.

Anlegen des Tauchgerätes

Nach gegenseitiger Überprüfung des Tauchgerätes wird der Bleigurt angelegt. Er sollte an beiden Enden festgehalten und vorsichtig um die Hüften gelegt werden. Das Vorbeugen des Oberkörpers verhindert ein Abrutschen des Bleigurtes. Die Schnellabwurfschnalle wird geschlossen und so positioniert, dass man sie mit einem Griff öffnen kann. Bringen Sie die Gewichte für bleiintegrierte Tarierjackets nach dem Anziehen des Jackets an, um das Hochheben des Gerätes zu erleichtern.

Das Tauchgerät wird in eine stehende Position gebracht und die Schultergurte des Tarierjackets auf weiteste Öffnung gestellt. Dies erleichtert das Anziehen von großvolumigen Tauchanzügen. Nun kann das Tauchgerät auf eine Bank oder einen Mauervorsprung abgestellt und angezogen werden. Der Tauchpartner stützt das Tauchgerät ab, um ein Umfallen zu vermeiden. Ist keine Mauer, keine Bank oder Ähnliches vorhanden, legen Sie das Tauchgerät mit Hilfe des Tauchpartners an.

Das Tauchgerät wird vom Partner mit einer Hand am Flaschenventil und mit der anderen am Flaschenboden langsam aus den Beinen heraus hochgehoben und auf dem abgewinkelten Bein abgestützt. Dies ermöglicht ein ermüdungsfreies Halten des kompletten Tauchgerätes. Ziehen Sie das Tauchgerät nicht über den Kopf an, weil es erstens eine enorme Belastung für die Bandscheiben bedeutet und weil man zweitens auf schaukelnden Booten oder ungleichmäßigem Untergrund sehr leicht das Gleichgewicht verliert. Der Taucher fällt möglicherweise auf seine wartenden Kameraden, verletzt diese oder sich selbst.

Ist das Tauchgerät vollständig angelegt, muss ein Buddy-/ oder Partnercheck durchgeführt werden. Beide Tauchpartner überprüfen gegenseitig die Ausrüstung des anderen auf korrekten Sitz und Funktion. Alle Begurtungen werden auf festen Sitz kontrolliert, die Befestigung der Tauchflasche überprüft. Die Tauchpartner müssen sich gegenseitig mit dem Gebrauch der folgenden Ausrüstungsteile vertraut machen, um im Notfall schnell Hilfe leisten zu können:

- Schnellabwurfsysteme für das verwendete Gewichtssystem
- Funktion des Flaschenventils oder der Flaschenventile
- Funktion des Hauptatemreglers und der alternativen Luftversorgung
- Bebänderung und Verschlüsse des Tarierjackets
- Ein- und Auslässe bei Tariermitteln und Trockentauchanzügen
- Bedienung und Funktion der mitgeführten Zusatzausrüstung

Die Schnellabwurfschnalle des Bleigurtes muss leicht erreichbar sein und darf nicht durch Verknoten des überstehenden Bleigurtrestes behindert werden.

Das Flaschenventil wird auf vollständige Öffnung kontrolliert, die zur Verfügung stehende Luftmenge nochmals am Finimeter oder luftintegrierten Tauchcomputer überprüft. Ist dies nicht schon vorher geschehen, muss die Funktion des Atemreglers und der alternativen Luftversorgung sichergestellt sein. Dies geschieht durch Ein- und Ausatmen, um die Funktion von Ein- und Ausatemmembran zu überprüfen. Nach vollständiger Kontrolle der Ausrüstung des Tauchpartners sollten nochmals die wichtigsten Punkte der Tauchgangsplanung wiederholt werden (siehe Briefing vor dem Tauchgang (Seite 126), erst dann erfolgt der Einstieg ins Gewässer.

Der Einstieg

Jedes Gewässer ist ein bisschen anders und so gibt es natürlich eine Vielzahl vom Möglichkeiten hinein und auch wieder heraus zu kommen. Ob flach, tief, steinig, sandig, schlammig, felsig, ob

Einstieg vom Beckenrand in das tiefe Wasser mit dem Spreizschritt

kleine oder große Wellen, mit und ohne Strömung, jedes Gewässer ist verschieden und erfordert unterschiedliche Ein- und Ausstiegstechniken. Die Tauchmaske sollte aber in jedem Fall als Erstes aufgesetzt werden.

Springen Sie nur, wenn die Wassertiefe ausreicht und keine Hindernisse im Weg sind. Nicht ausreichend befestige Gegenstände lösen sich häufig beim Einstieg, deshalb sollten Sie nach erfolgtem Sprung bzw. Abrollen sofort die Vollständigkeit der Ausrüstung überprüfen. Wenn nicht anders vereinbart, wird bei allen Sprüngen und Abrollverfahren normalerweise dem Boot vor dem Abtauchen das Zeichen »O.K.« signalisiert.

Bei stärkeren Strömungen kann es erforderlich sein, dass beide Partner gemeinsam springen und sofort abtauchen müssen. Um eine Trennung vom Tauchpartner zu vermeiden, sollten beide auf der gleichen Seite des Bootes einspringen.

Die einfachste Methode bei flach abfallenden Gewässern ohne Brandung in das Wasser zu kommen, wird im Folgenden beschrieben: Nach dem Anlegen von Tauchgerät und Maske waten Sie vorsichtig mit schlurfenden Schritten in das Wasser. Passen Sie dabei auf, dass Sie nicht aus Versehen auf Stachelrochen, Steinfische oder ähnliches treten.

Das Anlegen der Flossen erfolgt mit Maske auf dem Gesicht, Schnorchel oder Atemregler im Mund und leicht aufgeblasenem Jacket im hüfttiefen Wasser.

Bei leichter Brandung in weitgehend hindernisfreien Gewässern empfiehlt es sich die gesamte Ausrüstung inklusive Maske und Flossen vor dem Einstieg ins Wasser anzulegen und dann vorsichtig rückwärts mit schlurfenden Schritten (eventuell Hand in Hand mit dem/der Tauchpartner/in) bis ins hüfttiefe Wasser zu waten. Der Schnorchel bzw. Atemregler befindet sich bereits im Mund, die Tauchmaske wird mit der Hand vor dem Wegspülen gesichert. Beide Partner tauchen nach Erreichen des hüfttiefen Wassers sofort unter den Wellen hindurch ab und nutzen den Sog der Wellen aus. Einstiege bei Wellen und Strömung an hindernis-

reichen Stellen sind sehr gefährlich und sollten deshalb unterlassen werden.

Der Spreizsprung

Der Spreizsprung in tiefes Wasser erfolgt vom Beckenrand des Schwimmbades, vom Boot oder einer Hafenmauer. Mit leicht aufgeblasenem Tarierjacket wird ein großer Schritt nach vorn ausgeführt. Die Beine sind beim Eintreffen ins Wasser gespreizt.

Ein Schnorcheltaucher sollte beim Sprung den Schnorchel mit den Zähnen und die Maske mit einer Hand oder beiden Händen festhalten. Der

Gerätetaucher hält mit einer Hand die Maske und die andere Hand greift in die Gerätebebänderung bzw. Schultergurte des Jackets und zieht diese stramm nach unten. Das verhindert ein Verrutschen des Tauchgerätes und damit eine mögliche Verletzung am Hinterkopf durch die Erste Stufe des Atemreglers. Nach dem Sprung ist immer sofort die Einstiegsstelle frei zu machen, damit der nächste Taucher folgen kann.

Der Schnorchler bzw. Taucher kann auch mit geschlossenen und gestreckten Beinen in aufrechter Position ins tiefe Wasser springen.

Achten Sie auf ausreichenden Abstand zum Becken- bzw. Bootsrand, um zu verhindern, dass der Kopf oder das Tauchgerät mit dem Becken- bzw. Bootsrand kollidiert.

Die Rolle rückwärts

Sie eignet sich besonders als Einstieg von Schlauchbooten und wird deswegen bei der Ausbildung mit ABC-Ausrüstung und Tauchgerät trainiert, bis jeder die Scheu verloren hat, sich rückwärts fallen zu lassen.

Sie hocken entweder am Beckenrand oder sitzen auf der Außenwulst des Schlauchbootes. Machen

Sie einen runden Rücken und stützen Sie die Ellbogen leicht oberhalb der Knie auf. Wie beim Spreizsprung und beim aufrechten Sprung hält eine Hand Maske und Atemregler, die andere Hand zieht die Bebänderung stramm nach unten. Lassen Sie sich ohne viel Schwung nach hinten ins Wasser rollen, dabei halten Sie Maske und Atemregler so lange fest, bis Sie sich vollständig im bzw. unter Wasser befinden.

Nach kurzer Orientierung zum Tauchpartner signalisieren Sie dem Boot »O. K.« und machen die Einstiegsstelle frei. Der richtige Sitz des Maskenbandes sollte auf jeden Fall sofort überprüft werden, da es manchmal durch die Bewegung nach oben verrutschen kann.

Der Tauchgang

Nach dem Einstieg ins Wasser tauchen die Gruppenmitglieder gemeinsam bis zu der vorher vereinbarten Tiefe ab. Sollte ein Taucher beispielsweise Probleme beim Druckausgleich haben, bleibt sein zugeteilter Partner bei ihm und steigt langsam mit ihm ab.

Beim Tauchen mit einem unbekannten Partner empfiehlt sich ein kurzer Check der notwendigen Sicherheitsübungen, um sicherzustellen, dass dieser im Notfall in der Lage ist schnell und routiniert zu handeln.

Alle sicherheitsorientierten Tauchschulen im In- und Ausland führen mit jedem Neuankömmling zunächst einen Checktauchgang durch, der mindestens die folgenden drei Standardübungen beinhaltet:

- Schnelles und richtiges Reagieren, wenn der Tauchpartner signalisiert, dass er keine Luft mehr hat. Atmen aus einer alternativen Luftversorgung; dabei sollten die Rollen als Spender und Empfänger getauscht werden.
- Komplettes Fluten und Ausblasen der Maske, Abnehmen der Maske und atmen ohne Tauchmaske. Wer diese für die Zertifizierung zum

Einstieg mit der Rolle rückwärts vom Schlauchboot

Aufstieg zur Wasseroberfläche

CMAS*-Taucher oder Open Water Diver notwendige Übung nicht beherrscht, neigt beim geringsten Eindringen von Wasser in die Maske zu Panik.

• In kurzer Zeit eine neutrale Tarierung herstellen, um den richtigen Umgang mit dem Tariermittel zu demonstrieren.

Beim Tauchen vom verankerten Boot kann es notwendig sein, dass der Gruppenführer oder ein anderer erfahrener Taucher den Sitz des Ankers kontrolliert und eventuell korrigiert.

Die Partnerteams beginnen nun den eigentlichen Tauchgang exakt nach dem vorher vereinbarten Tauchgangsplan in der vereinbarten Position zum Tauchpartner. Im Idealfall schwimmen beide auf Augenhöhe nebeneinander, der Tauchpartner sollte mit maximal drei Flossenschlägen erreichbar sein. Bei Strömung oder schlechter Sicht wird so nahe beim Tauchpartner getaucht, dass ein Kontakt über Hand oder Seil möglich ist. Auftretende Probleme können so blitzschnell erkannt und gemeinsam gelöst werden.

Tauchen mit einem Partner in unmittelbarer Nähe erhöht nicht nur die Sicherheit, sondern macht auch Spaß. Vier Augen sehen immer mehr als zwei. Und was gibt es schöneres, als das Erlebnis Tauchen mit jemandem zu teilen, der genauso begeistert ist wie man selbst.

Sollte ein Auftauchen wegen eines Problems bei einem Taucher erforderlich werden, ist der Taucher von mindestens zwei anderen Gruppenmitgliedern sicher zum Boot oder zum Ufer zu begleiten. Der Taucher darf keinesfalls alleine an die Wasseroberfläche oder zum Ufer zurückgeschickt werden. Es muss sichergestellt sein, dass er auch in das Boot einsteigt bzw. an Land ist, bevor der Rest der Gruppe wieder gemeinsam abtaucht.

Bei der Verwendung von Tauchcomputern sollte sich das Partnerteam an einem konservativen Rechenmodell orientieren.

Alle Taucher bewegen sich im Zustand der neutralen Tarierung, um Schädigungen der Unterwasserwelt und eigene Verletzungen durch unerwünschten Kontakt mit der Unterwasserwelt zu vermeiden.

Der Gruppenführer kontrolliert Luftverbrauch und Tarierung, so dass alle Taucher mit genügend Luft beim vereinbarten Ausstiegspunkt ankommen. Nach dem Geben des Signals »Aufstieg« und der Bestätigung durch »O.K.« wird der Aufstieg eingeleitet. Die Aufstiegsgeschwindigkeit muss zu jeder Phase des Tauchgangs eingehalten werden. Nach einem ausreichend langen Sicherheitsstopp von mindestens fünf Minuten in einer Tiefe, die nicht geringer als drei Meter ist, erfolgt nun der Ausstieg.

Der Ausstieg

Bei allen Ausstiegen bleibt die Tauchmaske in jedem Fall auf dem Gesicht, bis der Taucher im Boot oder ganz an Land ist. Die Möglichkeit seine Tauchmaske zu verlieren ist besonders groß, wenn diese auf die Stirn geschoben wird.

Flach abfallende Gewässer

Die Taucher werden bis ins flache Wasser des Uferbereiches tauchen und nach Ablegen der Flossen ans Ufer waten.

Ausstieg aus dem tiefen Wasser über eine Bootsleiter

Dabei kann kann es abhängig vom Typ der Leiter erforderlich sein, die Flossen anzubehalten und mit vollständiger Ausrüstung ins Boot zu steigen. Im Normalfall schwimmt der Taucher seitlich an die Seite der Leiter, die den Wellen abgewandt ist und reicht zuerst Zusatzausrüstung wie Lampe oder Kamera nach oben, dann folgen die Flossen. Ist kein Wellengang oder keine starke Strömung und leidet der Taucher unter Rückenproblemen, kann eventuell das Gewichtssystem und das Tauchgerät abgelegt und von Helfern nach oben gereicht werden.

Ausstieg aus dem tiefen Wasser ohne Leiter beim Bootstauchen

Sollte das Boot über keine Leiter verfügen, was bei den meisten Schlauchbooten der Fall ist, muss nach dem Tauchgang zuerst das Gewichtssystem abgelegt und ins Boot gereicht werden. Danach folgt nach Wechseln von Atemregler auf den mitgeführten Schnorchel das Ablegen des Tauchgerätes mit leicht aufgeblasenem Tarierjacket. Ein wartender Helfer zieht das Tauchgerät ins Boot oder befestigt es außen sicher. Der Taucher fasst mit beiden Händen an die Befestigungsgriffe oder den Bootsrand und taucht kurz mit den Schultern ins Wasser, um Schwung für den Ausstieg zu holen. Durch kräftiges Flossenschlagen und gleichzeitiges Hochziehen mit den Armen erfolgt der Einstieg ins Boot.

Am Beckenrand

Die gleiche Reihenfolge gilt beim Üben dieser Ausstiegsmethode im Schwimmbad. Nach dem Abnehmen der Gewichtssysteme und Ablegen am Beckenrand wird das Tauchgerät ausgezogen. Der Taucher legt den Atemregler an den Rand des Beckens und sichert ihn mit einer Hand. Nach erfolgtem Ausstieg hebt er das Tauchgerät aus dem Wasser. Dabei ist darauf zu achten, dass nicht aus dem runden Rücken heraus gehoben wird.

Die Faktoren der Tarierung

Viele Faktoren müssen berücksichtig werden, wenn wir unter Wasser im hydrostatischen Gleichgewicht schwerelos dahingleiten möchten: die Art und Dicke des verwendeten Tauchanzuges, die Bleimenge, die Größe und das Gewicht des eigenen Körpers sowie des verwendeten Tauchgerätes ebenso wie der Atemregler und Zusatzausrüstung wie Lampen. Die Art des Gewässers, Süß- oder Salzwasser, und die Dichte des Wassers spielen ebenfalls eine große Rolle.

Der klassische Tauchanzug aus Neopren besteht aus mit Luftbläschen aufgeschäumtem Kautschukmaterial, das mit zunehmender Tiefe (wir erinnern uns an das Gesetz von Boyle-Mariotte) komprimiert wird, bis der Tauchanzug selbst keinen oder nur noch sehr wenig Auftrieb hat. Je nach Art des verwendeten Tauchanzuges und Tauchgerätes ist das Mitführen von Bleigewichten erforderlich, um den Auftrieb des Tauchanzuges auszugleichen und ein Abtauchen zu ermöglichen.

Je weiter wir abtauchen, umso mehr wird der Tauchanzug komprimiert, die Menge des von uns verdrängten Wassers nimmt ab, wir bekommen Abtrieb. Dieser Abtrieb bzw. der Verlust des Auftriebes muss mit dem Einfüllen von Luft in ein Tarierjacket bzw. den Trockentauchanzug ausgeglichen werden, um in jeder Tiefe ein hydrostatisches Gleichgewicht (neutrale Tarierung) herstellen zu können.

Ist ein Tarierjacket undicht, hat der Taucherpartner genügend Sicherheitsreserve, um sich und seinen Tauchpartner sicher zur Oberfläche bringen zu können.

Ein gut austarierter Taucher hat einen geringeren Strömungswiderstand als ein schlecht austarierter, der durch eine zu hohe Bleimenge im Wasser »steht« und nicht schwebt.

Tariercheck

Ein Tariercheck vor dem Tauchgang in unbekannten Gewässern oder mit unbekannter Ausrüstung ist unbedingt erforderlich. Dabei sollte der Taucher mit leerem Tarierjacket und einem normalen Atemzug bis auf Augenhöhe im Wasser absinken und eine normale Atmung durch den Schnorchel möglich sein.

Bei der Verwendung von Aluminiumflaschen empfiehlt sich die Mitnahme von einem zusätzlichen Kilogramm, da diese am Ende des Tauchgangs Auftrieb bekommen können.

Überprüfen Sie am Ende des Tauchgangs nochmals die Bleimenge. Sie sollten mit ca. 50 bar Restdruck, leerem Tarierjacket und normaler Atmung in 3 Meter Tiefe neutral tariert sein.

Der Schlüssel zur perfekten Tarierung

Dieser Schlüssel ist die Atmung. Wer falsch atmet, wird nie in den Genuss einer perfekten Tarierung kommen.

Der Mensch schenkt der natürlichen Atmung an der Wasseroberfläche keine Beachtung, da sie unbewusst stattfindet. Nach dem Einatmen wird sofort ausgeatmet, um dann, abhängig von der Belastung, eine Atempause einzulegen.

Unter Wasser kommt es jedoch aus zwei Gründen zu falscher Atemtechnik und Luftanhalten.

Beim Tauchanfänger signalisiert das Unterbewusstsein, dass das Medium, in dem sich der Taucher befindet, nicht zum Überleben geeignet ist. Die Luft wird nach dem Einatmen angehalten. Zusätzlich wird oft der erhöhte Auftrieb durch falsche Atmung mit mehr Blei ausgeglichen, damit der Tauchschüler während des Kurses seine Übungen absolvieren kann.

Für zusätzliche Verwirrung sorgt auch so manche Tauchliteratur. Im Kapitel über mögliche Lungen-schädigungen warnt man den Taucher davor, die Luft anzuhalten, im Kapitel über Atmung und Tarierung wird er jedoch genau dazu aufgefordert.

Mit zunehmender Taucherfahrung wird die Atmung ruhiger und entspannter, der unnatürliche Atemstopp nach der Einatmung bleibt jedoch leider bei den meisten Tauchern bestehen.

Um den erhöhten Auftrieb durch die Luft in der Lunge auszugleichen, wird mehr Blei verwendet. Erkennbar ist dies dadurch, dass der Taucher nach dem Einstellen seiner Flossenbewegung im Wasser steht. Dies kann leider bei mehr als 50 Prozent aller Taucher beobachtet werden.

Nach dem Ausatmen sinkt der Taucher durch die hohe Bleimenge sofort ab und gleicht dies durch sofortiges Einatmen wieder aus.

Abgesehen von der Tatsache, dass Luftanhalten beim Tauchen zu Lungenschädigungen führen kann, verbraucht der Taucher auch wesentlich mehr Luft, da er mit der Lunge tariert, anstatt mit dem Tarierjacket.

Wird mit jedem Atemzug ein Liter Luft mehr eingeatmet, um die erhöhte Bleimenge auszugleichen, addiert sich diese scheinbar kleine Menge bei ca. 10 Atemzügen pro Minute schon auf 10 Liter pro Minute.

Umgerechnet auf 20 Minuten Tauchzeit in 20 Meter Wassertiefe (3 bar) ergibt das einen Mehrverbrauch von 600 bar/Liter Luft pro Minute.

Die richtige Atmung

Jeder Taucher sollte durch ganz bewusste Kontrolle auch unter Wasser so atmen, wie es dem natürlichen Rhythmus entspricht: langsam und tief, wobei nach der Einatmung ohne Stopp mit der Ausatmung begonnen wird. Je nach Anstrengung kann nach der Ausatmung eine kleine Pause eingelegt werden.

Ein Atemrhythmus von 2 Sekunden Einatmung, 2 Sekunden Ausatmung und 2 Sekunden Pause nach dem Ausatmen ist normal.

Es ist keinesfalls einfach, die Atmung so umzustellen, da uns das Unterbewusstsein anfangs zum Luftanhalten stimuliert. Durch Konzentration, Üben

Tarieren in Perfektion gelingt nur durch regelmäßiges Üben und richtige Atemtechnik.

und mit einem kleinen Trick können Sie das jedoch verhindern: Verlängern Sie die Phase der Ausatmung. Die Ausatemphase sollte dann mindestens doppelt so lang wie die Einatemphase sein. Nach ca. 2 Sekunden Einatmung folgt sofort eine etwa 4 Sekunden lange Ausatmung.

Durch Umstellung auf den natürlichen Atemrhythmus ist man entspannter und hat daher auch einen niedrigeren Luftverbrauch. Sie benötigen weniger Blei, da die Lunge länger im ausgeatmeten Zustand ist und deshalb nicht so viel Auftrieb verursacht.

Das wirkt sich natürlich auch positiv auf die Lage des Tauchers im Wasser aus. Er liegt im Wasser und spart Kraft und Energie durch die Stromlinienform, statt unnötig Kraft und Energie zu verschwenden.

Übungen mit dem Tauchgerät

Alle Übungen, die mit dem Tauchgerät während der Grund- und Fortgeschrittenenkurse absolviert werden, sind weitgehend bei allen Tauchsportorganisationen identisch.

Übungen an der Wasseroberfläche

Ab- und Anlegen der Gewichtssysteme und des Tarierjackets

Beim Ausstieg aus dem tiefen Wasser kann es erforderlich sein, das Gewichtssystem und das Tarierjacket vorher abzulegen. Zuerst werden die Gewichte und dann das Tarierjacket ausgezogen und weiter gereicht.

Beim Anziehen an der Wasseroberfläche wird das Tarierjacket so weit aufgeblasen und mit der Flasche nach unten auf die Wasseroberfläche gelegt, dass die eingefüllte Luft den Taucher sicher tragen kann. Nun setzt sich der Taucher wie in einen Sessel in die Mitte der Tragschale und streckt beide Arme gleichzeitig durch die Armöffnungen. Durch das gleichzeitige Herunterrutschen und Hineingleiten der Arme in die Öffnung können Sie das Tarierjacket spielerisch leicht und ohne einen Kraftaufwand anziehen. Gelegentlich ist ein teilweises Ablassen der eingefüllten Luft

notwendig, um das Tarierjacket ganz schließen zu können.

Wechsel vom Schnorchel auf den Atemregler

Aus der Schwimmlage heraus wird mit dem Schnorchel im Mund auf den Atemregler gewechselt, ohne den Kopf aus dem Wasser zu heben. Vor dem Wechsel atmen Sie kurz durch den Schnorchel ein und nehmen dann das Mundstück des Atemreglers in den Mund. Anschließend wird eingedrungenes Wasser aus dem Atemregler durch einfaches Ausatmen in den Regler verdrängt und normal weiter geatmet.

Nach zwei bis drei Atemzügen wechseln Sie vom Atemregler wieder zurück auf den Schnorchel: In der gleichen Reihenfolge – Einatmen vor dem Wechsel, Wechsel auf den Schnorchel und Ausblasen des eingedrungenen Wassers mit der Ausatemluft.

Ziehen und Schleppen eines erschöpften Tauchers

Bei dieser Übung simuliert man die notwendige Hilfestellung für einen erschöpften Tauchpartner an der Wasseroberfläche. Er wird mit aufgeblasenem Jacket in Rückenlage gebracht und durch verschiedene Transportgriffe sicher in Richtung Ufer oder Boot gezogen:

• Ziehen am Jacket bzw. Flaschenventil: Dabei begibt sich der Retter am Kopfende des erschöpften Tauchers ebenfalls in Rückenlage und fasst mit beiden Händen an Jacket oder Flaschenventil, um ihn so rückwärts schwimmend abzuschleppen.

• Seitlich neben dem Taucher schwimmend wird eine Hand unter die Achsel des verunfallten Tauchers geschoben, während man sein Gesicht beobachtet.

• Schieben: Der Retter befindet sich in Bauchlage zwischen den Beinen des erschöpften Tauchers. Dessen Beine liegen auf Kniehöhe über den Schultern des Rettenden. Dieser umfasst mit den Armen die Beine des erschöpften Tauchers und verschränkt die Arme vor dem Körper. Beim Schieben kann der Retter Augenkontakt zum Tauchpartner halten, Veränderungen seines Zustandes sofort erkennen und entsprechend reagieren.

Lösen eines Wadenkrampfes

Krampflösen beim Tauchpartner
Sollte es durch Überanstrengung zu Krämpfen in der Beinmuskulatur kommen, fasst der Helfer mit einer Hand unter die Wade, mit der anderen wird das Flossenblatt leicht nach vorne bzw. oben gedrückt, um bei gestrecktem Bein den verkrampften Muskel vorsichtig zu dehnen und den Krampf zu lösen.

Transport eines bewusstlosen Tauchers
Eine Hand umfasst das Kinn des bewusstlosen Tauchers, während die andere Hand das Flaschenventil greift. Nun wird der Kopf des Verunfallten sanft nach hinten gezogen, um den Kopf zu überstrecken und die Atemwege frei zu halten.

Übungen unter Wasser
Fußwärts Abtauchen mit Gerät
Bei Problemen mit dem Druckausgleich empfiehlt es sich, mit den Füßen voraus abzutauchen. Nach dem vollständigen Entleeren der Tarierweste atmet der Taucher nach einem ersten Druckausgleich an der Wasseroberfläche aus und sinkt langsam unter normaler Atmung und regelmäßig durchgeführtem Druckausgleich nach unten.

Kopfwärts Abtauchen
Geübte und wendige Taucher, die keine Probleme mit dem Druckausgleich haben, können aus der

Schwimmlage heraus nach Entleerung des Tarierjackets den Oberkörper um 90 Grad nach unten abwinkeln und genauso abtauchen wie mit ABC-Ausrüstung.
Die Beine werden mit Schwung über die Wasseroberfläche in die Senkrechte gebracht. Das Eigengewicht der über Wasser befindlichen Beine drückt den Taucher unter Wasser. Sobald die Flossen vollständig eingetaucht sind, kann mit dem Flossenschlag begonnen werden.

Teilweises Fluten, vollständiges Fluten und abnehmen der Tauchmaske, Schwimmen ohne Maske
Sollte das Maskenband unter Wasser reißen oder sich nach einem Sprung ins Wasser nach oben verschoben haben, kann sich unter Umständen die Tauchmaske vom Gesicht lösen. Um den Taucher auf diese Situation vorzubereiten, werden verschiedene Stadien des Maske-Flutens und Ausblasens, bis hin zum Schwimmen ohne Tauchmaske geübt.

Teilfluten und ausblasen
Als Erstes wird durch vorsichtiges Anheben des Dichtrandes so viel Wasser in die Maske gelassen, dass die Augen noch unbedeckt sind. Der Taucher

Fußwärts abtauchen erleichtert den Druckausgleich bei Tauchanfängern.

Eingedrungenes Wasser wird durch das Ausatmen über die Nase verdrängt.

Maske ganz fluten und ausblasen

Hier wird nun ähnlich wie zuvor beschrieben der Dichtrand der Tauchmaske ganz abgehoben, bis die Tauchmaske völlig geflutet ist. Träger von Kontaktlinsen sollten bei dieser Übung die Augen geschlossen halten, um ein Ausspülen der Linsen zu vermeiden.

Das eindringende Wasser kann bei einzelnen Menschen Beklemmungsgefühl und das Gefühl nicht mehr atmen zu können, hervorrufen. Durch Konzentration auf eine ruhige gleichmäßige Atmung (Mund ein – Mund aus oder Mund ein – Nase aus) lässt dieses Gefühl sehr schnell nach.

Maske komplett abnehmen und schwimmen ohne Maske

Unter Wasser nehmen Sie die Tauchmaske mit dem Atemregler im Mund komplett ab, während Sie ruhig weiteratmen. Anschließend wird mit Partnerkontakt eine Minute ohne Maske geschwommen. Wenn man die Augen zu schmalen Schlitzen zusammenkneift, kann man grob seine Umgebung erkennen und sich orientieren.

Diese Übung ist Voraussetzung für die Brevetierung von nahezu jeder internationalen Tauchsportorganisation. Leider wird sie aus Zeit- und Personalgründen häufig nicht genügend geübt, bis sie wirklich vom Tauchschüler beherrscht wird.

sollte sich auf eine ruhige Atmung konzentrieren und durch den Mund ein- und ausatmen. Ist genug Wasser in die Tauchmaske eingedrungen, kann dieses einfach durch Andrücken der Tauchmaske mit einer oder beiden Händen am oberen Dichtrand und gleichzeitigem Ausatmen durch die Nase entfernt werden.

Zu Beginn der Ausatmung schaut der Taucher nach unten, um während der Ausatmung durch die Nase den Kopf in die Senkrechte zu heben. Die eindringende Luft verdrängt dabei das Wasser. Ist noch Wasser übrig, wird einfach durch den Atemregler eingeatmet und das Restwasser durch ein erneutes Ausatmen durch die Nase, bei gleichzeitigem Andrücken des oberen Maskenrandes, entfernt.

Atemregler herausnehmen und wiedererlangen

Sollte es notwendig sein, seinen Atemregler unter Wasser aus dem Mund zu nehmen, um zum Beispiel eine Wechselatmung durchzuführen, muss der Taucher in der Lage sein, das eingedrungene Wasser zu entfernen, bevor er mit der Atmung beginnt.

Achtung: Bei allen Übungen, bei denen der Atemregler nicht im Mund ist, müssen die Atemwege offen gehalten werden, um bei einem Nach-oben-

Das Atmen ohne Tauchmaske ist nur eine Sache der Übung.

Steigen keine Lungenüberdruckverletzung zu erleiden. Das geschieht durch ein ständiges Abgeben von feinen Bläschen, solange der Atemregler nicht im Mund ist.

Das Entfernen von Wasser aus dem Atemregler kann auf zweierlei Weise geschehen:

1. Vor dem Herausnehmen des Reglers wird eingeatmet und beim Wieder-in-den-Mund-nehmen einfach in den Regler ausgeatmet, um das eingedrungene Wasser zu entfernen.

2. Sollte keine Luft vorhanden sein, um den Atemregler mit der Ausatemluft ausblasen zu können, strömt nach einem kurzen Druck auf die Luftdusche Luft in den Atemregler, die das eingedrungene Wasser verdrängt. Um ein Einatmen von Spritzwasser während der Betätigung der Luftdusche zu vermeiden, kann die Zungenspitze in das Mundstück geschoben und dieses verschlossen werden.

Das Wiedererlangen eines Atemreglers geschieht durch eine Neigung des gesamten Körpers zu der Seite, auf der der Atemregler montiert ist, meistens rechts. Sollte sich der Atemregler hinter dem Körper befinden, pendelt er durch sein Eigengewicht nach vorne.

Gleichzeitig führen Sie eine Hand ganz nah an dieser Körperseite nach hinten und anschließend in einer kreisförmigen Bewegung nach vorne. In den meisten Fällen wird durch die Kombination von Neigung des Körpers und kreisförmiger Bewegung des Armes der Mitteldruckschlauch am Arm hängen bleiben.

Sollte dies nicht funktionieren, greift eine Hand unter die Tauchflasche und hebt sie nach oben, während gleichzeitig die andere Hand hinter den Nacken greift, um am Mitteldruckschlauch entlang nach dem Verbleib der Zweiten Stufe zu suchen.

Atmen aus alternativer Luftversorgung
Stationär

Nach dem Einatmen und Herausnehmen der eigenen Luftversorgung wird dem Partner durch Handzeichen »Keine Luft« und »Gib mir Luft« signalisiert. Sollte der Tauchpartner auf diese Zeichen nicht sofort reagieren, nimmt sich der Taucher selbst die alternative Luftversorgung des Partners. Die richtige Reaktion des Tauchpartners wäre, so-

Tipp

Wird mit gefüllter Tauchmaske der Kopf in den Nacken gelegt, um sie auszublasen, läuft Wasser durch die Nase in die Nebenhöhlen. Dieses unangenehme Gefühl können Sie vermeiden, wenn Sie den Kopf beim Beginn des Ausblasens nach unten neigen und ihn während der Ausatmung durch die Nase langsam nach oben bewegen.

Besitzt die Tauchmaske ein Ausblasventil, bleibt der Kopf nach vorne geneigt. Das eingedrungene Wasser fließt über den tiefsten Punkt der Maske ab. Nach ruhiger Einatmung über den Atemregler wird langsam und kontrolliert über die Nase ausgeatmet, um das eingedrungene Wasser zu entfernen.

Wenn dem Partner die Luft ausgeht, hilft die Oktopusatmung.

fort die alternative Luftversorgung zu lösen und dem Partner die Zweite Stufe, am Mitteldruckschlauch haltend, anzubieten. Auf diese Weise kann der Taucher, der keine Luft hat, selbst die Luftdusche betätigen und den Atemregler so in den Mund nehmen, wie er es gewohnt ist. Mit der freien Hand wird der Tauchpartner am Jacket festgehalten.

Schwimmend

Aus der stationären Position geben sich die Tauchpartner das O. K.-Zeichen und schwimmen gemeinsam los, der Partner »ohne Luft« befindet sich nah an der Seite des Luftspenders. Vorzugsweise ist die alternative Luftversorgung so zu montieren, dass genügend Spielraum für den Mitteldruckschlauch vorhanden ist, damit beide Taucher leicht nebeneinander schwimmen können.

Aufstieg mit alternativer Luftversorgung

Aus der stationären Position wechselt ein Taucher auf die alternative Luftversorgung des Tauchpartners. Beide Taucher befinden sich auf gleicher

Höhe und sind einander zugewandt. Aus dieser Position greifen beide jeweils den rechten Unterarm des Tauchpartners auf Ellbogenhöhe und geben sich das O. K.-Signal und das Zeichen zum Aufstieg.

Während des Aufstieges ist so die linke Hand für den Inflator frei und jeder kann seine eigene Tarierung kontrollieren.

Unter Einhaltung der Aufstiegsgeschwindigkeit und normaler Atmung wird der Aufstieg bis zur Wasseroberfläche durchgeführt. Dort wechselt man von der alternativen Luftversorgung auf den eigenen Atemregler oder Schnorchel, ohne den Kopf aus dem Wasser zu heben.

Wechselatmung stationär und schwimmend

Eine Ansteckung mit Infektionskrankheiten ist beim Wechsel eines einzigen Atemreglers zwischen zwei Tauchern so gut wie unmöglich, kann jedoch nicht völlig ausgeschlossen werden. Deshalb sollten Sie diese Übung nur mit bekannten Tauchpartnern durchführen oder zu Übungszwecken nur angedeutet praktizieren.

Bei der Durchführung der Wechselatmung ist es erforderlich, dass sich beide Tauchpartner einen Atemregler in einem fest vorgegebenen Rhythmus teilen. Dabei nimmt der Spender auf das Zeichen seines Tauchpartners »habe keine Luft mehr« sein eigenes Mundstück heraus und reicht es am Mitteldruckschlauch seinem Partner. Gleichzeitig greifen beide Tauchpartner mit der freien Hand nach der Bebänderung oder dem Schultergurt des anderen und halten sich gegenseitig fest. Sobald der Atemregler aus dem Mund ist, werden die Atemwege durch Abgeben von feinen Bläschen, also leichtem Ausatmen, offen gehalten.

Der Empfänger nimmt die Zweite Stufe in die Hand oder führt das Mundstück durch Festhalten am Handgelenk des Tauchpartners in seinen Mund. Nun bläst er die Zweite Stufe mit seiner Ausatemluft aus oder entfernt das eingedrungene Wasser durch Drücken der Luftdusche und macht zwei Atemzüge. Nach der zweiten Einatmung dreht er den Regler mit dem Mundstück nach unten aus dem Mund, der Geber kann nun selbst wieder zwei Atemzüge ausführen.

In diesem Rhythmus wird zwischen den Tauchpartnern hin- und hergewechselt, wobei der Spender immer den Atemregler am Mitteldruckschlauch festhält. So kann der Empfänger die Luftdusche betätigen.

Angedeutete Wechselatmung

Wie zuvor erklärt, nur behält hier der Empfänger seinen Atemregler im Mund, während der Spender sein Mundstück für zwei Atemzüge herausnimmt.

Der Empfänger nimmt die Zweite Stufe in Empfang, atmet zwei Atemzüge durch seinen eigenen im Mund befindlichen Atemregler und lässt dann die ihm angebotene Zweite Stufe wieder los.

Aufstieg unter Wechselatmung

Nachdem beide Taucher den richtigen Rhythmus für das Wechseln des Atemreglers gefunden haben, geben sie sich das O.K.-Signal, gefolgt vom Zeichen »Aufstieg«.

Die letzte Alternative: Wechselatmung

Um einen Lungenüberdruckunfall zu vermeiden, muss während des gesamten Aufstieges kontrolliert Luft abgegeben werden, wenn sich der Atemregler nicht im Mund befindet. Jeder ist für seine eigene Tarierung verantwortlich.

Atmen aus einem abblasenden Lungenautomaten

Diese Übung bereitet den Taucher auf den Fall vor, dass unter Wasser ein Defekt am Atemregler auftritt oder dieser durch Vereisung plötzlich viel zu viel Luft liefert.

Der Kopf wird nach unten geneigt und seitlich nach rechts gedreht. Gleichzeitig wird eine Beißwarze des Mundstückes mit dem Daumen aus dem Mund genommen und leicht angespreizt, während der Rest des Mundstückes im Mund verbleibt. Durch leichtes Drücken der Luftdusche simuliert man ein Abströmen des Atemreglers. Die abströmende Luft schießt größtenteils am Hals und Ohr des nach vorne geneigten Kopfes vorbei, wobei noch genug Luft für eine normale Atmung aufgenommen werden kann.

Tauchgerät ablegen und wieder anlegen

Sollte es unter Wasser einmal dazu kommen, dass sich das Tauchgerät in Leinen oder Netzen verfängt, muss der Taucher in der Lage sein, das Gerät abzulegen und wieder richtig anzulegen.

Nach Entleeren des Tariermittels nehmen Sie am Grund eine kniende Position an einer Stelle ein,

an der keine Beschädigung oder Beeinträchtigung der vorhandenen Fauna und Flora möglich ist. Sie beginnen in der Regel mit dem Öffnen des Bauchgurtes.

Achtung: Nicht versehentlich den Bleigurt öffnen! Nach dem Öffnen des Bauchgurtes folgt das Öffnen oder Weitstellen der Schultergurte. Der linke Arm wird aus dem Schultergurt genommen und greift nach rechts oben an den rechten Schultergurt. Die rechte Hand greift nach hinten unten an den Boden der Tauchflasche, das Tauchgerät wird über den rechten Arm nach vorne gezogen und vor dem Taucher aufrecht hingestellt bzw. auf den Oberschenkel nah am Körper gezogen.

Das Anlegen erfolgt in umgekehrter Reihenfolge. Nachdem der rechte Arm im Schultergurt sitzt, greift die rechte Hand an den Boden der Tauchflasche und das Tauchgerät wird unter gleichzeitigem Neigen nach vorne auf den Rücken gezogen. Während die rechte Hand die Tauchflasche und das Jacket auf dem Rücken stabilisiert, führen Sie den linken Arm in die zugehörige Armöffnung des Tarierjackets.

Nach Schließen und Festziehen aller vorhandenen Verschlüsse und Bebänderungen signalisiert man dem Tauchpartner »O.K.«.

Gewichtssystem ablegen und wiederanlegen

Das Gewichtssystem wird geöffnet und nah vor dem Körper gehalten. Zum Anziehen neigt man sich bei Verwendung eines Bleigurtes nach vorne und zieht den Bleigurt zuerst in die Kniekehlen und dann auf den Rücken. Nachdem sichergestellt ist, dass keine Schläuche des Atemreglers oder der alternativen Luftversorgung versehentlich unter den Bleigurt geraten sind und dieser nicht verdreht ist, schließen Sie die Schnellabwurfschnalle.

Achten Sie darauf, dass der Bleigurt immer am offenen Ende fest gehalten werden muss, da sonst die Bleistücke herunterrutschen könnten.

Werden Bleitaschen verwendet, steckt man diese in die dafür vorgesehenen Halterungen und befestigt sie sicher.

Abziehen der Inflatorkupplung

Sollte es durch Eindringen von Sand oder Schmutz zu einem Defekt am Inflator kommen, kann in seltenen Fällen der Inflatorknopf in gedrückter Stellung hängen bleiben und sich das Jacket dann immer weiter aufblasen.

Der Schnellablass muss sofort gezogen werden, um ein Hochschießen an die Oberfläche und daraus resultierende Verletzungen zu vermeiden. Durch blitzschnelle Trennung der Inflatorkupplung vom Inflator wird die Luftzufuhr im Jacket sofort unterbrochen.

Jacket mit Mundaufblaseinrichtung aufblasen

Sollte es zu einem der zuvor angesprochenen Defekte kommen, kann der Tauchgang durch Benutzung der Mundaufblaseinrichtung fortgesetzt werden. Dabei nehmen Sie den Inflator in die linke Hand, so dass das Mundstück des Inflators zu Ihnen zeigt. Mit dem Atemregler in der rechten Hand wird eingeatmet und der Atemregler aus dem Mund genommen. Die Ausatemluft wird in das Tarierjacket eingeblasen und zwar nur so viel, dass noch genug Luft zum Ausblasen des Atem-

Oktopoden sind oft in Höhlen und Spalten zu finden, in die sie sich bei Gefahr zurückziehen können.

Achtung: Wenn nicht ausgeatmet wird und es zum schnellen Aufstieg zur Oberfläche kommt, können Lungenüberdruckunfälle auftreten. Im Idealfall steigt der geübte Taucher trotz eines fast gefüllten Jackets maximal 1 Meter auf.

Notaufstieg kontrolliert schwimmend

Sollte der unwahrscheinliche Fall auftreten, dass sich beide Tauchpartner getrennt haben und der Luftvorrat plötzlich zu Ende ist, kann der Taucher unter Ausnutzung der Restluft in der Lunge und in den Mitteldruckschläuchen aus einer Tiefe von maximal 12 Meter zur Oberfläche aufsteigen. Durch das Höhersteigen wird in den meisten Fällen noch ein Atemzug möglich. Die Ausatemluft wird kontinuierlich beim langsamen Schwimmen nach oben abgegeben und zwar so, dass nur die überschüssige Luft entweicht und die Lunge ihren Füllungszustand beibehält.

Die meisten Tauchsportorganisationen lehren diese Übung so, dass der Atemregler im Mund bleibt, bei manchen wird er herausgenommen und in der Hand gehalten. Falls der Atemregler herausgenommen wird, muss man ihn in der Hand behalten, um ihn bei plötzlicher Luftnot während der Simulation sofort wieder in den Mund stecken zu können.

reglers übrig bleibt. Sollten Sie versehentlich zuviel ausatmen, können Sie das in den Atemregler eingedrungene Wasser mit der Luftdusche entfernen.

Wechseln Sie so lange zwischen Atemregler und Mundstück, bis eine neutrale Tarierung erreicht ist.

Benutzung des Schnellablasses

Um den Taucher nicht nur mit der Funktion des normalen Ein- und Auslassventils am Inflator vertraut zu machen, sondern auch mit den integrierten Schnellablässen, können verschiedene Übungen absolviert werden. Sie sollten am Anfang des ersten Tauchgangs durchgeführt werden, um Verletzungen durch versehentliches Durchschießen zu vermeiden.

Beispiel:

Der Taucher begibt sich im flachen Wasser auf den Grund und wird dort von seinem Tauchpartner festgehalten, während das Tarierjacket befüllt wird. Nach Loslassen durch den Partner wird gleichzeitig ganz ausgeatmet und der Schnellablass betätigt.

werden, dass mit normaler Atmung ein Schwebezustand kurz über dem Grund erreicht wird.

Bergung eines bewusstlosen Gerätetauchers

Bei dieser Übung wird von einem beobachteten Tauchunfall ausgegangen, bei dem der Tauchpartner das Bewusstsein verliert bzw. verloren hat. Das Wichtigste in dieser Situation ist die Eigensicherung des Retters. Kopfloses Handeln und Überschreitung von Aufstiegsgeschwindigkeiten führen nur zum eigenen Tauchunfall, dem verunfallten Taucher wird damit nicht geholfen. Sollte der Tauchpartner nicht reagieren, muss Kontakt durch Greifen der Hand oder des Armes bei gleichzeitiger O. K.-Frage erfolgen. Reagiert der Tauchpartner auch dann nicht, begibt sich der Retter in eine Position seitlich vom Verunfallten oder hinter ihm, so dass er im Falle des plötzlichen Erwachens nicht angegriffen werden kann. Das eigene Tarierjacket wird entleert und mit der linken Hand über die Schulter des Verunfallten dessen Inflator gegriffen. Die rechte Hand fasst mit zwei Fingern unter das Kinn des Tauchers und überstreckt den Hals. Gleichzeitig stabilisieren Sie den im Mund befindlichen Atemregler mit den anderen Fingern. Nun wird so viel Luft in das Tarierjacket des Verunfallten eingefüllt, dass Retter und Tauchpartner mit einem Jacket innerhalb der Aufstiegsgeschwindigkeit aufsteigen können. Der Kopf des Bewusstlosen wird während des gesamten Aufstieges überstreckt. Es muss sowohl beim Verunfallten auch als beim Retter für Auftrieb gesorgt werden, dies erfolgt durch Befüllen des Tariermittels und Abwerfen der Gewichte.

Während des Nach-oben-Schwimmens hält man die rechte Hand über den Kopf und taucht unter langsamer Sichtdrehung auf. An der Wasseroberfläche wird das Tarierjacket mit dem Mund aufgeblasen. Bei diesem Aufstieg sollte der Tauchlehrer ständigen körperlichen Kontakt mit dem Schüler halten, damit die Sicherheit gewährleistet ist.

Aufstieg unter Abwerfen der Gewichtssysteme

Siehe Notfallmanagement Kapitel 5

Tarieren, stationär und schwimmend

Der Taucher positioniert sich mit ausgestreckten Beinen auf dem Grund, die rechte Hand stützt sich am Boden ab, die linke Hand ist am Inflator. Nun wird langsam und gefühlvoll in kleinen Portionen Luft in das Tarierjacket eingelassen. Nach jeder Portion Luft atmet der Taucher normal ein und wieder aus. Das Jacket ist ideal gefüllt, wenn der Taucher mit normaler Ein- und Ausatmung auf den Flossenspitzen balancieren kann, ohne dass der restliche Körper den Boden berührt oder der Taucher nach oben steigt. Bei Einatmung steigt der Körper leicht an, bei Ausatmung sinkt er wieder ab.
Aus dieser Position schwimmt der Taucher los und hält durch Grobtarierung mit dem Jacket und Feintarierung über die Atmung stets den gleichen Abstand zum Grund.
Als Abwandlung kann man diese Übung auch stehend oder sitzend am Grund durchführen, das Jacket muss so lange mit kleinen Luftstößen befüllt

Sollte das Boot oder Ufer nicht schnell erreicht werden können, muss der verunfallte Taucher bei Atemstillstand während des Transportes im Wasser

beatmet werden. Die Wirksamkeit dieser Methode ist jedoch sehr umstritten, da keine Herzdruckmassage durchgeführt werden kann.

Es empfiehlt sich der Besuch des Spezialkurses über Tauchsicherheit und Tauchrettung oder eines ähnlichen Spezialkurses, um die notwendigen Fertigkeiten zu erlernen.

Ist eine Beatmung im Wasser notwendig, empfiehlt sich folgender Ablauf:

Der Atemregler wird dem auf dem Rücken liegenden Taucher herausgenommen und man stellt fest, ob der Taucher noch atmet: Gibt es ein Atemgeräusch? Ist der Atem fühlbar und/oder eine Atembewegung zu sehen?

Ist keine Atmung vorhanden, wird nach Kontrolle der Atemwege auf Fremdkörper und eventuell notwendigem Freiräumen mit der Atemspende über Mund zu Nase, Mund zu Mund oder Mund zu Beatmungsmaske begonnen. Die Eingangsbeatmung erfolgt mit zwei bis drei Atemstößen und wird dann während des Transportes in Fünf-Sekunden-Abständen fortgesetzt.

Der Retter befindet sich während des Transportes seitlich vom Opfer und legt dessen und seine eigene Ausrüstung soweit erforderlich auf dem Weg zum Ufer oder Boot ab.

Durch den Rautek-Bergegriff oder den Schultertragegriff wird der verunfallte Tauchpartner ans Ufer oder auf das Boot gezogen, wo auf hartem Untergrund eine Herzdruckmassage bei gleichzeitiger Beatmung möglich ist.

Kompassnavigation

Um eine bestimmte Stelle am Tauchplatz zu finden, zum Beispiel ein Schiffswrack, wird eine gegebene Peilung am Drehring des Kompasses so eingestellt, dass sie nach vorne in Richtung des Zieles zeigt.

Nach dem Abtauchen und Austarieren in der gewünschten Tiefe nimmt man den Kompass mit gestreckten Armen in beide Hände. Der Taucher richtet sich so aus, dass die eingestellte Peilung auf dem Kompass mit der gewünschten Richtung übereinstimmt und schwimmt zusammen mit seinem Tauchpartner los.

Die gedachte Peillinie fängt am Drehring des Kompasses an und setzt sich in einer gedachten Linie bis zu den Flossenspitzen fort.

Idealerweise befindet sich der Tauchpartner ohne Kompass unter leichtem Armkontakt schräg neben dem für die Peilung zuständigen Taucher.

Bei Nachttauchgängen oder schlechter Sicht kann so der Kompass durch den Tauchpartner beleuchtet werden. Die Lampe muss so weit vom Kompass entfernt sein, dass es zu keiner elektromagnetischen Abweichung kommen kann.

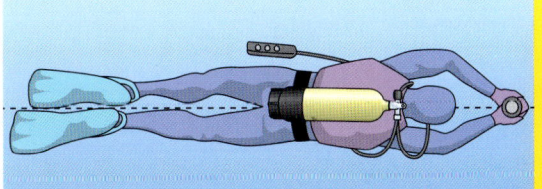

Das beste Ergebnis beim Tauchen mit Kompass wird erzielt, wenn sich die gedachte Peillinie durch die Mitte der Längsachse des Tauchers erstreckt und der Kompass nicht verkantet wird.

Tauchtabellen

Warum soll heute im Zeitalter des Computers noch jemand den Umgang mit der Tauchtabelle lernen, wenn er anschließend einem Tauchcomputer verwendet? Die Antwort ist sehr einfach: Tauchtabellen benötigen keine Akkus oder Batterien, um zu funktionieren, sie sind preisgünstig, handlich und können unterstützend bei der Tauchgangsplanung eingesetzt werden.

Sollte es während eines Tauchurlaubes zum Ausfall des Tauchcomputers kommen, können Sie nach Entsättigung weitere Tauchgänge mit Tauchtabelle, Uhr und Tiefenmesser planen und durchführen.

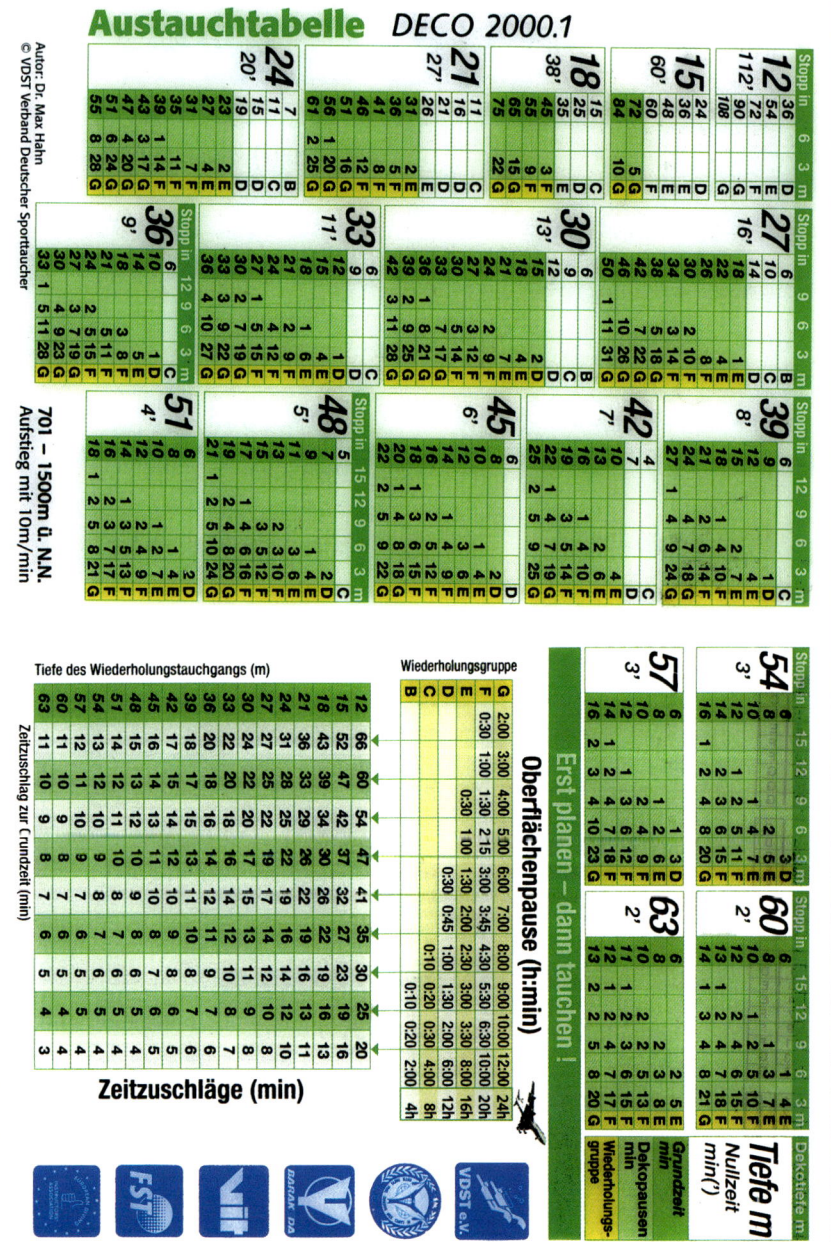

Die von der CMAS Germany offiziell verwendete Tauchtabelle für Atemluft

Geschichte der Tauchtabellen

Fast alle heute erhältlichen Tauchtabellen basieren auf einem, vom Physiker John Scott Haldane 1906 entwickelten, mathematischen Dekompressionsmodell. Sie wurden zuerst für den kommerziellen und militärischen Bereich weiter entwickelt und in dieser Form von Sporttauchern übernommen.

Verschiedene Instutitionen und Tauchsportorganisationen passten die Tabellen den Bedürfnissen des Sporttauchers an. Durch ständig neue Erkenntnisse unterliegt die Dekompressionsforschung einem ständigen Wandel. Je nach Tauchsportorganisation oder Hersteller von Tauchcomputern können erhebliche Unterschiede in der Berechnung der Sättigung oder Entsättigung auftreten.

Tabellen für Tauchgänge mit Nitrox

Für die gängigsten Nitrox-Gemische, bei denen der Sauerstoffanteil 32 oder 36 Prozent beträgt, sind spezielle Tauchtabellen erhältlich.

Nullzeittabellen

Diese sind ausschließlich für das Tauchen innerhalb der Nullzeit konzipiert. Sollte die Nullzeit versehentlich überschritten werden, muss abhängig von der Dauer der Nullzeitüberschreitung auf 5 Meter eine Notfalldekompression durchgeführt werden.

Dekompressionstabellen

Sie ermöglichen dem Taucher sowohl Nullzeit- als auch dekompressionspflichtige Tauchgänge zu planen und durchzuführen. Austauchstufen und Zeiten sind, abhängig von Grundzeit und Tauchtiefe, fest vorgegeben.

Tauchen mit Tauchtabellen

Beim Tauchen mit Tauchtabellen wird von einem Rechteckprofil ausgegangen, das heißt, der Taucher begibt sich nach dem Abstieg auf seine maximale Tiefe und bleibt dort, bis der Aufstieg eingeleitet wird.

Die Grundregeln dabei sind generell, dass der erste Tauchgang der tiefste sein muss, gefolgt von immer flacheren Tauchgängen. Dekompressionstauchgänge sollen auf jeden Fall vermieden werden und sind in vielen Ländern sogar verboten.

Die beim Sporttauchen gebräuchlichen Multilevelprofile, also das Aufsuchen und Betauchen verschiedener Tiefen während eines Tauchgangs, können mit den meisten Tauchtabellen nicht sicher geplant und berechnet werden. Ausnahmen sind das WHEEL von PADI® und die Tabelle des British Sub Aqua Club®. Für die Planung und Ausführung von Multileveltauchgängen sind Tauchcomputer erforderlich.

Gewebegruppen und theoretische Gewebe

Da kein Tauchcomputer und keine -tabelle die im menschlichen Körper und den verschiedenen Geweben stattfindenden Sättigungs- und Entsättigungsvorgänge zu 100 Prozent berücksichtigen können, werden die zur Berechnung herangezogenen Gewebegruppen als Kompartimente oder theoretische Gewebe bezeichnet.

Abhängig von der Tauchsportorganisation und dem Hersteller von Tauchcomputern berücksichtigt man dabei eine unterschiedliche Anzahl von theoretischen Geweben, die bei einem gleichen Tauchprofil zu Unterschieden in der Berechnung führen.

Dekompressionsregeln

Bei der Verwendung der Tauchtabelle oder eines Tauchcomputers müssen die folgenden Regeln eingehalten werden, um das Risiko einer DCI zu vermeiden:

- Die festgelegte maximale Aufstiegsgeschwindigkeit niemals überschreiten.
- Vorgeschriebene Dekompressionsstopps müssen eingehalten werden.
- Sichere Tauchgangsprofile: die größte Tiefe zuerst aufsuchen, dann immer flacher werdend tauchen.
- Kein Jojo-Tauchen.
- Wiederholungstauchgänge nicht tiefer als vorausgegangene.
- Sicherheitsstopp in 3 bis 6 Meter Tiefe nach jedem Tauchgang für mindestens 5 Minuten.
- Lange Oberflächenpausen zwischen den Tauchgängen einhalten, um vermehrt Stickstoff abgeben zu können.
- Nicht direkt nach dem Tauchen Fliegen oder größere Höhen aufsuchen.

Begriffe

Tauchtiefe
Das ist die größte erreichte Tiefe beim Tauchgang.

Tauchzeit
Als Tauchzeit bezeichnet man die gesamte unter Wasser verbrachte Zeit, inklusive Ab- und Aufstieg und die eventuell erforderlichen Austauchpausen.

Grundzeit
Als Grundzeit wird die gesamte in der Tiefe verbrachte Zeit bezeichnet, auch die für den Abstieg benötigte Zeit.

Nullzeit
Das ist die maximal in einer Tiefe erlaubte Verweildauer, bei der beim Aufstieg noch keine Austauchpausen erforderlich sind.

Dekompressionsstopp (Dekostopp)
Kommt es zu einer Überschreitung der Nullzeit, muss dem Körper zusätzlich Zeit gegeben werden, um in vorgegebenen Tiefen den überschüssigen Stickstoff abgeben zu können.

Wiederholungstauchgang
Jeder Tauchgang, der innerhalb einer Zeit stattfindet, in der sich noch Reststickstoff im Körper befindet, wird als Wiederholungstauchgang bezeichnet. Durch die zusätzliche Stickstoffaufnahme wird die kritische Grenze für eine Stickstoffübersättigung bei einem Wiederholungstauchgang viel schneller erreicht.

Wiederholungsgruppe
Abhängig von Tiefe und Zeit des vorausgegangenen Tauchgangs ergibt sich eine Wiederholungsgruppe, die für die Berechnung des nachfolgenden Tauchgangs erforderlich ist. Sie kann einfach am Ende der Spalte abgelesen werden, in der die Grundzeit steht.

Reststickstoff
Wird ein weiterer Tauchgang durchgeführt, bevor die Gewebe den überschüssigen Stickstoff abgegeben haben, addiert sich die Wirkung des im Gewebe verbliebenen Reststickstoffes zu dem neu aufgenommenen Stickstoff (siehe Abbildung Reststickstoff Seite 91).

Zeitzuschlag
Bei der Tauchgangsplanung für einen Wiederholungstauchgang mit der Tauchtabelle wird der Reststickstoff in Form eines Zeitzuschlages auf die Grundzeit beim nachfolgenden Tauchgangs berücksichtigt.

Oberflächenpause
Die an der Wasseroberfläche verbrachte Zeit zwischen den Tauchgängen oder vor dem Fliegen.

Regeln für die Verwendung

Tauchtiefe
Auch wenn der Taucher nicht die gesamte Grundzeit auf der maximalen Tiefe verbracht hat, muss der Tauchgang so gerechnet werden, als ob der Taucher die gesamte Grundzeit auf maximaler Tiefe verbracht hätte.
Bei Zwischenwerten in der Tauchtiefe wird der nächst höhere Wert verwendet.

Freistehende Korallenblöcke im Sand beherbergen oft eine Vielzahl an Riff-Fischen, die dort Schutz suchen.

An der charakteristischen Kopfform sofort zu erkennen, der Hammerhai *(Sphyrna lewini)*

Wird zum Beispiel in 22 Meter Tiefe getaucht, wird der Tauchgang als ein 24-Meter-Tauchgang gerechnet.

Flachere Tauchgänge

Findet der Tauchgang in einer Tiefe statt, die flacher als 12 Meter ist, wird der Tauchgang als 12-Meter-Tauchgang gerechnet.
Bei Zwischenwerten in der Grundzeit wird der nächsthöhere Wert verwendet.
Wird zum Beispiel für 47 Minuten auf 18 Meter getaucht, muss dieser Tauchgang als 55-Minuten-Tauchgang gerechnet werden.

Kurze Anstrengung beim Tauchen

Es muss die nächsthöhere Zeitstufe berücksichtigt werden, da durch die Anstrengung mehr Stickstoff aufgenommen wurde.

Kälte

Bei Kälte bzw. Tauchgängen, die in kaltem Wasser gemacht werden, wird in der Regel die nächsthöhere Zeitstufe abgelesen.

Lang andauernde Anstrengung

Durch die vermehrte Stickstoffbelastung wird in den meisten Fällen ein Zeitzuschlag von 50 Prozent zur Grundzeit gerechnet.

Aufbau der Tauchtabelle

Die Vorderseite

Auf der Vorderseite befinden sich 14 Felder, bei denen jeweils links die Tiefenangaben von 12 bis 51 Meter in Drei-Meter-Schritten aufgedruckt sind. Direkt unter der Tiefenangabe steht die für diese Tiefe maximale Nullzeit. Sie beträgt zum Beispiel bei einem einzelnen 18-Meter-Tauchgang 45 Minuten. Die nächste Spalte neben Tiefenangabe und Nullzeit ist die Grundzeit. Sie dient zur Berechnung von Tauchgängen, deren Grundzeit kürzer oder länger als die maximale Nullzeit sind oder für Wiederholungstauchgänge. Ein Überschreiten der Nullzeit ist farblich abgesetzt markiert.

Achtung: Die Nullzeit sollte beim Sporttauchen niemals überschritten werden.
Die notwendige Zeit für den oder die Dekompressionsstopps befindet sich direkt in der Spalte neben der für die Planung verwendeten Grundzeit. Werden zum Beispiel 55 Minuten auf 18 Meter getaucht, ist dies eine Überschreitung der maximalen Nullzeit (45 Minuten) um 10 Minuten. Es muss ein Dekompressionsstopp von 4 Minuten auf (folgen Sie der Spalte senkrecht nach oben) 3 Meter eingehalten werden.
Am Ende der Spalte folgt nach Grundzeit und Dekompressionsstopp die Wiederholungsgruppe, die zur Berechnung des nachfolgenden Tauchgangs benötigt wird.
Unten rechts befindet sich der zulässige Höhenbereich, in dem diese Tabelle verwendet werden darf, hier 0 bis 700 Meter über NN, und die höchstzulässige Aufstiegsgeschwindigkeit von 10 Meter pro Minute, die niemals überschritten werden darf.
Für das Tauchen in Höhenlagen sind spezielle Tabellen erforderlich (siehe Tauchen unter besonderen Bedingungen).

Die Rückseite

Auf der Rückseite befinden sich vier weitere Felder, die Tiefen bis zu 63 Meter berücksichtigen.
Die maximale Tiefe für Sporttaucher ist jedoch 40 Meter.
Direkt darunter stehen zwei weitere Tabellen, eine für die Berechnung der Oberflächenpausen und eine Tabelle für die bei Wiederholungstauchgängen verwendeten Zeitzuschläge.

Eines der Wunderwerke der Natur: Der Körper einer Qualle besteht zu etwa 90 Prozent aus Wasser.

Beispiele für die Verwendung der Tauchtabelle DECO 2000

1. Ermitteln der maximalen Nullzeit für einen einzelnen Tauchgang

Direkt unter der Tiefenangabe befindet sich eine Zahl, die die höchstzulässige Anzahl von Minuten beziffert, die bei einem einzelnen Tauchgang ein Aufsteigen zur Oberfläche ohne Austauchpausen ermöglicht.

2. Berechnung mit Zwischenwerten

Wird ein Tauchgang für 30 Minuten auf 20 Meter durchgeführt, muss in der Tauchtabelle jeweils die nächsthöhere Spalte, also 21 Meter und 31 Minuten verwendet werden.

3. Dekompressionstauchgänge

Es soll ein einzelner Tauchgang auf 39 Meter für 20 Minuten durchgeführt werden. Unter der Tiefe 39 Meter befindet sich die maximale Nullzeit 9 Minuten. Es ist schon hier ersichtlich, dass beim Auftauchen Dekopausen eingehalten werden müssen.

In der Spalte der Grundzeiten wird, da kein 20-Minuten-Feld vorhanden ist, das nächsthöhere Feld gewählt, 21 Minuten.

Durch die gelbe Hinterlegung wird die Dekompressionspflicht hervorgehoben. Die entsprechenden Austauchstufen und Zeiten sind:

1 Minute Dekostopp auf 9 Meter plus
5 Minuten Dekostopp auf 6 Meter plus
9 Minuten Dekostopp auf 3 Meter.

Es müssen insgesamt 15 Minuten Dekostopps eingehalten und bei der Tauchgangplanung der Luftverbrauch entsprechend berücksichtigt werden.

4. Durchführung eines Wiederholungstauchgangs

Zwei Tauchgänge sind geplant. Der erste Tauchgang soll 23 Minuten auf 24 Meter, der zweite Tauchgang soll nach 3 Stunden Oberflächenpause auf 15 Meter für 35 Minuten stattfinden.

In der Spalte für die Grundzeiten im Feld 24 Meter wird die Minutenzahl 23 gefunden, direkt daneben

befindet sich die Wiederholungsgruppe für diesen Tauchgang E.

Auf der Rückseite der Tauchtabelle folgt nun der Finger der Spalte E bei Oberflächenpause, bis man zur Drei-Stunden-Marke gelangt.

Von dieser Spalte aus folgt der Finger senkrecht nach unten, bis in der Tabelle für Zeitzuschläge links die 15-Meter-Grenze erreicht wird. Dort ist ersichtlich, dass ein Zeitzuschlag von 23 Minuten erforderlich ist.

Durch den verbliebenen Reststickstoff im Körper muss nun der Tauchgang auf 15 Meter, der tatsächlich nur 35 Minuten dauern soll, so gerechnet werden, als wäre der Taucher 35 + 23 Minuten = 58 Minuten in der Tiefe.

Auf der Vorderseite wird nun in der Spalte für die 15-Meter-Tauchgänge die Grundzeit 58 Minuten gesucht.

Die Einteilung der Grundzeiten bei 15 Meter beinhaltet jedoch keine 58 Minuten. Es muss der nächst höhere Wert genommen werden, er beträgt 60 Minuten.

Tauchen nach dem Fliegen

Der Druck in der Passagierkabine moderner Verkehrsflugzeuge entspricht in etwa dem Druck, der in 2500 Meter über Meereshöhe herrscht. Bedingt durch den niedrigen Partialdruck kommt es zur Stickstoffabgabe aus den Geweben. Je nach Dauer der Flugreise kann es zu einer Entsättigung der Langzeitgewebe kommen. Der Stickstoffpartialdruck im Gewebe ist durch die stattfindende Entsättigung während der Flugreise niedriger als der Stickstoffpartialdruck am Ankunftsort. Das Gewebe benötigt abhängig von der Dauer der Flugreise mehrere Stunden, um den Stickstoffpartialdruck auszugleichen.

Wird getaucht, bevor sich der Partialdruck von Stickstoff im Gewebe normalisiert hat, kommt es zur vermehrten Stickstoffaufnahme mit gesteigertem DCS-Risiko. Durch die extrem trockene Luft im Flugzeug besteht außerdem bei nicht ausreichender Flüssigkeitszufuhr durch alkoholfreie, nicht harntreibende Getränke die Gefahr der Dehydrierung (siehe Seite 92).

Häufig wird der Körper zusätzlich durch Schlafmangel, Klima und Zeitverschiebungen strapaziert. Am Ankunftstag sollte deshalb auf das Tauchen verzichtet werden. Nach ausreichender Ruhepause und Flüssigkeitszufuhr können Sie den Tauchgang am nächsten Morgen umso mehr genießen.

Fliegen nach dem Tauchen

Je nach Wiederholungsgruppe der Tauchtabelle Deco 2000 darf nach dem Tauchgang zwischen 4 und 24 Stunden nicht geflogen werden.

Einer Studie von DAN (Divers Alert Network) zufolge, die sich mit der Problematik Fliegen nach dem Tauchen beschäftigt, stellte man fest, dass nach einem einzelnen Nullzeittauchgang mindestens 16 Stunden, nach zwei Nullzeittauchgängen 24 Stunden und nach mehreren Nullzeittauchgängen über mehrere Tage oder Dekompressiontauchgängen 36 bis 48 Stunden vor dem Fliegen nicht mehr getaucht werden sollte.

Diese Studie wurde über einen Zeitraum von vier Jahren betrieben und im Jahr 2001 im »Alert Diver« veröffentlicht.

Besondere Bedingungen

Bootstauchen

Die einfachste und bequemste Möglichkeit vom Ufer entfernte Tauchplätze zu erreichen ist die Fahrt mit dem Boot. Da auf den meisten Booten kein üppiges Platzangebot herrscht, sollte die Tauchausrüstung so gepackt werden, dass sie »aus der Tasche auf die Flasche« montiert werden kann.

Der Bootsführer sollte das Gebiet gut kennen und hinsichtlich Strömungen, Gefahrenpunkte etc. einschätzen können. Seekarten geben Aufschluss über interessante Punkte wie Wracks und Untiefen. Alle Entfernungen sind in Seemeilen (eine Seemeile = 1,852 Kilometer) angegeben. Die Geschwindigkeit eines Bootes wird in Knoten gemessen. Ein Knoten ist eine Seemeile pro Stunde. Je nach örtlichen Vorschriften und Gesetzgebungen ist auf ausreichende Beleuchtung des Bootes zu achten. Als gängige Positionslampen werden als Top- und Hecklicht weiße Lampen, für Steuerbord grüne und für Backbord rote Lampen verwendet. Sind Taucher im Wasser, muss die internationale Flagge Alpha (siehe Seite 69) gehisst werden. Ist ein Festmachen des Bootes notwendig, sollte die Umwelt durch Verwendung vorhandener Leinen oder Bojen geschont werden. Wenn ein An-

Die grüne Meeresschildkröte *(Chelonia mydas)* ist in vielen Gebieten leider nur noch sehr selten anzutreffen.

Tipp

Wenn direkt vor dem Tauchgang mitgeführtes warmes Wasser in den Nasstauchanzug gegeben wird, befindet sich bereits eine warme Schicht Wasser zwischen Anzug und Haut. Das Eindringen des eiskalten Wassers beim Abtauchen wird so verzögert, man kühlt nicht so schnell aus. Das Anziehen von Tauchanzügen mit engen Arm- und Fußmanschetten wird enorm erleichtert, wenn man vorher eine Plastiktüte oder einen Nylonstrumpf über die jeweilige Hand bzw. dem Fuß stülpt. Man rutscht fast von selbst in den Anzug.

kern unumgänglich ist, sollte man auf Sandgrund ankern, um eine Beschädigung des Riffes zu vermeiden.

Nach dem Abtauchen muss der Sitz des Ankers kontrolliert werden. Das Ankerseil sollte mindestens die dreifache Länge der Wassertiefe betragen und direkt am Anker ein entsprechend langes Kettenvorfach besitzen.

Tauchen in Höhenlagen

Bergseen bieten dem Taucher allein schon von der Kulisse über Wasser ein spektakuläres Erlebnis. Wird dann der Tauchgang im kalten, aber meist kristallklaren Wasser durchgeführt, kennt die Begeisterung meist keine Grenzen mehr. Für das Tauchen in Höhenlagen, und damit sind alle Gewässer gemeint, die höher als 700 Meter über Meeresspiegel liegen, bedarf es spezieller Vorgehensweisen. Der Luftdruck nimmt in der Höhe pro 500 Meter um 0,05 bar ab. In 2000 Meter Höhe beträgt der Umgebungsdruck deshalb nur noch 0,8 bar gegenüber 1,0 bar auf Meereshöhe. Wird zum Beispiel ein Tauchgang auf 2000 Meter über Meereshöhe in einer Tiefe von 20 Meter durchgeführt, beträgt der Umgebungsdruck an der Oberfläche 0,8 bar, der Gesamtdruck in 40 Meter Tiefe 4,8 bar. Im Verhältnis zur Oberfläche befindet sich der Taucher unter einem Druck, der sechsmal höher ist als der Druck an der Wasseroberfläche. Auf Meereshöhe (1 bar) entspräche derselbe Tauchgang nur einem fünfmal höheren Druck.

Durch den Druckunterschied zwischen reduziertem Umgebungsdruck und Gesamtdruck in der Tiefe kommt es zu einer anderen Stickstoffsättigung als auf Meereshöhe. Um dies zu berücksichtigen, wurden spezielle Tauchtabellen für Höhenlagen entwickelt.

Erfolgt die Tiefenmessung beim Bergseetauchen durch Membran- oder Bourdon-Rohr-Tiefenmesser, muss berücksichtigt werden, dass diese bedingt durch den reduzierten Luftdruck an der Oberfläche eine verringerte Tiefe anzeigen. Beim einfachen Boyle-Mariotte-Tiefenmesser wird hingegen eine höhere Tiefe angezeigt als die tatsächlich erreichte.

Moderne Tauchcomputer passen sich automatisch dem veränderten Luftdruck an oder können manuell in einen Bergseemodus geschaltet werden.

Tauchreviere sollte man zunächst tagsüber erkunden, um später sichere Nachttauchgänge durchführen zu können.

Tauchgänge im kalten Wasser und Eistauchen

Eistauchen bedeutet Spaß und Abenteuer. Es kann aber auch gefährlich werden, wenn man es ohne entsprechendes Training, richtiges Verhalten und benötigte Ausrüstungsgegenstände ausführt. Tauchgänge unter Eis erfordern eine spezielle Ausbildung, zum Beispiel durch Absolvierung des Spezialkurses Eistauchen, und angepasste Ausrüstung. Der Körper muss durch spezielle Kälteschutzanzüge, am besten einen Trockentauchanzug, vor Unterkühlung geschützt werden. Bei Verwendung von herkömmlichen Nasstauchanzügen sollte die Tauchzeit auf ein Minimum beschränkt werden, um Unterkühlungen zu vermeiden. Durch Verwendung einer Eishaube (siehe seite 68) wird der Kopf zusätzlich geschützt.

Zwei getrennt voneinander funktionierende Atemregler müssen sich an zwei getrennt absperrbaren Ventilabgängen befinden. Falls es zum Vereisen eines Atemreglers kommt, steht eine unabhängige alternative Luftversorgung zur Verfügung.

Beim Tauchen unter Eis besteht keine direkte Aufstiegsmöglichkeit zur Wasseroberfläche. Psychisch labile Menschen können Platzangst und Panik bekommen.

Der Ein- und Ausstieg muss durch Helfer eisfrei gehalten werden. Es empfiehlt sich mindestens zwei weitere im Halbkreis zum Hauptloch angeordnete Ausstiegslöcher anzulegen.

Zumindest der Gruppenführer muss durch Verwendung eines Sicherungsseiles ständigen Kontakt mit dem Sicherungspersonal an der Oberfläche haben. Tauchen ohne Seil bedeutet einen unverzeihlichen Leichtsinn, da eine Navigation unter Eis äußerst schwierig ist.

Tauchen mit Seilsicherung erfordert eine genaue Absprache über die verwendeten Signale.

Nachttauchen

Tauchgänge, die in der Dämmerung oder nachts durchgeführt werden, haben einen ganz besonderen Reiz. Während dieser Zeit können oft Tiere beobachtet werden, die sich bei Tageslicht selten blicken lassen.

Ein direktes Anleuchten sollten Sie jedoch vermeiden, um schlafende Fische nicht zu stören. Fluchtreaktionen schlaftrunkener Fische, die geblendet oder berührt wurden, enden für sie meist mit einer Verletzung.

Der Tauchplatz sollte zumindest dem Gruppenführer von Tauchgängen bei Tageslicht gut bekannt sein. Wie bei allen Tauchgängen ist eine sorgfältige Planung und Absprache erforderlich.

Das Vorbereiten und Überprüfen der Ausrüstung erfolgt am Besten noch bei Tageslicht. Ordnung am Tauchplatz ist höchstes Gebot!

Da Nachttauchen eine zusätzliche psychische Belastung darstellt, sollte die Auswahl des Tauchpartners so erfolgen, dass keine Gefährdung durch unsichere oder untrainierte Gruppenmitglieder besteht. Die Gruppen sollten möglichst klein gehalten werden, es sollte sich nie mehr als ein Anfänger in einer Gruppe mit zwei erfahrenen Nachttauchern befinden.

Sonderausrüstung

Jeder Taucher muss eine eigene Unterwasser-
lampe mit sich führen, pro Gruppe ist außerdem
mindestens eine Ersatzlampe erforderlich. Es wird
empfohlen, dass jeder Taucher eine kleine Ersatzlampe mitführt, die bei Ausfall der Hauptlichtquelle
ein Beleuchten der Instrumente und gefahrloses
Aufsteigen ermöglicht. Die Ein- und Ausstiegsstel-
len müssen durch Lichtquellen in Form von
Leuchtstäben, Blitzlichtern oder Lampen deutlich
markiert werden.

Strömungstauchen

Tauchen in der Strömung von Flüssen, Kanälen
und in Meeren kann bei richtiger Durchführung
entspannend und unterhaltsam sein, wenn die
Unterwasserwelt wie in einem Film vorbeizieht.
Muss zum Einstieg zurückgekehrt werden, ist der
Tauchgang immer gegen die Strömung zu beginnen, mit nachlassender Kraft kann man so mühelos zum Ausstieg zurücktauchen.
Die entspannendste Art von Strömungstauchen
findet vom treibenden Boot statt, zum Beispiel auf
den Malediven. Nach dem Abstieg lassen sich die
Taucher einfach am Riff entlang treiben und werden vom Boot, das den Luftblasen gefolgt ist,
später »eingesammelt«.

Je näher der Taucher am Riff ist, umso schwächer
ist die Strömung. Durch Verwirbelungen an kleinen
Felsblöcken und Korallen wird die Hauptströmung
gebremst. Hinter größeren Fels- und Korallen-
blocks ist immer ein kleiner Strömungsschatten,
der vom Taucher für eine kurze Verschnaufpause
genutzt werden kann. Hilfreich bei der Suche nach
ruhigen Plätzen ist die Beobachtung der Fische.
Wo immer sie nah am Riff reglos stehen, ist die
Strömung schwächer.
Bei der Tauchgangsplanung muss der erhöhte
Luftverbrauch durch die Kraftanstrengung berücksichtigt und während des Tauchgangs bei sich
selbst und dem Tauchpartner überwacht werden.

Solotauchen

Ein Thema, das immer wieder heiße Diskussionen
in Gang setzt, ist das Tauchen ohne Tauchpartner.
Manche Tauchsportverbände bieten sogar eine
»Solodiver-Ausbildung« an. Auf den meisten
Tauchbasen weltweit ist es teils durch örtliche Ge-
setze oder andere Bestimmungen verboten, ohne
Tauchpartner zu tauchen.
Im Tauchkurs haben wir alle gelernt, dass es keine
größere Sicherheit gibt, als in der unmittelbaren
Nähe eines Tauchpartners.
Doch stimmt das wirklich unter allen Umständen?
Ein gut ausgebildeter Tauchpartner kann mit
Sicherheit dazu beitragen, ein auftretendes Prob-
lem schnell zu erkennen und qualifiziert Hilfe zu
leisten.
Kommt es zu einer Situation, in der der Luftvorrat
zu Ende geht, kann immer noch auf die alternative
Luftversorgung des Tauchpartners zurückgegriffen
werden.
Ist der Tauchpartner jedoch schlecht ausgebildet
oder einfach nicht fit für den Tauchgang, kann er
auch zum Sicherheitsrisiko für sich selbst und
seinen Tauchpartner werden.
Tauchen ohne Tauchpartner ist nichts für Unterwasser-Rambos, die sich für unsterblich und
unverwüstlich halten, sondern vielmehr für Unterwasserfotografen und -filmer, die ungestört
ihrer »Beute« nachstellen möchten, ohne stän-

**Die Languste ist tagsüber meist versteckt in
Löchern und Höhlen anzutreffen.**

dig den Kopf nach dem Tauchpartner drehen zu müssen.

Es erfordert körperliche Fitness und eine spezielle Ausrüstung wie zum Beispiel mindestens zwei komplett voneinander getrennte Atemgasversorgungen, eine zweite Tauchmaske und Instrumente in doppelter Ausfertigung. Die Tiefe des Solotauchgangs sollte nicht mehr betragen als das eineinhalbfache dessen, was beim Schnorcheln mühelos erreicht werden kann.

Vor dem Tauchgang muss die Ausrüstung auf das genaueste kontrolliert werden, der folgende Tauchgang muss genau nach dem vorher festgelegten Plan erfolgen. Beim geringsten Unwohlsein oder Problemen mit der Ausrüstung ist der Tauchgang sofort zu beenden.

Tauchen mit Nitrox

Als Nitrox wird jede Mischung aus **Nitr**ogen (Stickstoff) und **Ox**ygen (Sauerstoff) bezeichnet, die eine höhere Sauerstoffkonzentration hat als die in der Atemluft vorkommenden 21 Prozent.

Für Nitrox werden heute die verschiedenen Bezeichnungen wie zum Beispiel Safe Air (ANDI), EAN (Enriched Air Nitrox), NOAAI, NOAAII oder einfach Nitrox verwendet.

Die Zahl hinter der verwendeten Bezeichnung wie EAN$_{32}$ oder Nitrox$_{32}$ geben den prozentuellen Anteil des Sauerstoffes in diesem Gemisch an. EAN$_{32}$ enthält somit 32 Prozent O_2.

Jedes Gasgemisch, das mehr als 21 Prozent Sauerstoff enthält, ist in Deutschland laut Druckgasverordnung so zu behandeln und zu kennzeichnen, als wäre es reiner Sauerstoff. Die gesamte Tauchausrüstung (Atemregler, Inflatoranschluss, Finimeter oder NITROX-Tauchcomputer, Anschluss für Trockentauchanzug) und deren Anschlüsse müssen mit speziellen Verfahren gereinigt, sauerstoffrein und dementsprechend gekennzeichnet sein. Es dürfen sich keinerlei Reste von Schmiermitteln, Ölen und Fetten daran befinden, da sich sonst das Atemgemisch entzünden kann.

Atemregler für Atemluft können nicht an einem Nitroxventil, Nitroxatemregler nicht an einem Flaschenventil für Atemluft angebracht werden. Der Flaschenhals des Tauchgerätes muss weiß gestrichen und mit dem Zusatz Sauerstoff-TG (Tauchgerät) gekennzeichnet sein.

Außerhalb Deutschlands hat sich in den meisten Ländern die internationale Vorgehensweise durchgesetzt: Bis zu einer Sauerstoffkonzentration von 40 Prozent wird normale Tauchausrüstung verwendet.

Beim Tauchen mit Nitrox muss außerdem noch ein Aufkleber mit der Aufschrift Nitrox am Tauchgerät angebracht sein. Ein spezieller Prüfaufkleber und Anhänger, der den Sauerstoffanteil, das Prüfdatum, den Namen des Prüfers, den Flaschendruck und die maximale Einsatztiefe angibt, ist lebenswichtig für den Anwender. Vor Gebrauch muss der Benutzer nochmals den O_2-Anteil messen.

Das Tauchen mit Nitrox wird immer populärer, die Füllanlagen immer unkomplizierter und günstiger in der Anschaffung.

Welchen Vorteil bietet Nitrox gegenüber Atemluft?

Die Grundidee war, den Stickstoffanteil im Atemgemisch bei gleichzeitiger Erhöhung des Sauerstoffgehaltes zu reduzieren. Es wird weniger Stickstoff aufgenommen und die Gefahr an einer DCI oder einem Tiefenrausch zu erkranken ist geringer. Durch den erhöhten Sauerstoffanteil muss jedoch auf die Tiefe geachtet werden, da eine Sauerstoffvergiftung eintreten kann (siehe Seite 86, Vergiftungen durch Sauerstoff). Tauchgänge mit Nitrox sind nichts für Tiefenjäger, sondern für sicherheitsbewusste Taucher, die die Nullzeit verlängern oder Sicherheitspuffer haben möchten.

Um mehr Sicherheit zu bekommen, taucht man mit einem Computer, der den Tauchgang so berechnet, als würde er mit normaler Luft durchgeführt. Moderne Tauchcomputer lassen sich jedoch genau auf die verwendete Mischung einstellen und berechnen den Tauchgang entsprechend, so dass die verlängerte Nullzeit ausgereizt werden kann.

Füllen des Nitrox-Tauchgerätes

Da die verwendeten höheren Sauerstoffkonzentrationen in Verbindung mit anderen Gemischen und Materialien zu Oxidation und Explosion führen können, ist das Befüllen mit Nitrox-Gemischen nur von speziell dafur ausgebildeten Fachkräften (Gasblender) erlaubt.

Die äquivalente Lufttiefe wäre für diesen Tauchgang 12,78 Meter, entsprechend muss die nächst höhere Zahl in der Lufttabelle bei 15 Meter (Tabelle Deco 2000 siehe Seite 148) abgelesen werden. Die Nullzeit beträgt 72 Minuten.

Jede andere Mischung erfordert das Berechnen der maximal zulässigen Tiefe. Diese wird als Maximum Operation Depth (MOD) bezeichnet, was so viel bedeutet wie maximale Tiefe, bis zu der mit diesem Gemisch getaucht werden darf. Dabei wird davon ausgegangen, dass ein Sauerstoffpartialdruck von 1,4 bar sicheres Tauchen ermöglicht. Der Taucher plant einen Tauchgang mit Nitrox und nach Analyse der Flasche stellt er einen Sauerstoffanteil von 32 Prozent (0,32 pO_2 bei 1 bar) fest. Nun möchte er berechnen, bis zu welcher Tiefe er dieses Gemisch gefahrlos einsetzen kann. Als maximal zulässiger Sauerstoffpartialdruck werden 1,4 bar festgelegt.

Druck = Partialdruck O_2 : Anteil dieses Gases am Gasgemisch

Für die bestehenden Tauchgangswerte bedeutet dies: Druck = 1,4 bar: 0,32 = 4,37 bar

Die maximale Tauchtiefe MOD für ein Nitroxgemisch mit 32 Prozent Sauerstoffanteil würde somit 33,7 Meter betragen.

Tauchen mit Nitroxcomputern

Wird der Nitroxcomputer entsprechend des gewählten Gemisches programmiert, wird der Sicherheitsgewinn gegen verlängerte Nullzeiten eingetauscht. Durch den begrenzten Luftvorrat, Kälte oder andere Faktoren können diese unter Umständen nicht ausgereizt werden. Es empfiehlt sich, den Computer nur auf den entsprechenden Nitroxanteil umzustellen, wenn die Nullzeit bei einem speziellen Tauchgang entsprechend ausgereizt werden kann. Alle anderen Tauchgänge sollten, bei entsprechender Beachtung der maximalen Tiefe für das gewählte Nitroxgemisch, mit dem Rechenmodell für normale Atemluft durchgeführt werden, um alle Vorteile des erhöhten Sicherheitsgewinnes auskosten zu können.

Tauchtabellen für Nitrox

Für die Standardgemische mit 32 bzw. 36 Prozent Sauerstoffanteil sind spezielle Tauchtabellen erhältlich. Stehen diese nicht zur Verfügung, kann anhand jeder beliebigen Lufttabelle der Tauchgang berechnet werden. Hierbei wird in die äquivalente Lufttiefe umgerechnet, also die Tiefe, in der Taucher bei einem Tauchgang mit Atemluft die gleiche Sättigung mit Stickstoff erfahren würden.

Formel zu Berechnung der EAD (Equivalent Air Depth):

fO_2 = Anteil des Sauerstoffs in diesem Gemisch
T = Tiefe in Metern

$$EAD = \left(\frac{1,0 - fO_2}{0,79} \times (T + 10) \right) - 10$$

Soll zum Beispiel mit Nitrox 40 auf 20 Metern getaucht werden, ergibt die Formel:

$$EAD = \left(\frac{1,0 - 0,40}{0,79} \times (20\ m + 10) \right) - 10 = 12,78\ m$$

Tauchen mit Fotoapparat und Videokamera

Was gibt es Schöneres, als von seinen Tauchgängen tolle Bilder oder Filme mitzubringen?

Von der einfachen Schnappschusskamera bis hin zu Profigeräten, der Markt bietet eine schier unübersichtliche Menge an Foto- und Videoausrüstung für jeden Geschmack (und Geldbeutel).

Leider wird oft viel zu früh mit dem Filmen und Fotografieren begonnen, die Ergebnisse sind meist dementsprechend unbefriedigend.

Der Taucher muss alles im Grundkurs Erlernte so beherrschen, dass die Tarierung »automatisch« abläuft. Schwebt der Fotograf oder Filmer schwerelos ohne Bewegung im Wasser, verhalten sich die Fische auch dementsprechend entspannt.

Wird jedoch wild atmend und mit Armen und Beinen rudernd Jagd gemacht, braucht sich keiner zu wundern, wenn alle beweglichen Wasserbewohner die Flucht ergreifen.

Der Schutz der Unterwasserwelt hat oberste Priorität. Kontakt mit dem Riff oder Aufwirbeln von Sediment muss unterlassen werden.

Die Kamera muss sicher am Jacket befestigt werden, damit der Taucher zum Fotografieren beide Hände frei hat. Im Handel sind elastische Spiralkabel und Retriever erhältlich. Bei Retrievern wird über eine Feder auf Zug Schnur abgegeben und automatisch oder auf Knopfdruck wieder eingerollt. Bei dieser Anschaffung sollte der Taucher nicht am falschen Platz sparen.

Jeder angehende Filmer und Fotograf sollte sich verinnerlichen, dass es keine Aufnahme wert ist, die eigene Sicherheit oder die Sicherheit des Tauchpartners zu gefährden. So mancher Taucher setzt sich selbst enorm unter Druck, weil er ja am Ende des Urlaubes möglichst viele tolle Aufnahmen vorzeigen möchte. Dabei wird oft alles vergessen, was im Tauchkurs gelernt wurde. Der Tauchpartner, Tiefe, Zeit, Luftverbrauch sind unwichtig, wenn das lang ersehnte Objekt der Begierde plötzlich auftaucht.

Urlaub sollte entspannend sein. Bei entsprechender Absprache vor dem Tauchgang kann der Partner die notwendigen Kontrollfunktionen übernehmen und gleichzeitig nach neuen Motiven Ausschau halten, während der Filmer oder Fotograf mit dem Aufnehmen beschäftigt ist.

Pflege der Ausrüstung

Nach dem Tauchgang wird die Ausrüstung mit klarem Süßwasser gespült. Ausblasen mit Pressluft unter Hochdruck muss man sehr vorsichtig durchführen, es kann die empfindliche Elektronik und Schalter am Gehäuse und der Kamera beschädigen.

Vor jedem Tauchgang müssen die O-Ringe aus der Nut genommen und auf Verschmutzungen und Beschädigungen kontrolliert werden. Der O-Ring wird mit einem dafür zugelassenen Silikonfett hauchdünn behandelt, um geschmeidig zu bleiben. Nach der Behandlung sollte kein Fettfilm zu sehen sein. Vor dem Einsetzen des O-Ringes ist noch die Nut zu kontrollieren und zu reinigen. Ein einzelnes Sandkorn, Haar oder anderes Schmutzteilchen hat schon oft zu Wassereinbruch ins Gehäuse geführt.

Immer ein lohnendes Motiv, der indische Rotfeuerfisch (Pterois volitans)

Wiederholungsfragen Kapitel 6

Anfänger

1. Welches Signal wird ausgelöst, wenn ein Notfall während des Tauchgangs auftritt?

a) Klopfsignal eine Minute lang

b) mehrfaches Aufheulen des Schiffsmotors

c) Winken an der Wasseroberfläche

d) das vor dem Tauchgang vereinbarte Zeichen

2. Beim Tauchen im Salzwasser mit gleicher Ausrüstung braucht der Taucher…

a) weniger Blei als im Süßwasser.

b) gleich viel Blei wie im Süßwasser.

c) mehr Blei als im Süßwasser.

3. Umweltschutz beim Tauchen beginnt…?

a) beim Einstieg ins Wasser.

b) bei der Anfahrt zum Gewässer.

c) schon vor der Tauchgangsplanung.

d) beim Abtauchen.

4. Welchen Vorteil haben Tauchtabellen gegenüber Tauchcomputern?

a) Sie benötigen keine Batterien.

b) Sie sind handlich.

c) Sie kosten weitaus weniger als Tauchcomputer.

d) Alles oben genannte.

5. Welche maximale Nullzeit hat man bei einem einzelnen Tauchgang auf 20 Meter?

a) 31 Minuten

b) 45 Minuten

c) 18 Minuten

6. Das Atemminutenvolumen ist…

a) die Menge an Luft, die maximal ein- und ausgeatmet werden kann.

b) die Menge an Luft, die in einer beliebigen Tiefe verbraucht wird.

c) die Menge an Luft, die pro Minute bei 1 bar verbraucht wird.

7. Ein Taucher mit einem AMV von 20 Litern pro Minute führt einen Nullzeittauchgang von 30 Minuten auf 15 Meter durch, wie viel Luft wird verbraucht?

a) 600 bar/l

b) 1200 bar/l

c) 1600 bar/l

d) 1500 bar/l

8. Was ist zu tun, wenn während des Tauchgangs im warmen Wasser die Zweite Stufe anfängt abzublasen?

a) Den Tauchgang weiterführen, da immer noch Luft kommt.

b) Wechsel auf eigenen Oktopus.

c) Wechseln auf die alternative Luftversorgung des Tauchpartners, Ventil schließen und Tauchgang beenden.

d) Kontrolliert schwimmender Notaufstieg.

9. Der bevorzugte Einstieg vom Boot oder der Hafenmauer aus geringer Höhe ins tiefe Wasser ist…

a) der Spreizsprung.

b) die Rolle vorwärts.

c) die Rolle rückwärts.

d) das Gerät ins Wasser werfen, hinterher springen und Gerät im Wasser anlegen.

10. Nach dem Aufblasen des Tarierjackets fällt dieses sofort wieder zusammen. Was ist zu tun?

a) Der Tauchgang kann unter Verwendung der Mundaufblaseinrichtung begonnen werden.

b) Jacket austauschen, es muss durch Fachpersonal überprüft und repariert werden.

c) Bei der Verwendung von Trockentauchanzügen kann auf das Tarierjacket verzichtet werden.

d) Festhalten am Tauchpartner, falls Abtrieb zu groß wird.

Fortgeschrittene

1. Ein Taucher löst sich während des Tauchgangs unbemerkt aus der Tauchgruppe, der Zwischenfall wird nicht bemerkt, die Gruppe taucht weiter. Welche Grundregel wurde missachtet?

a) Der Zusammenhalt der vorher eingeteilten Partnerteams wurde missachtet.

b) Die Übersicht und Kontrolle über die Gruppe wurde vom Gruppenführer vernachlässigt.

c) Die vor dem Tauchgang abgesprochene Verfahrensweise bei Verlust des Tauchpartners wurde nicht durchgeführt.

d) Alles oben genannte.

2. Welche Bleimenge sollte ein Taucher beim Tauchen in Süßwasser mitnehmen?

a) immer 3 Prozent mehr als im Salzwasser

b) immer 3 Prozent weniger als im Salzwasser

c) Gerade so viel, dass er mit voller Flasche und leerem Tarierjacket an der Wasseroberfläche bequem durch den Mund und Schnorchel atmen kann ohne unterzugehen.

d) So viel, dass er nach dem Entlüften des Tarierjackets und halb voller Lunge sofort absinkt.

3. Was ist die Nullzeit?

a) die gesamte unter Wasser verbrachte Zeit ohne Austauchpausen

b) die gesamte unter Wasser verbrachte Zeit mit Austauchpausen

c) die maximale Grundzeit, die der Taucher ohne Schädigung in der Tiefe verbringen darf

d) die maximale Grundzeit, bei der keinerlei Austauchpausen erforderlich sind

4. Was gehört zum aktiven Umweltschutz für den Taucher?

a) jegliches Entfernen von Fremdkörpern, die nicht natürlichen Ursprunges sind

b) eine ständige und kritische Beobachtung des Tauchgewässers hinsichtlich Veränderungen, die nichts mit den jahreszeitlichen Schwankungen zu tun haben

c) Zählungen von ablaichenden Fischen in Biotopen und Schutzzonen

d) Einbringen von Nährstoffen in nahrungsarme Gewässer

5. Berechnen Sie mit der Tauchtabelle DECO 2000 folgende Tauchgänge:

Tauchgang 1: 21 Minuten auf 31 Meter
Tauchgang 2: 40 Minuten auf 14 Meter
Wie lange muss an der Wasseroberfläche gewartet werden, damit der zweite Tauchgang ein Nullzeittauchgang ist?

a) 1:30 Stunden

b) 2:15 Stunden

c) 3:00 Stunden

d) 8:00 Stunden

6. Für welchen Höhenbereich dürfen Tauchtabellen verwendet werden?

a) für jeden Höhenbereich

b) für den auf der Tabelle aufgedruckten Höhenbereich

c) für den auf der Tabelle aufgedruckten Bereich und jeden Bereich, der höher ist

7. Ein Taucher mit einem AMV von 15 Litern pro Minute möchte folgenden Tauchgang durchführen:

Grundzeit 30 Minuten auf 30 Meter, Reserve wird mit 50 bar festgelegt. Welches Tauchgerät benötigt er mindestens für diesen Tauchgang, wenn die Tauchgeräte mit 200 bar gefüllt sind?

a) 10 Liter

b) 12 Liter

c) 15 Liter

d) 8 Liter

8. Taucher, die zusammen einen Tauchgang durchführen, bewegen sich vorzugsweise …

a) hintereinander und seitlich versetzt.

b) nebeneinander als Paare im Zustand der neutralen Tarierung.

c) nebeneinander möglichst nah am Grund.

d) so, dass der schnellste immer vorne schwimmt.

9. Bei der Durchführung von langen anstrengenden Tauchgängen mit der Tauchtabelle muss …

a) die nächst höhere Grundzeit verwendet werden.

b) die nächst höhere Zeit und Tiefe verwendet werden.

c) 50 Prozent zur Grundzeit dazugerechnet werden.

10. Ein Abblasen der Ersten Stufe nach dem Zusammenbau deutet darauf hin, dass …

a) der O-Ring der DIN-Stufe fehlt oder beschädigt ist.

b) der Ventilsitz der Ersten Stufe defekt ist.

c) der Ventilsitz der Zweiten Stufe blockiert ist.

Antworten siehe Seite 173

Stillstand ist Rückschritt

Nach Beendigung des ersten internationalen Brevets stehen dem Taucher eine Vielzahl von Fort- und Weiterbildungsmöglichkeiten sowie Gelegenheiten seine erworbenen Kenntnisse anzuwenden offen. Ob im Tauchurlaub oder im heimischen Gewässer, der interessierte Taucher bildet sich fort und lernt stets dazu. Ständiges Anwenden und Verfeinern der im Grundkurs erworbenen Kenntnisse in Verbindung mit regelmäßiger Weiterbildung vermitteln die Sicherheit, die für die Durchführung entspannter Tauchgänge notwendig ist.

Es gibt verschiedene Möglichkeiten an einem Tauchkurs teilzunehmen: im Tauchverein, bei der örtlichen Tauchschule oder auf einer Auslandsbasis. Taucher sind äußerst gesellige Menschen, was die Zahl der eingetragenen Tauchvereine in Deutschland zeigt. Nicht nur Tauchsportvereine, sondern auch örtliche Tauchsporthändler sowie Tauchschulen im In- und Ausland bieten jede Menge Trainings- und Fortbildungsmöglichkeiten.

Möglichkeiten zur Weiterbildung

Tauchvereine

Wer es gerne geselliger mag, wird eher zu einer Mitgliedschaft in einem Verein tendieren. Die angebotenen Möglichkeiten umfassen meist Aktivitäten im Hallenbad und Freiwassertauchgänge mit Begleitung durch erfahrene Vereinsmitglieder. Auch Gruppenfahrten über das Wochenende oder in den Tauchurlaub werden oft von Vereinen in Zusammenarbeit mit Reiseveranstaltern angeboten. Tauchausbilder, die im Verein Weiterbildungskurse

anbieten, tun dies in ihrer Freizeit, da sie nicht kommerziell als Tauchlehrer arbeiten.

Je nach Beruf, den sie ausüben, und der Menge der Zeit, die sie bereit sind in die Vereinsarbeit zu investieren, kann sich ein Weiterbildungskurs deshalb über einen längeren Zeitraum hinziehen. Leihausrüstungen sind meist nur in begrenzter Anzahl vorhanden.

Tauchschulen

Für alle, die nicht in einen Tauchverein eintreten möchten, bieten kommerzielle Tauchschulen oft gegen geringe Gebühr ein wöchentliches Schwimmbadtraining an, entweder mit ABC-Ausrüstung, um fit zu bleiben, oder als Auffrischung mit Tauchgerät nach längerer Tauchpause. Weiterbildungskurse sind fester Bestandteil des Kursprogramms und werden regelmäßig in festen Abständen angeboten. Leihausrüstungen sind meist in großer Anzahl und unterschiedlichen Größen, auch Sondergrößen, vorhanden.

Viele Tauchshops organisieren und begleiten Tauchurlaube für Einzel- und Gruppenreisen. Von Frühjahr bis Herbst finden oft organisierte Kurztrips über das Wochenende zu Nahzielen statt.

Auslandstauchbasen

Je nach Urlaubsland werden saisonal oder ganzjährig Weiterbildungskurse angeboten. Um unliebsame Überraschungen zu vermeiden, sollte man sich rechtzeitig vor Abreise über Umfang, Kosten und Häufigkeit der angebotenen Kurse informieren. Viele Tauchbasen im Ausland arbeiten mit Tauchreiseveranstaltern zusammen, bei denen das Kursprogramm eingesehen und Weiterbildungskurse reserviert bzw. gebucht werden können.

Auch die Art des Ausbildungssystems sollten Sie vor der Abreise klären. Möchte der CMAS-Taucher einen Weiterbildungskurs nach CMAS-Richtlinien besuchen, muss er sich vorher erkundigen, ob die Tauchbasis auch nach diesen Richtlinien ausbildet bzw. im gebuchten Zeitraum ein Tauchlehrer da ist, der diesen Kurs abhalten kann und darf.

Auf den meisten Auslandstauchbasen sind Tauchlehrer unterschiedlicher Organisationen beschäftigt, viele können sowohl CMAS- als auch PADI-, NAUI- oder SSI-Kurse anbieten.

Die Weiterbildungskurse

Tauchanfänger, die ihren CMAS*-, DTSA-Bronze Kurs oder ihren PADI Open Water Diver erfolgreich beendet haben, sollten sich unter fachlich kompetenter Aufsicht weiterbilden, um Fehler im Anfangsstadium erkennen und ausmerzen zu können.

Empfehlenswerte Zusatzausbildung für Tauchanfänger

Am Anfang hat jeder Taucher Probleme sich unter Wasser zurechtzufinden. Gezeiten, Wellen, eingeschränkte Sichtverhältnisse und Strömungen machen es oft schwer, die gewünschte Richtung beizubehalten. Der Spezialkurs Orientierung beim Tauchen führt den Tauchanfänger in Kompassnavigation und natürliche Navigation ein, er übt anhand von praxisnahen Beispielen Direkt- und Gegenkurse, Dreiecks- und Rechteckskurse unter Aufsicht des Tauchlehrers. Dieser Kurs ist zum Beispiel Voraussetzung für den Beginn des CMAS**-Kurses.

Die Gefahr mit einem Tauchunfall konfrontiert zu werden, ist bei der Einhaltung aller Regeln äußerst gering. Doch was tun, wenn wirklich Not am Mann ist?

Eine zusätzliche und erweiterte Ausbildung in Tauchrettungstechniken mit dem Schwerpunkt Vermeidung durch Prävention wird im Spezialkurs Tauchsicherheit und Tauchrettung angeboten. Kurse über den richtigen Umgang mit Sauerstoffgeräten bei der Soforthilfe bei DCI-Fällen werden von allen Tauchsportverbänden sowie den Herstellern und Vertreibern der Sauerstoffkoffer (DAN und Wenoll) angeboten. Spätestens alle zwei Jahre sollte man einen Auffrischungskurs in Erster Hilfe und Herz-Lungen-Wiederbelebung besuchen. Diese Kurse werden regelmäßig von den Rettungsverbänden angeboten.

Einführungen in Spezialgebiete

Je nach persönlichem Interesse kann der Einsteiger auch an Kursen für Nitroxtauchen, Nachttauchen, Strömungstauchen, Trockentauchen, Tauchen in Grotten und Meereshöhlen sowie an Kursen über die Fauna und Flora des zu betauchenden Gewässers teilnehmen.

Der Traum eines jeden Tauchers, einmal im offenen Meer von einem Delphin geküsst zu werden, lässt sich in der Karibik verwirklichen.

Perfekt in die Korallenlandschaft integriert lauert der Skorpionsfisch auf Beute.

Diese Spezialkurse setzen sich zusammen aus einem Theorieteil über die Tauchgangsvorbereitungen, speziell benötigte Ausrüstung, Tauchtechniken sowie einen Praxisteil, der meist zwei bis drei Tauchgänge unter Aufsicht des Tauchlehrers beinhaltet. Der Taucher sollte jedoch bedenken, dass diese Kurse eine Einführung in Spezialgebiete darstellen. Auch hier gilt es, durch Tauchgänge mehr und mehr Erfahrungen zu sammeln.

Fortbildung für Fortgeschrittene

Mit zunehmender Erfahrung und meisterhaftem Beherrschen der im Grundkurs erlernten Tauchfertigkeiten bieten sich die Spezialgebiete Wracktauchen, Tieftauchen, Eistauchen, Höhlentauchen, Tauchen mit Kreislaufgeräten sowie Suchen und Bergen an.

Unterschiede der Tauchorganisationen

Taucher, die ihre Anfängerausbildung bei einem der CMAS Germany angeschlossenen Verbände absolviert haben, müssen zwischen den einzelnen Brevet-Stufen Pflichttauchgänge erfüllen und Sonderkurse besuchen.

Voraussetzungen für CMAS/DSTA-Silber**

• Mindestalter 16 Jahre
• CMAS*-Brevet oder Äquivalent
• gültige Tauchtauglichkeit nicht älter als 2 Jahre, bei über 40-Jährigen nicht älter als 1 Jahr
• 30 Tauchgänge nach Beendigung des CMAS*-Kurses, davon 10 tiefer als 25 Meter
• Sonderkurs Orientierung beim Tauchen
• Sonderkurs Gruppenführung
• HLW-Kurs nicht älter als 1 Jahr
• empfohlener Besuch des Sonderkurses Meeresbiologie und Süßwasserbiologie

Voraussetzungen für CMAS*/DSTA-Gold**

Zwischen CMAS**/DSTA-Silber und CMAS***/DSTA-Gold sind nachfolgende Voraussetzungen erforderlich:

• Mindestalter 18 Jahre

Am Tauchplatz wohnen und schlafen – das ist ein Urlaub auf dem Safarischiff

- CMAS**-Brevet oder Äquivalent
- 40 Tauchgänge zwischen dem Logbucheintrag CMAS**/DSTA-Silber abgeschlossen, davon mindestens 10 auf 40 Meter im Salzwasser oder 30 im Süßwasser
- gültige Tauchtauglichkeitsbescheinigung nicht älter als 2 Jahre, bei über 40-Jährigen nicht älter als 1 Jahr
- Sonderkurs Nachttauchen
- Sonderkurs Tauchsicherheit und Rettung
- empfohlener Besuch der Sonderkurse Strömungstauchen, Wracktauchen, Trockentauchen sowie Tauchen in Meereshöhlen.

Die amerikanischen Verbände

Während des Open Water Kurses erhält der Schüler zwar keine Einweisung in das Bergen eines bewusstlosen Tauchers wie bei den CMAS Germany angeschlossenen Verbänden, jedoch in das Navigieren mit dem Kompass. Er muss das Beherrschen von Direkt- und Gegenkurs während eines Freiwassertauchgangs demonstrieren. Ziehen und Schieben eines erschöpften Tauchers sowie Krampflösetechniken sind feste Bestandteile des Open Water Kurses.

Nach Beendigung des Open Water Kurses kann der Tauchschüler im direkten Anschluss mit dem Advanced Open Water Diver Kurs beginnen, der

eine Einführung in fünf Spezialgebiete enthält. Zwei davon, Unterwassernavigation und Tieftauchen, sind vorgeschrieben, die anderen drei kann der Tauchschüler nach seinen persönlichen Interessen aus einer Liste wählen. Mögliche andere Tauchgänge sind:

- Tauchen in größerer Höhe
- Strömungstauchen
- Fischbestimmung
- Unterwassernaturalist
- Nachttauchen
- Unterwasserscooter
- Tarieren in Perfektion
- Suchen und Bergen
- Multilevel und Computertauchen
- Unterwasserfotografie
- Unterwasservideo
- Wracktauchen (ohne Eindringen in das Wrack)

Diese Tauchgänge können auch als Kredit für Spezialkurse gutgeschrieben werden. Wird also während des Advanced Open Water Diver Kurses ein Nachttauchgang absolviert, kann dieser für den Spezialkurs Nachttauchen gutgeschrieben werden. Sollte der Taucher zur gleichen Zeit einen Nitroxkurs besuchen, können diese Abenteuertauchgänge mit Nitrox kombiniert werden.

Dank bestehender Äquivalenzlisten kann zwischen den einzelnen internationalen Tauchsportorganisationen gewechselt werden, so kann zum Beispiel ein CMAS**-Taucher im Anschluss an seinen Kurs sofort einen PADI Rescue Diver Kurs beginnen, der dem CMAS***-Brevet entspricht.

Da jeder Taucher unterschiedlich schnell lernt, hat jede der genannten Möglichkeiten ihre Vor- und Nachteile. Grundsätzlich sind wir der Meinung, dass kein Taucher versuchen sollte, Kurse für Fortgeschrittene zu absolvieren, wenn er die im Anfängerkurs verlangten Grundtechniken noch nicht beherrscht.

Tauchen im Urlaub

Tauchreisen

Kurztrips ins Nachbarland zum Tauchen im Bergsee oder zum Wracktauchen an der Ostsee sind meistens die Domäne der Tauchsportfachhändler und Tauchsportvereine, während die Reisen in ferne Länder eher das Metier einiger weniger Tauchreiseveranstalter sind, die sich auf Reisen für Taucher in allen Preiskategorien spezialisiert haben.

Vom Mittelmeer über das Rote Meer bis hin zu exotischen Zielen wie den Malediven, Thailand, Malaysia und vielen anderen lohnenswerten Gegenden, es gibt für alle Preiskategorien eine Vielzahl von Angeboten. Das Personal dieser Spezialveranstalter taucht meistens selbst leidenschaftlich, kennt die angebotenen Tauchgebiete, Tauchbasen und Hotels persönlich und kann Informationen aus erster Hand liefern. Teilweise können Sie den Flug, die Unterkunft und das Tauchen vorher komplett als Paket buchen. Das ist meist wesentlich günstiger als die Tauchpakete vor Ort zu kaufen bzw. zu buchen.

Die Tauchreiseveranstalter können aufgrund der eigenen persönlichen Erfahrung auch genaue Empfehlungen geben, zum Beispiel welche Tauchziele für Anfänger und welche eher für erfahrene Taucher geeignet sind.

Vergleichen Sie die Preise, da manchmal für die gleiche Leistung von verschiedenen Veranstaltern unterschiedliche Preise verlangt werden.

Tipp

Planen Sie nach einer längeren Tauchpause vor einem Tauchurlaub eine oder mehrere Übungsstunden im Pool ein, um die notwendigen Sicherheitsübungen zu wiederholen. Dann können Sie am Urlaubsort völlig stressfrei mit dem Tauchen beginnen. Die meisten Tauchschulen bieten für ein geringes Entgelt Auffrischungsstunden mit einem Tauchlehrer an, der die richtige Durchführung der Übungen überwacht und den einen oder anderen Tipp parat hält. Nutzen Sie diese Übungsstunden auch, um Ihre eigene oder geliehene Ausrüstung zu überprüfen, damit es am Urlaubsort keine böse Überraschung gibt.

Bei der Wahl des Tauchzieles sollten Sie sich vorab so ausgiebig wie möglich über die Tauchgebiete und örtlichen Gegebenheiten informieren. In vielen Tauchsportmagazinen werden Reisen beschrieben, im Internet werden Reiseberichte ausgetauscht und es gibt viele Bücher über die weltweiten Tauchziele.

Spezielle Tauchreiseveranstalter und viele Tauchbasen haben eigene Websites, auf denen alle Informationen des Zielgebietes bezüglich Tauchbasis Tauchplätzen etc. übersichtlich dargestellt sind. Man kann sich durch Fotogalerien klicken und sich ein Bild davon machen, was einen über und unter Wasser erwartet, wer dort arbeitet, welche Ausrüstung verwendet wird und vieles andere mehr.

Überprüfen Sie rechtzeitig die Gültigkeit Ihrer Reisepässe und erkundigen Sie sich, ob spezielle Visa notwendig oder Impfungen vorgeschrieben sind. Viele Länder haben eine andere Stromspannung oder es werden andere Stecker verwendet, für die Adapter notwendig sind. Das ist sehr wichtig für Besitzer von UW-Lampen oder UW-Kameras wegen des Wiederaufladens der Akkus. In abgelegenen Ressorts und Safaribooten werden oft Stromgeneratoren benutzt, die jedoch nachts abgeschaltet werden.

Tauchanfänger und Urlaubstaucher

Unsere Erfahrung zeigt, dass sich Tauchanfänger sowie Taucher, die einmal im Jahr zum Tauchurlaub fahren auf einer landgestützten Tauchbasis besonders wohlfühlen. Nichttauchende Familienangehörige haben hier viele Möglichkeiten einen schönen Urlaub zu genießen und können vielleicht selbst einmal an einem Schnuppertauchgang teilnehmen.

Die ersten Schritte bei der Tauchausbildung finden meist im Pool oder im seichten Wasser einer Lagune statt, wo der Tauchanfänger schon Begegnungen mit der Unterwasserwelt und seinen Bewohnern hat.

Mit fortschreitender Ausbildung wird dann oft an Hausriffen und/oder vom Boot aus an anspruchsvolleren Tauchplätzen getaucht, die dem Taucher größere Erlebnisse bieten.

Ein farbenprächtiger Vertreter der Familie der Doktorfische ist der Palettendoktorfisch (*Paracanthurus hepatus*).

Der Urlaubstaucher muss nach einer Tauchpause von mehreren Monaten vor der Teilnahme an den regulären Tauchprogrammen einen Checktauchgang absolvieren.

Dabei demonstriert der Taucher im Allgemeinen die Beherrschung der grundlegenden Sicherheitsübungen, die Bestandteil jeder international anerkannten Tauchausbildung sind (siehe Seite 134, »Der Tauchgang«).

Der Checktauchgang dient in erster Linie der Sicherheit des Tauchers und dessen Tauchpartners sowie der haftungsrechtlichen Absicherung der Tauchbasis.

Jede Tauchbasis sollte im eigenen Interesse sicherstellen, dass nur Taucher an den Programmen teilnehmen, die bei den Grundsicherheitsübungen keine Probleme haben.

Trotz weltweit verbreiteter standardisierter Tauchausbildung gibt es immer noch eine kleine, aber nicht unerhebliche Anzahl von Tauchausbildern, die auf Übungen verzichten, die zu Problemen führen könnten.

Als Zeuge vieler Panikattacken von »erfahrenen« Tauchern wegen eingedrungenem Wasser in die Tauchmaske denken wir, wie jeder andere seriöse Ausbilder, ein wenig anders über dieses Thema.

Jeder Taucher bringt nicht nur sich selbst, sondern auch seinen oder seine Tauchpartner in eine gefährliche Situation, wenn er an Tauchgängen teilnimmt, die seine Fähigkeiten bzw. seinen Trainingszustand überschreiten.

Nach erfolgreichem Absolvieren des Orientierungstauchgangs kann der zertifizierte Taucher an halb- oder ganztägigen Tauchausfahrten, an Weiterbildungskursen oder anderen interessanten Tauchaktivitäten teilnehmen.

In vielen Tauchgebieten müssen Tauchanfänger, die weniger als 30 Tauchgänge im Logbuch nachweisen können, an begleiteten Tauchgängen teilnehmen.

Auch wenn es nicht vorgeschrieben ist, sollte jeder Taucher zur »Eingewöhnung« an begleiteten Tauchgängen teilnehmen und auf die Tipps und Tricks der örtlichen Profis hören. Das kostet häufig etwas mehr, aber die Vorteile liegen auf der Hand. Der Tauchlehrer oder Guide ist ortskundig, er kennt nicht nur die Tauchplätze wie seine Westentasche und weiß genau, wo die interessanten

Flecken zu finden sind, sondern er kann dem Taucher gezielt helfen, die eigenen Tauchfertigkeiten zu verbessern oder den örtlichen Gegebenheiten anzupassen.

Tauchsafaris

Viele erfahrene Taucher bevorzugen Urlaub auf einem Boot, dem so genannten Tauch- oder Safarischiff. Man wohnt sozusagen an ständig wechselnden Tauchplätzen und kann bequem vom Mutterschiff tauchen oder wird mit kleinen Beibooten zu den Tauchplätzen gebracht.

Auf Tauchschiffen wird meistens keinerlei Anfängerausbildung angeboten, das Freizeitangebot für nichttauchende Begleitung beschränkt sich außer bei den Luxusschiffen auf ein Minimum.

Je nach Preiskategorie und Bauart des Schiffes steht manchmal nur sehr begrenzter Platz für Taucher und Material zur Verfügung, deshalb ist Ordnung zu halten oberstes Gebot. Die Kabinen sind meist zweckmäßig ausgestattet, aber klein und nur mit dem notwendigsten Mobiliar ausgerüstet. Tauchausrüstung kann auf Safaribooten oft nur in sehr beschränktem Umfang geliehen werden. Meistens ist eine Reservierung benötigter Ausrüstung bei der Buchung der Reise erforderlich.

Die Frage, wie lange der Stromgenerator auf einem Safarischiff in Betrieb ist, sollte vorab geklärt werden, um unliebsame Überraschungen beim Laden von Unterwasserlampen, Blitzgeräten etc. zu vermeiden. Eventuell empfiehlt sich die Anschaffung eines Schnellladers.

Tauchplätze, die von Safarischiffen angelaufen werden, sind nur erfahrenen Tauchern zu empfehlen, da sie ein bestimmtes Maß an Können und Erfahrungen erfordern.

Seekrankheit

Es gibt Menschen, die man auf jedes Boot stellen und stundenlang durchschaukeln kann, ohne dass ihnen schlecht wird. Anderen wiederum wird es schon übel, wenn sie ein schaukelndes Boot sehen. Zur Vorbeugung der Seekrankheit raten wir von allen Mitteln ab, die die Reaktionsfähigkeit des Menschen verzögern. Lesen Sie den Beipackzettel vor der Einnahme. Manche Mittel verstärken den narkotisierenden Effekt des Stickstoffes mit zunehmender Tauchtiefe und sind ein Sicherheitsrisiko für den Taucher und Tauchpartner. Je nach Medikament können massive Tiefenrauschsymptome schon in sehr flachen Tiefen auftreten (10 bis 20 Meter). Alternativen sind natürliche Mittel aus Ingwer und Pfefferminzöl oder spezielle elastische Bänder für die Handgelenke, die auf bestimmte Akkupressurpunkte drücken.

Ein leerer Magen und ein nicht ausgeglichener Flüssigkeitshaushalt sind weitere Faktoren, die das Auftreten von Schwindel und Übelkeit hervorrufen und verstärken können.

Der beste Platz ist an der frischen Luft, mittschiffs mit Blick auf den Horizont oder einen anderen Fixpunkt außerhalb des Schiffes.

Sollte es trotzdem zu Erbrechen kommen, muss für ausreichend Flüssigkeit gesorgt werden. Dass bei starkem Unwohlsein auf den Tauchgang verzichtet werden sollte, versteht sich von selbst.

Ausrüstung

Vor Antritt der Reise sollte sichergestellt sein, dass die benötigte Ausrüstung vor Ort vorhanden oder vorher bei einem Tauchsportfachhändler geliehen werden kann. Speziell bei Sondergrößen empfiehlt es sich, die Tauchbasis persönlich zu kontaktieren. Landgestützte Tauchbasen haben oft eine wesentlich größere Auswahl an Leihausrüstungen als Safarischiffe.

Informieren Sie sich über die Wassertemperaturen, um vielleicht noch einen dickeren oder dünneren Neoprenanzug, einen Unterzieher oder eine separate Kopfhaube kaufen zu können.

Tauchgeräte und Blei sind weltweit auf nahezu jeder Tauchbasis im Preis inbegriffen, andere Ausrüstungsgegenstände können gegen Gebühr gemietet werden.

Wir empfehlen die Anschaffung einer verschließbaren Kunststoffbox, in der sich eventuell benötigte Ersatzteile wie Ersatzmasken und ein zusätzliches Flossenband sicher aufbewahren lassen.

Lassen Sie den Atemregler rechtzeitig vor dem Urlaub von einem Fachhändler warten und prüfen. Für viele Atemregler sind so genannte Holidaykits erhältlich, die die am meisten benötigten Ersatzteile enthalten.

Ein kleines Sortiment benötigter Werkzeuge für Reparaturen, Ersatzmundstück, Neoprenkleber und einige Kabelbinder gehören ebenfalls in die Box.

Medikamente

Bei einem Aufenthalt in manchen tropischen Ländern wird die Einnahme von Malariaprophylaxe wie

Der Langnasenbüschelbarsch *(Oxycirrhites typus)* ist oft in schwarzen Korallen und auf Fächerkorallen anzutreffen.

zum Beispiel Lariam oder Resochin empfohlen. Leider haben viele dieser Mittel starke Nebenwirkungen und sind daher für die Tauchferien nicht geeignet.

Erkundigen Sie sich bei einem erfahrenen Tauchmediziner, welche Alternativen möglich sind.

Ohreninfektionen

Die häufigste Form ist eine Entzündung des äußeren Gehörganges, welche durch Plankton und Bakterien hervorgerufen wird, die in den aufgeweichten Gehörgang eindringen. Die Infektion macht sich anfangs durch Juckreiz im Gehörgang bemerkbar. Das Kratzen mit dem Finger oder Ohrenstäbchen führt meist zu mikroskopisch kleinen Verletzungen, die den Verlauf einer Infektion negativ beeinflussen.

Zur Vorbeugung gegen Ohrenentzündungen haben sich verschiedene Mischungen bewährt. Die Bekannteste ist die »Ehmsche-Lösung«, die bei empfindlichen Ohren aber unangenehm brennen kann. Eine mildere Alternative ist ein Gemisch aus Essigsaurer Tonerde (Aluminiumsubacetat), Alkohol und destilliertem Wasser.

Unsere persönliche Empfehlung ist die Verwendung einer Lösung aus destilliertem Wasser, dem ein paar Tropfen Teebaumöl zugefügt werden. Grundätzlich muss die Verträglichkeit aller Mittel vor dem Tauchurlaub vorsichtig getestet werden. Manche Mischungen können Reizungen oder allergische Reaktionen auslösen.

Die angewendeten Mittel sollten grundsätzlich körperwarm in den Gehörgang eingebracht werden, um eine zusätzliche Reizung zu vermeiden. Nach der Anwendung von alkoholhaltigen Mischungen wird das Einträufeln von Mandel- oder Olivenöl als rückfettende Maßnahme empfohlen. Wenn keine vorbeugenden Mittel zur Verfügung stehen, kann man mit dem kleinen Finger etwas (eigene) Spucke in den äußeren Gehörgang geben. Im Speichel sind natürliche, bakterienfeindliche Substanzen, diese schützen den äußeren Gehörgang vor Entzündungen.

Bei einer Entzündung helfen antibiotische Ohrentropfen, die gleichzeitig abschwellend wirken und den entzündeten Bereich lokal betäuben (zum Beispiel Panotile N).

Tipp

Um Ohrenentzündungen vorzubeugen, sollten Sie sich in der Apotheke eine so genannte »Ehmsche-Lösung« anfertigen lassen. Sie wird auch Branse-, Passek- und Muthmischung genannt und besteht aus:

- Eisessig 2,5,
- destilliertem Wasser 5,0,
- Isopropanol-Alkohol ad 50,00.

Die Lösung gibt es in zahlreichen Abwandlungen. Sie hat sowohl eine desinfizierende als auch eine antibakterielle Wirkung und sollte direkt nach dem Tauchgang handwarm in das Ohr eingeträufelt werden.

Register

Literaturverzeichnis

Bücher und sonstige Publikationen:

Ehm, O.F.: Der neue Ehm. Tauchen noch sicherer, Müller Rüschlikon
Graever, Dennis: Die moderne Tauchschule, BLV
Holzapfel, Rudolf B.: Richtig Tauchen, BLV
Stibbe, Axel: Sporttauchen. Der sichere Weg zum Tauchsport, Naglschmid

Veröffentlichungen über Medizin, Anatomie, Ausrüstung aus den Tauchsportzeitschriften »Tauchen« und »Unterwasser«
Publikationen von DAN Europe: »Alert Diver Magazin« und Internetseiten www.daneurope.de, www.gtuem.org und www.diversalertnetwork.org

Eine Betriebsanleitung der Tauchtabelle auf Seite 148 gibt das Buch »Sporttauchen« von Axel Stibbe

Adressen

www.dan-europe.org

www.gtuem.org
www.cmas-germany.de
www.padi.com

Bilderklärungen

Seite 10: Freitaucher mit Prachtwimpelfischen (*Heniochus monocerus*) auf den Malediven
Seite 16: Mantarochen (*Manta birostris*) auf den Malediven
Seite 32: Taucher und Schwarmfische auf den Malediven

Seite 44: Orientalische Süßlippen (*Plectorhynchus orientalis*)
Seite 74: Roter Krötenfisch (*Antennarius commersonii*)
Seite 162: Taucherin beim Betrachten einer Gorgonie mit Haarsternen
Seite 116: Prachtwimpelfische (*Heniochus monocerus*)

Lösungen

Kapitel 2, Seite 30 und 31
Anfänger: 1c, 2b, 3a, 4b, 5d, 6c, 7c, 8e, 9d, 10b
Fortgeschrittene: 1b, 2b, 3a, 4c, 5b, 6d, 7b, 8c, 9d, 10c

Kapitel 3, Seite 42 und 43
Anfänger: 1a, 2c, 3c, 4d, 5d, 6b, 7c, 8c, 9c, 10d.
Fortgeschrittene: 1a, 2b, 3c, 4e, 5c, 6b, 7b, 8c, 9c

Kapitel 4, Seite 72 und 73
Anfänger: 1d, 2d, 3c, 4b, 5d, 6c, 7d, 8a, 9b, 10b
Fortgeschrittene: 1d, 2c, 3b, 4c, 5b, 6b, 7d, 8b, 9b, 10c

Kapitel 5, Seite 114 und 115
Anfänger: 1e, 2c, 3b, 4b, 5c, 6c, 7b, 8d, 9c, 10c
Fortgeschrittene: 1b, 2c, 3b, 4c, 5c, 6c, 7d, 8b, 9c, 10b

Kapitel 6, Seite 160 und 161
Anfänger: 1d, 2c, 3c, 4d, 5a, 6c, 7d, 8c, 9a, 10b
Fortgeschrittene: 1d, 2c, 3d, 4b, 5b, 6b, 7c, 8b, 9c, 10a

Die Autoren

Andrea Schinck, 1963 geboren, taucht seit 1983. Sie ist PADI-, NAUI- und VIT/CMAS**-Tauchlehrerin, staatlich anerkannte Tauchlehrerin ITLA und Dan Oxygen Instruktor. Die Autorin verfügt über 15 Jahre Maledivenerfahrung, davon 8 Jahre Basisleitung Hilton Resort Rangali Island für Sub Aqua Sportreisen. Seit Oktober 2002 leitet sie zusammen mit ihren Mann die Sub Aqua Tauchbasis Utopia Beach Club Ägypten El Quseir. Andrea Schinck ist Unterwassermodel und UW-Fotografin, sie hat mehr als 5300 geloggte Tauchgänge ausgeführt. Bei Tauchurlauben absolvierte sie Höhlentauchgänge in Florida, Bergseetauchgänge in Österreich sowie Tauchgänge in Costa Rica, Equador, auf den Seychellen, Bahamas, in Indonesien, Malaysia, Mikronesien, Belize, Fidji, Tahiti, auf den Cook Inseln, in Neuseeland und Australien.

Peter Schinck, 1963 geboren, taucht seit 1990. Die Tauchausbildung vom CMAS*-Taucher bis zum CMAS*-Tauchlehrer wurde beim ehemaligen Vizepräsidenten des VIT (Verband Internationaler Tauchschulen) Fredy Kaindl, Inhaber von TTS Sport Kaindl in München, absolviert. In dieser Zeit hat er mehr als 400 Süßwassertauchgänge in Seen und Flüssen von Bayern und Österreich ausgeführt. Als Tauchassistent in Korfu bei Rolf Weyler und James & Mäc in Hurghada sammelte er die ersten Erfahrungen im Salzwasser. Der Autor ist PADI-, NAUI- und VIT/CMAS**-Tauchlehrer, staatlich anerkannter

Tauchlehrer ITLA und Dan Oxygen Instruktor. Er hat mehr als 4200 geloggte Tauchgänge absolviert und verfügt über 8 $\frac{1}{2}$ Jahre Maledivenerfahrung, davon 8 Jahre Basisleitung Hilton Resort Rangali Island für Sub Aqua Sportreisen. Seit Oktober 2002 leitet er zusammen mit seiner Frau die Sub Aqua Tauchbasis Utopia Beach Club Ägypten El Quseir. Peter Schinck ist Videofilmer und UW-Fotograf. Bei Tauchurlauben absolvierte er Höhlentauchgänge in Florida, Bergseetauchgänge in Österreich sowie Tauchgänge in Costa Rica, auf den Seychellen, Bahamas, in Indonesien, Malaysia, Mikronesien, Neuseeland und Australien. Der Autor ist NRC-(Nitrox und Rebreather College) und Nitrox-Instructor.

Danke

an alle, die bewusst oder unbewusst an der Entstehung dieses Buches mitgewirkt haben:
Als Erstes an Fredy Kaindl, Ex Vizepräsident des VIT und Inhaber des Münchner Tauchsportfachgeschäftes TTS Sport Kaindl, ohne dessen Überredungskunst dieses Buch von uns wahrscheinlich nie in die Tat umgesetzt worden wäre, Frau Sabine Schulz und Frau Eva Besendorfer vom BLV Verlag für die tatkräftige Unterstützung in Wort und Tat, während der Entstehung dieses Buches. Vielen Dank an das ganze Team von TTS Sport Kaindl und Jürgen Kammerer (Camel) vom Freisinger Tauchcenter für all die Zeit, Geduld und Ausrüstung, die Ihr uns zur Verfügung gestellt habt, um unsere Fotos zu machen.
Ohne die Unterstützung mit Bild und Textmaterial seitens DAN Europe und Dive Bandos, Axel Horn hätten wir die Texte »Erste Hilfe mit Sauerstoff für den verunfallten Taucher« sowie das Tauchen mit dem halb und ganz geschlossenen Kreislaufgerät nicht in dieser Form verwirklichen können.
Unser Dank gilt allen, die sich die Mühe gemacht haben unsere Manuskripte durchzulesen und erste Gehver-

suche als Buchautoren begleiteten wie unser Team auf der Sub Aqua Tauchbasis Utopia Beach El Quseir in Ägypten, der Firma Sub Aqua Sportreisen München, die für den reibungslosen Austausch von Bild- und Textmaterial zwischen Ägypten und dem BLV Verlag in München gesorgt, sowie uns großzügig mit Bildmaterial versorgt hat
Merci vielmals natürlich auch an Dr. Claudia Greive und Dr. Heinz (Enzo) Greive, die sich mit ihrem Fachwissen speziell des medizinischen Teiles angenommen haben. Last but not least all die netten Menschen, die wir im Laufe unserer Tauchausbildung und als aktive Guides und Tauchlehrer kennen lernen durften und die uns mit ihren Anregungen und konstruktiver Kritik zu dem gemacht haben, was wir heute sind.
Wir danken Axel Horn, der uns durch seine Jahrzehntelange Erfahrung als Tauchlehrer und Basenleiter viel darüber gelehrt hat, wie eine Tauchbasis richtig aufgebaut und geführt wird, und uns somit viel für unseren weiteren Werdegang mitgegeben hat. Wir danken ebenfalls den Ausbildern vom VIT, Fredy Kaindl und Manfred Barthel, unseren NAUI Kursdirektoren Wayne Mitchell und Reggi Ross und ganz speziell dem PADI IT College in Cannes Daniela Goldschmidt und Jan Oldenhuizing.

Bibliografische Information Der Deutschen Bibliothek

Die Deutsche Bibliothek verzeichnet diese Publikation in der
Deutschen Nationalbibliografie; detaillierte bibliografische Daten
sind im Internet über http://dnb.ddb.de abrufbar

BLV Verlagsgesellschaft mbH
München Wien Zürich
80797 München

Bildnachweis
Alle Fotos von den Autoren außer:
AP Valves: S. 59
Axel Horn Dive Bandos: S. 158
Dan Europe: S. 98, 100
Scubapro: S. 52, 53, 54
SubAqua Sportreisen München: S. 46, 94
Alle Grafiken von Jörg Mair

Lektorat: Manuela Stern
Herstellung: Angelika Tröger
Layoutkonzept: Sabine Fuchs
Satz: Uhl + Massopust, Aalen
Repro: Lithotronic Media GmbH, Frankfurt/M.
Einbandgestaltung: Joko Sander Werbeagentur, München
Umschlagfotos: Vorderseite: Peter Schinck; Rückseite Peter Schinck

Gedruckt auf chlorfrei gebleichtem Papier.

Printed in Germany · ISBN 3-405-16495-8

Hinweis
Das vorliegende Buch wurde sorgfältig und nach neuesten Erkennt-
nissen der Wissenschaft erarbeitet. Dennoch erfolgen alle Angaben
ohne Gewähr. Weder Autoren noch Verlag können für eventuelle
Nachteile oder Schäden, die aus den im Buch gegebenen Informationen und praktischen Hinweisen resultieren, eine Haftung übernehmen.

Know-how für die Tauchpraxis

Monika Rahimi
Tauchen ohne Angst
Keine Panik unter Wasser – entspannt und sicher tauchen: Angst und wie man mit ihr umgeht, Druckausgleich, Atmung, Tarierung und andere wichtige Techniken; Tauchen unter besonderen Bedingungen – z. B. Höhlen-, Nacht- oder Wracktauchen.

BLV Sportpraxis Top
Rudolf B. Holzapfel
Richtig Tauchen
Das Basiswissen zu Tauchmedizin, Physik, Ausrüstung, Taucherkrankheiten, Tauchpraxis, Tauchtauglichkeit. Empfohlen vom Verband Internationaler Tauchschulen e.V. (VIT) und von Professional Technical Diving (ProTec).

Dieter Eichler
Gefährliche Meerestiere erkennen
Giftige und gefährliche Meerestiere bestimmen, ihr Verhalten kennen und angemessen reagieren: Merkmale und Biologie der Arten, Verbreitung, Gefahren, richtiges Verhalten, Erste Hilfe.

Dieter Eichler
Tropische Meerestiere
Fische, Schwämme, Quallen, Korallen, Schnecken, Muscheln, Krebstiere, Seeigel, Seesterne: Erkennungsmerkmale, Vorkommen, Lebensweise.

BLV Sportpraxis Top
Josef Giehrl / Michael Hahn
Richtig Schwimmen
Physik des Schwimmens, Lehren und Lernen, Technik und Praxis, Training.

BLV Tauchpraxis
Hans-Josef Rütters / Martin Waldhauser
Orientierung unter Wasser
Orientierung nach natürlichen Gegebenheiten ohne technische Hilfsmittel, richtiger und sicherer Umgang mit dem Kompass, Berechnung der verschiedenen Kurse, Navigationsaufgaben für das praktische Üben an Land und unter Wasser.

Reiseführer Natur
Heidrun Oberg
Seychellen, Mauritius
Exotische Traumziele im Indischen Ozean: alle für Naturfreunde interessanten Inseln mit ganz unterschiedlichen landschaftlichen Reizen und ihrer vielfältigen Pflanzen- und Tierwelt – von seltenen Palmen und Orchideen bis zu Schildkröten und Seevögeln.